中外广告简史

ZHONGWAI GUANGGAO JIANSHI

秦 臻 编著

课书房
新/形/态/教/材

高等院校设计类专业新形态系列教材
GAODENG YUANXIAO SHEJILEI ZHUANYE
XINXINGTAI XILIE JIAOCAI

重庆大学出版社

国家一级出版社
全国百佳图书出版单位

图书在版编目（CIP）数据

中外广告简史 / 秦臻编著. --重庆：重庆大学出版社，2021.6
高等院校设计类专业新形态系列教材
ISBN 978-7-5689-2109-1

Ⅰ.①中…　Ⅱ.①秦…　Ⅲ.①广告—历史—世界—高等学校—教材　Ⅳ.①F713.8-091

中国版本图书馆CIP数据核字（2020）第066199号

高等院校设计类专业新形态系列教材
中外广告简史
ZHONGWAI GUANGGAO JIANSHI

秦　臻　编著
策划编辑：周　晓　席远航
责任编辑：周　晓　　装帧设计：张　毅
责任校对：关德强　　责任印制：赵　晟

....

重庆大学出版社出版发行
出版人：饶帮华
社　址：重庆市沙坪坝区大学城西路21号
邮　编：401331
电　话：（023）88617190　88617185（中小学）
传　真：（023）88617186　88617166
网　址：http://www.cqup.com.cn
邮　箱：fxk@cqup.com.cn（营销中心）
全国新华书店经销
印刷：重庆长虹印务有限公司

....

开本：787mm×1092mm　1/16　印张：14.75　字数：299千
2021年6月第1版　　2021年6月第1次印刷
ISBN 978-7-5689-2109-1　定价：58.00元

....

前言
FOREWORD

　　改革开放 40 多年来，伴随着广告业在中国的复苏和广告教学体系的建立，各高校、研究机构的众多学者为完善广告学科体系、充实学科基础理论，先后出版了一些广告史研究著述。这些著作大多注重描述广告本身的发展规律及其历史演变，却忽略了广告史论与现代营销理论、设计思潮、设计表现之间的内在联系，对广告实践层面的介绍和分析也略显不足。此外，这些著作大多出版较早，资料比较陈旧，尤其是缺乏对近年来世界广告业的发展变化和状况的研究。

　　因此，基于上述原因，本书力图从全球化的视野出发，穷源溯流，选取不同国家、不同历史时期的典型案例，遵循广告的历史发展轨迹，在对历史现象和表现进行梳理的同时，结合最新广告理论成果，具体阐述分析实践活动范例，全面系统地介绍广告的起源、发展演变的历程，以及蕴含其中的思维、观念、理论与实践经验。同时，通过对广告业的发展趋势和各种流派的梳理，向读者介绍已被实践所证明的有关广告创意与设计、广告表现形式、广告传播途径等方面的新倾向、新思维、新创意、新理论。

　　本书不但可以满足当前广告学科研究和教学的需求，也可以作为广告从业公司、广告管理机构的参考书和培训教材使用。

秦　臻

目录
CONTENTS

第三部分　信息社会与当代广告（20世纪后期以来）

绪 论

广告和广告史

广告发展概述

1 广告和广告史

1.1 广告定义及词义溯源

对于广告，我们耳熟能详。它们通过公交站台、商场、电梯、电视、广播等一系列媒介，参与我们的生活，影响我们的行为，用其独特的方式告诉我们：这个世界是什么，我们该怎么做。"广告既不让人去理解，也不让人去学习，而是让人去希望，在此意义上，它是一种预言性话语。"①

广告与日常生活息息相关，但是要给它一个确切的定义，确实是一件不容易的事情。20世纪以来，关于广告的定义已不下数百种，而且分别有着不同的表述方式和侧重点。

《大不列颠百科全书》认为，"广告是传播信息的一种形式，目的是促进商品和劳务的销售，影响舆论、获得公众支持、推动一种事业或引起刊登广告者所希望的其他反应。广告通过各种媒介（包括报纸、杂志、电视、广播、路牌等）把信息传递给广告对象。广告区别于其他传播方式之处在于广告需要向媒体付费。"

美国行销协会定义则更加宽泛，"广告是由明示广告主，将其创意、商品、劳务等，以付费的方式所做的非当面的提示、推荐。"

日本电通广告公司则在定义时更多强调消费者的反映，"广告是以广告主的名义向特定大众传播对象告知商品、服务的存在、特性与便利性，使其产生理解、好感乃至购买行为。"

虽然上述定义各不相同，但是实质却十分相近。它们都表达了以下一些广告的基本特征："首先，广告是一种信息传播活动，而且这种传播活动是非当面的传播。也就是说，广告信息是通过媒体向受众传播的。其次，这种传播是有偿的付费行为，广告信息发布者必须向媒体支付广告费用。第三，这种传播活动不是简单的信息发布，而是有严密计划性和目的性的传播行为。第四，这种传播活动的最终目的是影响公众，推销商品、劳务等，以获取经济利益。"②

上面关于广告的种种定义，无一例外地都凸显出广告投放的"获利性"特征。这里提到的广告具有商业目的，多为商品广告。20世纪80年代初期至90年代中期，我国大多数有关广告学的学者均持有这种观点，认为广告与商品不

---

① 让·波德里亚. 消费社会［M］. 刘成富，全志钢，译. 南京：南京大学出版社，2000: 137.
② 黄勇. 中外广告简史［M］. 成都：四川大学出版社，2003: 4-5.

可分割。但是，这种观点在解释公益广告等非商业性质的广告时，往往会遇到不小的困难。因为公益广告并不获利，往往旨在传播一种社会观念，倡导一种社会风气。

20世纪90年代中期以来，一些学者突破了商品广告的局限，认为广告定义应该更加宽泛。基于此观点，他们提出了"社会广告"的概念，认为"广告是人类社会信息交流的必然产物"。这样，广告就被分成了两类：广义广告和狭义广告。广义广告泛指一切广告活动，包括商业广告和非商业广告（社会广告），狭义广告则指专门以盈利为目的的商业广告。

这样的分类方式对现代广告来讲无可厚非，但若将其放在广告史上，对古代广告进行划分则有些不合时宜。广义广告含义过于模糊，给广告史研究带来了很大的障碍。有些研究者在研究广告史时，把各种信息的传播一股脑儿纳入"广告"范畴，实为混淆了广告传播和一般传播之间的关系，让一些与广告毫无关系的行为也成了广告史的研究对象。

为了明确广告史的研究对象——广告，本书将其定义为：广告，是广告主通过付费方式，向广告机构购买宣传策略、定制广告信息，有计划性地在广告媒体发布信息，以促进销售，赢得舆论支持。前工业时代，一切与经济活动相关的传播活动都属于广告范畴；工业社会以后，以现代广告运作模式运作的传播活动都属于广告范畴。

"广告"一词，最早源于拉丁语advertere，有吸引人心，引起注意，带有通知、诱导、披露之意。西方中古时期（476—1453），其逐渐演变为英语中的advertise，意义拓宽至"使某人注意到某件事"或"通知别人某件事，以引起他人的注意"。17世纪中后期，英国通过"光荣革命"，确立了资产阶级和新贵族的统治。随着大规模的商业活动广泛频繁开展，"广告"一词也广泛流传开来。随着历史推进和人们对广告认识的加深，原来带有静止意义的名词advertise，被人们赋予了现代意义，转化为具有活动色彩的advertising和静止意味的advertisement。也有人考证说，英文中advertising这个词来源于法语，意思是"通知"或"报告"。无论源于何处，广告这个词advertising已经成为社会的一个基本概念，并广泛地运用于社会生活之中。

19世纪，随着明治维新的进行，日本向西方世界打开国门，广告这个西方世界的舶来之物也随之传入日本。铃木保良在《现代广告手册》中所指，日语中"广告"一词最早出现在明治五年（1872年）；八卷俊雄在《广告小辞典》中认为，由于报业的发展，到明治十年（1877年）广告才流行开来。但是，学界也不乏有其他的声音，有学者认为，早在1603年出版的《日葡辞典》中

就出现了"广告"一词。①在"广告"一词出现之前，日语中一般用报告、告白、告案、广白、引札、御披露等词来指代"广告"。

而"广告"一词传入中国，则是清朝中后期的事情。鸦片战争以后，中国社会出现了数千年未有的变局。在西来风雨日益浸渐等诸般社会变动因素的交感催迫下，沉迷于"天朝无物不有"的国人，开始"开眼看世界"。甲午战争的惨败使清政府真正感到要学习西方、借鉴日本，于是先后派出留学生赴日学习西方政治、经济、科学等相关知识。由于日本和中国都是汉字国家，日本人在翻译西方著作时所用的术语，如社会、经济、哲学、干部等词语便借助汉字大量由留学生们传入我国，并为国人所接受。"广告"一词，"广而告之"，就是 19 世纪末期西风东渐时从日本输入的外来词。

中文报刊中最早使用"广告"一词的是梁启超在日本所创办的《清议报》。国内最早使用"广告"一词的报纸是《申报》。1872 年 4 月 30 日，《申报》在创刊当日即在报头下刊登"本馆告白"："上而学士大夫下及农工商贾皆能通晓者，则莫如新闻纸之善矣……自新闻纸出世之览者亦皆不出互庭而知天下矣，岂不善哉……四方君子进而教之匡其不逮实有厚望焉。这里所谓的"告白"指的就是广告。1901 年 10 月 18 日，《申报》正张第二版上刊出了报纸创刊的广告——《商务日报广告》，正式以"广告"一词命名广告（图 1-1）。1906 年创刊的《商务日报》是官方报刊中最早出现"广告"字样的报纸，它在光绪三十二年（1906 年）闰四月初五日出版的第四期开始刊登广告，并正式为广告定价。此后几年中，"广告"一词也纷纷在《新闻报》《东三省日报》等国内著名报纸上出现，并慢慢地替代了"告白"，成为规范名称。

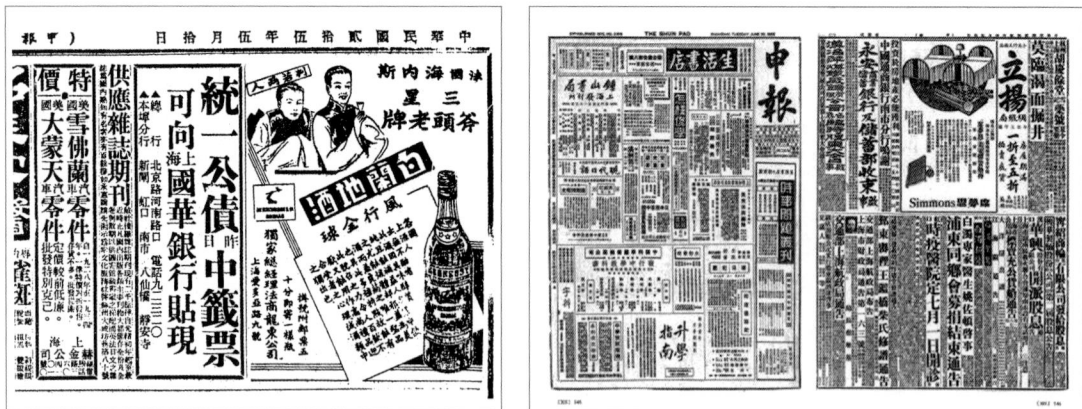

扫描二维码，了解更多案例（视频）。

图 1-1 　《申报》早期广告。

---

① 陈培爱. 中外广告史［M］. 北京：中国物价出版社，1997：373.

虽然由于国别和文化差异，各地广告发展轨迹不尽相同。但是，广告作为人类经济生活的伴生品，是人类社会共有的社会文化现象，从本质来讲，大同小异。并且，在人类社会进入工业文明时代之后，诞生在西方的现代广告模式替代了传统广告模式，并发展壮大，向全世界其他地区进行扩展。"世界各地的广告业遵循着一个相同的发展模式"①。因此，我们可以将全球广告发展史放在一个坐标中研究，并照此坐标对广告史进行分期。

1.2　广告史研究状况回顾

人类文化由于地理和历史差异等原因，被分成了几个不同的文化系统。每个文化系统都创造出了辉煌灿烂的文明，具有自己独特的历史发展轨迹。西方文明诞生于海洋，是古希腊文化和希伯来文化相结合的产物，被称为"两希文化"，产生之初，就有"重商主义"传统。近代西方学者更是"从来自希伯来传统的基督教中发现了推动资本主义发展的思想文化根源"②。与西方文明相比，世界其他地区的文化中，商业的色彩要淡很多。"直到近代，中国货币经济还不如公元前 4 世纪到公元前 1 世纪的埃及托勒密王朝时期发达"③。广告是商业活动的伴生物，西方发达的商业经济，成为广告萌芽和发展的"优质土壤"。因此，古代西方的广告，在媒介和广告方式等方面相比其他地区差别不大，但是远比其他地区活跃。

工业革命首先发端于西方。进入工业社会，古代广告向现代广告的蜕变也发生在西方。近些年来，广告飞跃式发展也是以西方为中心，主要由西人完成。目前，西方国家的广告业也是引领全球广告业发展的主要力量。西方广告发展史代表了世界广告发展的总趋势。因此，在研究全球广告发展历程时，学者们往往将西方广告发展史作为研究全球广告发展史的历史坐标。

历史分期问题是开展相关研究的关键。由于研究者"已经拥有由他成见所决定的视域，并从这个视域出发对文本的意义有一种预期，而文本也有它自己的视域"④，他们在进行研究之时，两种视域融合在一起。在历史文本的分期上，他们所做出的分期标准各不相同。

广告史是整个历史学系统的一部分，在广告史分期问题上，各派学者观点

---

① 黄勇. 中外广告简史［M］. 成都：四川大学出版社，2003：20.

② 黄勇. 中外广告简史［M］. 成都：四川大学出版社，2003：23.

③ 马克斯·韦伯. 儒教与道教［M］. 王容芬，译. 北京：商务印书馆，1997：46.

④ 徐友渔，周国平，陈嘉映，等. 语言与哲学——当代英美与德法传统比较研究［M］. 北京：生活·读书·新知三联书店，1996：173-174.

不一，呈现出百花齐放的状况。一些学者以广告公司出现和现代广告代理制度诞生为标准，以19世纪中叶为界，将广告史分为"传统广告"和"现代广告"两个历史时期。[①]这种分期方法，在广告学研究中较为流行。

另外，一些学者比较重视媒介技术在广告发展史上的重要意义，他们提出的以媒介技术革命为分期标准的"三分法"，将广告史划为古代广告时期（1450年德国人古登堡发明金属活字印刷术之前的时期）、近代广告时期（从1450年到20世纪初期广播发明之前，又称印刷广告时代）、现代广告时期（20世纪之后的时期，又称电波广告时代）。

还有一些学者将媒介变革区间划分得更细，他们总结出世界广告发展过程的四个阶段：① 从广告的产生到1450年德国人古登堡发明金属活字印刷术前，为原始广告时期。这一时期以口头叫卖为主要"传播媒介"并逐渐向商标演变。② 1450—1850年，金属活字印刷术发明后，为印刷广告的发展提供了条件，开创了广告发展的新纪元。③ 1850—1920年，是世界近代广告向现代广告的过渡期。由于新技术的广泛运用，广告形式已出现多样化发展趋势，世界广告中心从英国转移到美国。④ 1920年以后，世界广告业进入划时代的发展阶段，1920年10月2日，第一家正式注册营运的美国西屋电器公司开办的KDKA广播电台，以报道美国总统竞选开始了正式的电台商业广告营业，广告由近代进入现代信息产业的发展时期。

此外，同样以媒介进步为各阶段分界线的"六分法"[②]也是广泛流传的一种广告分期形式：① 15世纪以前——发明金属活字印刷术以前的时代；② 15世纪到1840年前后——初期印刷时代；③ 1840年到1900年——广告发展期；④ 1900年到1925年——广告强化期；⑤ 1925年到1945年——科学的发展时代；⑥ 1945年到现代——经营的、社会的统合时代。

---

① 丁俊杰. 现代广告通论［M］. 北京: 中国物价出版社, 1997.

② 樊志育. 世界广告史话［M］. 北京: 中国友谊出版公司, 1998: 14.

2 广告发展概述

2.1 消费社会中的广告现象

广告是消费社会中独特的社会文化现象，对于这种现象，各家各派众说纷纭：广告是"把罗曼蒂克、珍奇异宝、欲望、美、成功、共同体、科学进步与舒适生活等各种意象附着于肥皂、洗衣机、摩托车及酒精饮品等平庸的消费品之上"[①]；是"煽动欲望"的工具，"广告必须作用于更深一层的欲望，甚至是无意识的需要……这些产品起码含有改变精神状态的成分。在无意识的欲望中，最强烈、最古老的愿望仍然是集体性的。例如，永久的青春、自由和幸福等"[②]；是"一种掩盖集体迷恋的巫术"[③]（图 2-1）。

与上述带有感情色彩的评论相对，一些观点和看法更显客观。费瑟斯通（Featherstone）认为，社会个体的独特生活风格是其展现自我、进行社会认同的主要手段[④]。广告通过独具匠心的口号、海报和电视剪辑来抓住大众的"共同体验"，"倘若广告偏离了上述共同经验的中心，它们就会发生崩溃，因为它们将失去对我们情感的控制"[⑤]。

大众可以通过广告来"购买"自己赞同的生活品位和生活方式，这是社会发展的巨大进步。在前"消费社会"[⑥]的漫长时代，大众在社会中的符号地位多由自上而下的王权等力量"规定"，他们很少有自我表达、自我陈述的机会。社会的这种流动性与现代大众社会相比，不可同日而语。所谓"龙生龙，凤生凤"，人们从降生开始，就被打上了祖辈所在社会层级的记号，虽其中有些个体由于战功、中举等多种原因能够取得在社会体系层次中流动的机会，但是他们衣食住行所采用的符号，多沿用祖辈"制式"，不能"僭越"。

消费社会中，各个社会层级之间的流动性增强，权威和精英的力量被空前削减，"人人生而平等"，所有社会个体处于平等的地位。在作为社会生活基础之一的"商品交换"过程中，买卖双方作为市场上的平等主体，互相买卖商品，交换货物；互相提出主张，征求同意（图 2-2）。

---

① 迈克·费瑟斯通. 消费文化与后现代主义 [M]. 刘精明，译. 南京: 译林出版社, 2000: 21.

② 詹姆逊. 后现代主义与文化理论 [M]. 唐小兵，译. 北京: 北京大学版社, 1997: 222-223.

③ 让·波德里亚. 消费社会 [M]. 刘成富，全志钢，译. 南京: 南京大学出版社, 2000: 21.

④ 费瑟斯通，著名社会学家，主要研究领域为后现代社会与理论。

⑤ 埃里克·麦克卢汉，弗兰克·秦格龙. 麦克卢汉精粹 [M]. 何道宽，译. 南京: 南京大学出版社, 2000: 283-284.

⑥ 消费社会指第二次世界大战后出现的"新型社会"形态，亦称后工业社会、跨国资本主义、消费社会、媒体社会等。其主要特征：技术理性无限扩张，生产意识形态已居于次要地位，人的一切活动及交往以消费为中心。

扫描二维码，
了解更多案例
（视频）。

图 2-1 香水广告往往被批评家们指责为"煽动欲望"的工具。

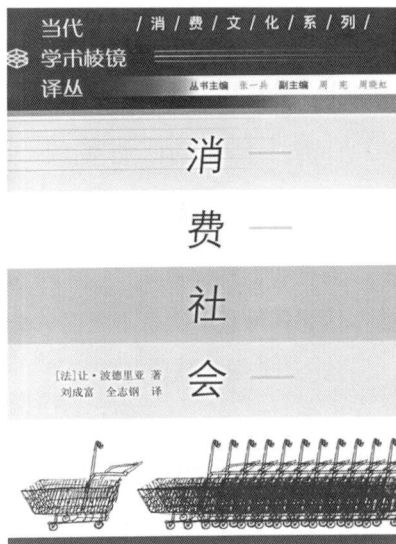

图 2-2 法国著名社会学家波德里亚通过《消费社会》向大众讲述现代社会的运行逻辑。

随着世界经济和工业文明的高速发展，人类社会物质财富的生产呈现出一派空前繁荣的景象，产品的功能和技术同质化趋势愈发明显，高品质成为同类厂商取得"厂商资格"的基本要求。厂商要凸显这种"厂商资格"，要"引起消费者注意"，就必须向大众展示其对生活更深理解的"核心竞争力"。厂商多通过广告等多种营销活动的方式来塑造这种"核心竞争力"——品牌，提出某种"理想生活"的主张，而这种主张是否能得到足够多的大众同意，是这种主张能否持续实施的根据。[①] 从这个意义上讲，大众是"读者"，更是"作者"。他们通过"同意"和"购买"的方式，来选择器物文本所表示的生活品位和生活方式。对于"什么是更好的生活"，不同大众有着不同的理解，"身份"只是一种生活品位的区分，并不具备太多的历史意义。在市场上，大众开始享受文本的选择权，前消费社会中，对跨越社会层级的"僭越"和"违制"等行为的处罚遭到废弃。在商品上所附加的多元性符号体系中，广告最明显也最普遍，消费社会繁荣的媒体手段为其提供了良好的"演讲平台"。多数时间，我们可以通过阅读广告，去了解不同器物之间的"差异性"。

消费社会流动性相对增强，大众对未来的不确定性增大，于是萌芽了焦虑情绪。为了平复这种焦虑，消除个体在全民表达时代被别人和自己"遗忘"的恐惧，

---

① 蒋荣昌. 消费社会的文学文本［M］. 成都: 四川大学出版社, 2004: 153-159.

图 2-3　在现代消费社会中，同为"符号"的明星和广告密不可分。图为 2007 年，日本女星泽尻绘里香为百事可乐所做的广告。

大众往往通过不停地"购买"生活品位，进行个体性独特的符号性表达（图 2-3）。

我们都在表达自己的生活，用语言，用服装，用食物，用手机，用汽车，用我们爱着的人，用我们做的事情。这是个全民积极"写作"的时代，是"大众文化"和"精英文化"边界消失的时代，是真正"我口写我心"的时代。广告居于其中，指引着我们生活，成为具有广泛影响力的文化现象，被称为弥漫全球的"第二种空气"。

2.2　广告发展的几个阶段

广告是人类的一项信息交流活动，"从这个意义上讲，信息交流是广告产生的根源，有信息交流便有广告"[①]，"广告是人类信息交流的必然产物"[②]。

但是，并不能将广告传播活动与一般意义上的传播活动等同。广告与商品交换活动之间如鱼水般密不可分，没有商品交换就没有广告存在的可能。"广告的产生发展，是阶级社会里产业分工的必然产物，是人类社会发展到一定阶段，社会生产达到一定水平之后，人们从事商品买卖和物质交换的辅助手段。因此，可以这么说，广告伴随商品的出现而出现，并随着商品经济的发展而发展。"[③]它的起源是由于"人们在商品交易和其他商业活动中产生了更广泛的告知信息的需求"[④]，"是随着商品生产和商品交易的产生而产生的"[⑤]。

扫描二维码，了解更多案例（图片）。

[①] 黄勇. 中外广告简史［M］. 成都：四川大学出版社，2003：32.

[②] 陈培爱. 中外广告史［M］. 北京：中国物价出版社，2002：1.

[③] 孙有为. 广告学［M］. 北京：世界知识出版社，1991：1.

[④] 丁俊杰. 现代广告通论——对广告运作原理的重新审视［M］. 北京：中国物价出版社，1997：9.

[⑤] 余明阳，陈先红. 广告学［M］. 合肥：安徽人民出版社，1997：31.

图2-4　原始社会末期，不同部落的人们之间进行"以物易物"的交易。

远古时代，"人们只是直接为了自身的消费而生产；间或发生的交换行为也是个别的，只限于偶然留下的剩余物"[①]。随着社会的发展，"游牧民族已有牲畜作为财产，这种财产到了成为相当数量的畜群的时候，就可以经常提供超出自身消费的若干余剩；同时，我们也看到了游牧民族和没有畜群的落后部落之间的分工，从而看到了两个并列的不同的生产阶段，也就是看到了进行经常交换的条件"[②]。原始社会末期，"随着生产力发展，人类社会开始出现了社会分工，农业和手工业之间发生了进一步的分工，从而发生了直接为了交换的、日益增加的一部分劳动产品的生产，这就使单个生产者之间的交换变成了社会的迫切需要"[③]。伴随着剩余产品的出现与社会分工的展开，物物交易活动愈发频繁，广告的原始雏形就此形成（图2-4）。

虽然广告在洪荒之世就已出现，但是，在自给自足的传统农业社会中，人类的生产方式和生活方式并未发生本质变化，广告前进的步伐依旧缓慢。在农业社会中，人们"投入农业的生产要素只有基本的劳动力、土地和牲畜，而这些投入要素的主要来源是农夫们自己"；"分工不发达，人们自己生产其所消费的绝大多数产品，绝大部分的生产都属于生计型和糊口型生产"。[④]教育只是少数贵族的特权，交通不发达，信息传递困难，人们生活长期处在高度封闭的状态，活动范围空间狭小，对周围事物的认识不足。在这样一种生产关系和生活状态下，广告在亚洲、非洲、欧洲的几个文明古国中出现并缓慢发展。当时

---

①②③ 恩格斯. 家庭、私有制和国家的起源［M］. 中共中央马克思、恩格斯、列宁、斯大林著作编译局，译. 北京: 人民出版社，1972: 162-163.

④ 诺贝尔奖获得者、提出"穷人经济学"一词的西奥多·舒尔茨表示，传统农业社会与现代社会有三个方面不同:

　A.在传统社会中，投入农业的生产要素只有基本的劳动力、土地和牲畜，而这些投入要素的主要来源是农夫们自己。在现代社会里，被用来生产物品和服务的各类投入要素都是买来的，而且各类要素市场都很发达。

　B.在传统社会中，分工不发达，人们自己生产其所消费的绝大多数产品，绝大部分的生产都属于生计型和糊口型生产。现代社会，专业化和劳动分工成为现代社会的基础之一，几乎所有生产者的生产活动都不是要满足自己的直接生活需要，而是要用于交换。

　C.在传统社会中，生产方式长期不变，因而人们在如何实现最佳经济决策方面，能够从祖祖辈辈传下来的经验中学到很多东西。这类经济经验甚至还可能被"编集"进社会的文化规范或法律之中。但在现代社会中，变化是常态，祖父或曾祖父们的经验用处很小，甚至毫无价值。

的广告传播数量少、范围小，传播速度慢，效果有限，多是传播主体的自发传播活动，没有形成一个职业和作为社会经济的一个行业独立发展。即使在农业经济繁荣的封建社会，广告活动也局限在一定范围内，满足一小部分人的生活需要。

在这段漫长岁月中，文字和印刷术的出现，是古代广告传播方式的重要飞跃。前文字时代，创造出六音步诗行的游吟诗人也创造了韵味十足、流行一时的广告诗。在雅典，一首化妆品广告诗至今仍然留传："为了两眸晶莹，为了两颊绯红，为了人老珠不黄，也为了合理的价钱，每个在行的女人，都会购买埃斯克里普托制造的化妆品。"此外，陈列广告和音响广告也是该时期广告的主要表现形式。但是，这些广告持续时间短，传播范围小，同交易一起发生，一起结束。文字出现后，旗帜、布匹、碑铭、墙壁等器物成为广告载体，与前文字广告时代相比，广告表现形式更加丰富多彩，文字突破了前文字时代广告的时空局限，不像即时性广告那样转瞬即逝，它们可以保存、传递，时空上的传播效能得到了巨大提高。而此后诞生的印刷术，再次提高了人类的信息传播能力，突破了广告传播的时空制约，促进了现代报纸等大众传媒工具的产生，推动着古代广告向现代广告"进化"。

古代广告形式多样，有的商人穿大街、过小巷，大声叫喊；有的商人刻木为记，作为象征性标志；有的商人陈列实物，招揽顾客……招牌幌子，琳琅满目（图2-5）。比如在古希腊、古罗马时期，地中海的多个沿海城市已经出现了叫卖、陈列、音响、文图、诗歌和商店招牌等多种广告形式，不仅有推销商品的经济广告、文艺演出、寻人启事等，还有用于竞选的政治广告[①]。15世纪中后期，印刷术在西方出现，印刷广告逐渐在欧洲大陆产生并发展。而几个世纪前，我国宋代已经出现了印刷广告。但是，当时印刷媒体的发行量很小，影响力也很小，远未达到大众化的程度。传统农业经济时代，世界各国的经济形态和发展水平差异不大，广告传播的形式相似，世界各地的广告发展进程也是同步的。

发生在18世纪中叶的工业革命是世界史上一个极其重要的转折点。[②]此番革命，以机器生产代替手工劳动，以工厂代替手工工场，工业经济已成为社会

[①] 18世纪初，经过发掘，1 000多年前被火山灰、岩浆和泥石流覆盖的古罗马庞贝城重现天日。城中墙上，有油漆刷着的这样一则广告，大意是"投马斯洛斯（Marcellus）一票，他是人民的朋友"。

[②] 第一次工业革命开始的时间是1765年，以英国人哈格里夫斯发明珍妮纺纱机为标志。此番革命一直持续到19世纪50年代，以英国基本完成以机器生产代替手工劳动为结束。这一阶段被称为"蒸汽时代"，因为瓦特在1781年发明的蒸汽机正式投入工厂，此技术在纺织、采煤、冶铁等多个行业得到广泛应用。

图 2-5　古代社会中，招牌广告在商业活动中被广泛使用。据统计，宋代张择端的《清明上河图》中仅汴州城东门外附近的十字路口，就有招牌类广告 30 多块。

主导的经济形态，其影响深远。工业革命后，主要资本主义国家的生产力获得极大发展，商品经济高度繁荣。"资产阶级在它的不到一百年的阶级统治中所创造的生产力，比过去一切世代创造的全部生产力还要多，还要大"①。主要西方资本主义国家逐渐由传统社会转型为现代工业社会，工业文明随着资本主义全球扩张迅速向外传播。尽管发源于西方的工业文明在向全球传播的过程中充满了殖民主义和帝国主义的血腥，但是，人类社会毕竟从这个时期开始了一场新的社会转型。大量劳动力从土地的束缚中解放出来，纷纷进入城市从事工业生产，对商品和消费的需求成倍增长。

伴随整个社会工业经济形态的发展确立和社会分工的高度细分，人类信息交往的需要和能力得到强化，媒介大众化的过程开始了。19 世纪，科学技术高度发达，各种新技术、新发明层出不穷，对广告发展产生了不可低估的作用，如 19 世纪初，照相术出现，很快便被应用到广告之中。②与此同时，插图广

---

① 马克思, 恩格斯. 马克思恩格斯选集［M］. 中共中央马克思、恩格斯、列宁、斯大林著作编译局, 译. 北京: 人民出版社, 1995: 256.
② 1853年, 纽约《每日论坛报》第一次采用照片为一家帽子店做广告。

告也开始在英国的报刊上出现，广告更加生动、直观。"怒目而视自己影子的猫"更是风靡英伦三岛。该广告是"沃伦鞋油"公司委托当时有名的漫画家克查克所作。广告上部是一双用沃伦鞋油擦过的光亮皮靴，一只猫正吃惊地怒视着长筒靴上映照出来的自己的影子。

19世纪末，印刷技术取得巨大进步，套色的杂志广告、报纸广告相继诞生。1891年，可口可乐公司开始印刷挂历广告，由于其画面精美，受到了大众的欢迎，可口可乐成为当时人们生活中不可或缺的物品（图2-6）。著名的英国豪华邮轮在1918年进行南太平洋处女航之前就曾广贴海报，招徕乘客（图2-7）。

1882年，英国人哈默在伦敦街头安装了世界上最早的灯光广告。1897年，盖斯勒成功发明了霓虹灯管。1910年，第一个霓虹灯广告诞生于法国巴黎。[①]1920年后，霓虹灯广告逐渐代替灯光广告，开始了突飞猛进的发展。五光十色、如梦如幻的霓虹灯成为现代化城市茫茫夜色中的一道重要景观，是灯红酒绿的繁华生活的象征。这个时代，商品经济空前繁荣，广告活动异常活跃，几乎达到无孔不入的地步，一切可能利用的媒介都被开发出来做广告。1850年，纽约"路德·泰勒"（Lord & Taylor）百货店在马车上挂出一幅广告，被认为是美国最早的交通广告。约在同一时间，"美国规模最大的服装店创始人约翰·瓦纳把一幅100英尺长的广告招牌悬挂在宾夕法尼亚州到费城的铁路沿线，并采用气球、宣传车和实物馈赠等方式做广告"[②]（图2-8）。

这是个由古代广告向现代广告蜕变的时代。19世纪中叶，广告公司相继出现，现代广告制度建立起来。1841年，美国人沃尔尼·帕尔默在费城开设了世界上第一家广告公司，以向客户收取服务费的方式，把在报纸上承包的版位卖给客户。[③]1869年，美国费城又出现了一家广告公司——艾尔父子公司，通过代理报纸的广告业务，为报纸承揽客户，从报纸收取佣金。这种交易形式，后来为媒介和其他的广告公司普遍接受。至此，现代广告代理制度基本确立，标

图2-6 1906年，可口可乐的广告中开始出现了套印的颜色。

图2-7 1918年，南太平洋蒸汽客轮客运海报。

图2-8 1896年，雀牌牛奶蛋糊粉的招贴广告。

---

① 1910年，法国人克劳特（Claud）用充有氖气的霓虹灯管来做广告灯。夏末，在巴黎的国际汽车展览会上，霓虹灯管装饰了展览馆正门。（王觉非. 欧洲五百年史［M］. 北京：高等教育出版社，2000：168.）

② 黄勇. 中外广告简史［M］. 成都：四川大学出版社，2003：41.

③ 朱丽安·西沃卡. 肥皂剧、性和香烟——美国广告200年经典范例［M］. 周向民，田力男，译. 北京：光明日报出版社，1999：82.

志着现代广告基本形成。①与此同时，世界上有影响的报纸纷纷创刊。如英国的《泰晤士报》和《每日邮报》，美国的《纽约时报》，日本的《读卖新闻》和《朝日新闻》，以及法国的《镜报》等。当时所有报纸的主要收入来源都是广告。

19世纪末，西方学者开始了对广告的研究。其中，最著名的是美国人路易斯于1898年提出的AIDA法则，他认为广告要引人注目并取得预期效果，要经过引起注意（Attention）、产生兴趣（Interest）、培养欲望（Desire）和促成行为（Action）四个步骤。此后，又有其他人对AIDA法则加以补充，加上了可信、记忆和满意等几项原则内容。②20世纪初，美国西北大学教授斯科特相继出版了《广告原理》和《广告心理学》，这些研究标志着在19世纪末20世纪初广告已经成为一门独立的学科。从此，广告摆脱了在传统农业时代的自发模式，专业化、科学化程度增高，广告成为现代社会中一种具有强大影响力的新兴文化现象。

进入20世纪以来，人类科技不断进步，工业经济和商品经济高度发达。虽经历两次世界大战的阻碍，世界经济却以超过以往任何时代的势头迅猛发展，达到了人类历史上最为繁荣的鼎盛时期。与此同时，广播、电视、电影、录像、卫星通信、电子计算机等电子设备被发明创造出来，人类进入信息化时代。在繁荣的经济和先进的科技的推动下，现代广告实现了跨越式发展。

广播和电视是20世纪上半叶人类的两项重大发明。广播和电视的问世，使人类的新闻传播活动由以印刷传播媒介为主的时代，过渡到印刷传播媒介和电子传播媒介并驾齐驱的时代，为广告的发展开辟了新天地，③并迅速发展开来。20世纪20年代，广播广告在美国出现，1922年8月28日，美国电报电话公司（AT&T）在纽约创办的WEAF广播电台播出第一条商业广告。一家名为Queeneboro的地产公司，派代表向WEAF电台购买了10分钟节目时间，以推销该公司在纽约郊外的几座公寓式楼房。自20世纪50年代，美国开发出电视技术以来，电视广告随着电视事业的迅速发展，也迎来了自身发展的黄金时期。④

① 威雅. 颠覆广告——麦迪逊大街美国广告业发家的历程［M］. 夏慧言，马洪，张健青，译. 呼和浩特：内蒙古人民出版社，1999：15.
② 姚曦. 广告概论［M］. 武汉：武汉大学出版社，2002：29.
③ 刘家林. 新编中外广告通史［M］. 广州：暨南大学出版社，2000：382.
④ 自1963年，全美电视广告额飙升至20.62亿美元，与1953年的6.061亿美元相比，10年之间增长了3.4倍。

进入 20 世纪以后,除去传统的四大媒体①之外,在科技进步的推动下,这个时代的广告天才们创造出了一些简单有效的新型广告形式,如购物点广告(POP)普遍流行起来。其中,"美国可口可乐公司就是广泛采用购物点广告而使他们的产品家喻户晓"②。此外,直邮广告(Direct Mail)由于针对性强,也在一些国家普遍使用。第二次世界大战之后,广告业在媒体的拓展方面更是热情高涨。天空中的气球、飞艇,水中的舰船,一切可以用来被利用的东西都变成了广告媒体,广告成为弥漫在地球上每一个角落的"第二种空气"(图2-9)。

这段时间里,广告行业开始走向成熟并实现了飞跃式发展。广告投资得到了充分重视和肯定,广告公司在数量和规模上不断发展。20世纪20年代,美国广告业发展达到了第一次高潮。1920年,广告业的税收总额为12.95亿美元,到了1929年高达19.63亿美元。20世纪70年代,在美国约有5 500家广告代理商,广告从业人员约65 000人,为17 000家全国性和地区性的广告主服务。第二次世界大战后,日本和英国的广告业也伴随高度发达的商品经济迅猛发展,凭借各自的经济优势和有效的广告管理并肩美国,成为举世瞩目的广告大国,纽约、东京和伦敦成为世界三大广告中心。纽约"麦迪逊大街"更集中了美国12家著名大型广告公司,是世界广告的"麦加圣地"(图2-10)。

图2-9 1928年,"Ransomes"剪草机广告。

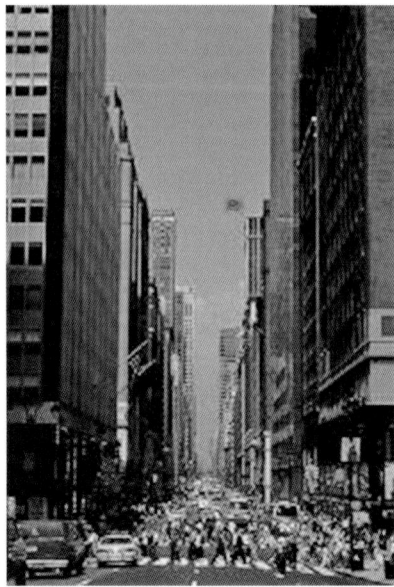

图2-10 广告界圣地——美国"麦迪逊大街"。

---

① 四大媒体:报纸、杂志、广播、电视。

② 刘家林. 新编中外广告通史[M]. 广州: 暨南大学出版社, 2000: 389.

图2-11 成立于1938年的国际广告
协会。

图2-12 近年来，网络媒体发展迅速，成
为信息传播的又一新兴平台。

在广告业务方面，"广告策划、创意、实施、创作已经完全独立为一种高度专业化的社会工作。一支高度专业化的广告设计队伍已经形成，分工越来越细：总体规划、文案编排、摄影、绘画、植字、印刷、发行等都有专人负责"①。广告公司职能从早期依托媒介从事广告招揽工作发展到为客户提供广告策划、制作和发布的全面代理服务。广告已经成为收集信息、提供信息、代理广告、咨询参谋多种职能为一体的服务性产业。广告代理公司的收费方法也从单一的15%代理费制向协商费用、金额佣金、分程佣金等多种形式共存转变。广告行业正式形成，并逐渐脱离媒介产业独立发展，迎来高速增长，成为国民经济中重要组成部分。

为了加强广告业管理，各国政府制定了严格而实用的法律法规，对广告主的广告行为、广告内容和性质、媒介广告发布进行监管，加大保护消费者权益，规定广告业的发展方向。同时，为了协调广告业界内部的合作，促进广告业的发展，各种广告行业组织纷纷建立。其中，影响最大的组织——国际广告协会于1938年在纽约成立（图2-11）。此外，广告公司还接受其他社会组织和消费者联合组织的监督。这样三个层次的管理体系，规范了行业行为，保证了广告产业的健康发展。

20世纪以来，广告理论发展经历了从萌芽到集大成的阶段，一大批系统理论不断涌现。媒介、技术、市场和消费环境变化日新月异，变化的广告实践需要广告理论的创新、积累和研究，广告教育应运而生。越来越多的大学设立了广告专业，开设广告学课程，为行业实践培养专业人才。

冷战结束后，经济因素在整个国际关系中，地位愈发重要。"工业经济"

---

① 威雅. 颠覆广告——麦迪逊大街美国广告业发家的历程［M］. 夏慧言，马洪，张健青，译. 呼和浩特：内蒙古人民出版社，1999: 68.

向"知识经济"过渡，新经济①成为社会经济的基础和原动力。科学技术发展日新月异，在生产要素中的地位得到空前提高，社会发展和经济增长依赖于知识的创新和信息的高速传播，计算机科学、网络技术、卫星技术、生物技术、环境保护等行业成为朝阳产业，整个世界变成"地球村"。企业作为现代经济的"细胞"，越来越多地走出国界，实行跨国经营，形成了一大批跨国公司，在全球范围内组织生产和流通活动，成为全球化的动力。"同一种产品（比如汽车和大型电信设备）可以同时分布在十几个、几十个国家生产，每个国家发挥其技术、劳动力成本等方面的优势，使最终产品成为万国牌的'国际性产品'，产生明显的技术和成本竞争优势。"②

全球化浪潮推动了广告行业的又一次深刻革命。广告不再单纯是一种商业宣传工具，它已发展成为一门综合性信息产业。广告企业原有的制作和代理业务进一步扩展，并通过兼并和收购拓展业务领域，发展成为一个综合性信息服务集团，为企业商品开发、生产和营销全过程提供"一条龙"的整合信息传播服务。而传统广告服务也在市场调查、市场预测、广告策划到设计、制作、发布，再经过信息反馈、效果测定等多个操作过程上引入了信息技术，更为科学和专业。广告公司跨国经营，成为广告发展的新潮流。跨国公司在各地落地生根⑤，如何在不同地域的文化中赢得成功，成为广告面临的新问题和新挑战。"全球统一战略"与"多国混合营销战略"，逐渐成为广告全球化时代的两大主流。

20世纪90年代后，网络技术迅速发展。网络媒介的出现使得人类的经济活动方式和贸易方式发生了天翻地覆的变化。广告在虚拟世界中开辟了一块新天地，网络广告迅速发展（图2-12）。传统的纸质媒体和电波媒体也大力推进信息技术和数字化技术的运用，使广告传播内容更为丰富，广告信息质量更高，广告形式更为多样。这一时期，广告也比以往任何时候都更加注重信息反馈和效果测定，使广告调查成为一种成熟的行业行为。

20世纪70年代以来，大规模的调查公司相继出现，它们采用各种科学的调查方法和技术，调查广告前及广告后的市场情况，为开展更有效的广告活动提供科学依据。同时，整个世界对广告行业的管理更趋严格，各国政府或通过立法，或通过行业协会的自律行为，对广告加强管理。国际广告业界合作进一步发展，为协调各国广告业发展，国际广告业界相继成立了多种行业性协会组织，并开展了公益广告等方面的合作，经常举办各种培训班，为一些国家培养广告专业人员。③

扫描二维码，了解更多案例（视频）。

---

① 所谓"新经济"，是指建立在信息技术革命和制度创新基础上的经济持续增长与低通货膨胀率、低失业率并存，经济周期的阶段性特征明显淡化的一种新的经济现象。
② 龙永图. 关于经济全球化问题［N］. 光明日报，1998-10-30.
③ 黄勇. 中外广告简史［M］. 成都：四川大学出版社，2003：49.

第一部分 |
传统社会与古代广告

3 西方古代广告发展历程

扫描二维码，
了解更多案例
（图片）。

图 3-1 古登堡发明的印刷机。

广告在西方起源较早，古希腊神话中，对广告现象都有所提及。西方最初的广告现象产生于贸易发达的地中海地区。迦太基商人们开始通过歌曲叫卖商品。古代希腊人也开始通过陈列、音响等形式宣传商品。古罗马时期，商品广告的种类和数量大幅度增加，在罗马城内，出现了专门用来传达广告信息的墙壁。

中世纪的欧洲，文字被贵族和僧侣垄断，西方经济遭到了破坏，广告业发展相对缓慢。但是，从 11 世纪开始，西方商业迎来了新的发展，一大批新兴城市如雨后春笋般崛起。城市中，可供出售的商品种类越来越丰富，城市人口的规模不断扩大，专业分工程度愈发提高，广告成为一种必需活动。商人们雇用送快信的人，通知买主货物开始上路。这种方式便是商业广告的开端。

16、17 世纪，许多西欧国家试图将重商主义原则付诸实践。17 世纪，英国爆发了资产阶级革命，它第一次在欧洲大陆建立起资本主义制度，随后，资产阶级革命相继在法国等其他国家发生，资本主义商品经济开始在欧洲确立并得到迅猛发展，社会对商业信息的需求迅速扩张。15 世纪，德国人约翰内斯·古登堡（Johannes Gutenberg，1395—1468）改进了活字印刷术，印刷媒体的成长进入一个新的时期（图 3-1）。17 世纪后半期，报纸媒体开始在西方国家出现，广告传播也借助报纸媒介逐步进入大众传播媒介时代，从国家、地区开始走向世界。

3.1 西方古代声响广告

3.1.1 神话中的声响广告

古希腊，是欧洲文明的发源地。它包括希腊半岛以及整个爱琴海区域和北面的马其顿和色雷斯、亚平宁半岛和小亚细亚等地。公元前五六世纪，特别是在希波战争后，经济生活高度繁荣，农业技术进步迅速，手工业发达，城市商业、海外贸易繁盛，其中，雅典是爱琴海上的霸主。高度繁盛的经济推动了光辉灿烂的希腊文化出现，他们创造了许多人、神、物交织的民族英雄故事。这些故事，经由时间淬炼，被史家统称为"希腊神话"，对后世的欧洲文化发

图 3-2 众神信使墨丘利像。

展影响深远。

希腊神话中，掌管商业之神被称为赫尔墨斯·墨丘利（Hermes Mercury）（图 3-2）。他为宙斯与女神迈亚所生，通常穿着一双带翼的鞋，戴着一顶带翼的帽子并拿着一根神奇的魔杖，行走敏捷，精力充沛，善于雄辩，沉着稳重，善于作假，多才多艺。在众神中，他的奔跑速度最快，是宙斯的信使，也是亡灵的迎接神。他司职畜牧、商业、交通旅游和体育运动，并发明了小竖琴、管乐器、音阶、度量衡、拳击和体操，此外，他还是小偷和商人们的守护神。

灵魂女神普绪客擅自离开神的家园，女神维纳斯便派墨丘利去人间散布寻找她的消息："要充分引起人们的注意，这样她才会被认出来。每个人都知道她逃跑了，即使她非法隐藏起来，人们也不会放过她的。"墨丘利慨然应许，并且补充道："如果有人能在她逃走的时候抓住她或发现她的藏身之处，墨丘利将给他补偿，维纳斯会送他七个香吻作为回报。"在爱神失踪之际，维纳斯采用了同样的方式"寻人"："如果有人在人群中发现我逃走的儿爱神，报信者将得到奖赏，维纳斯的吻就是对你的奖赏。"[①]

古希腊神话中的这种"寻人启事"和"叫喊"，正是广告史上"声响广告"萌芽的标志，而这个活动由商业之神墨丘利来完成，正表明了它的特征和属性。所以，在西方墨丘利也被认为是广告和商业的鼻祖。

3.1.2　西方叫卖广告雏形

希腊神话产生的前几个世纪，叫卖广告就已经在希腊以南的两河流域出现。巴比伦商人雇用叫卖人向熙熙攘攘的过往行人推销他们的产品。而同处地中海东岸的腓尼基，商业和航海发展迅速，在沿海城市迦太基，当货船一靠岸，船主们通常雇用身穿该产品名称背心的男子，在街市中进行宣传。在城市中的商店中，还出现了专门的揽客者。

古希腊时代，叫卖人已经开始活跃在社会各个方面。他们不仅被用来公布奴隶和牲畜拍卖的信息，而且在召开各种会议时，还承担着会议告知工作。希腊最大的议会——市民会议拟定每月召开四期，如需临时召开会议，就让叫卖人通知或者吹着喇叭告知。对叫卖人的挑选非常严格，要具有美妙的声音和朗诵的才能。

告知新法律、公布政府活动是叫卖人的主要工作。但是，叫卖人也可以受雇于商人，"发布"新的产品。前文所述古希腊流行的化妆品售卖广告诗就是此类广告。

---

① Frank Presbrey. The History and Development of Advertising [M]. Doubleday, Doran & Company Inc, 1929: 4.

古希腊是商品经济的萌芽地区之一。在原始的市场上，叫卖声此起彼伏，各式各样商品的店铺前，商人们拉着客人不停兜售，而且通过各种声响来通知或者叫卖。当时还流传着这样一个故事，古希腊人喜欢吃鱼，每餐有鱼是一种奢侈的象征。鱼店每当有新货进店，就敲钟通知。而当时对卖鱼的时间有一定的限制，在规定时间之外卖鱼是被明令禁止的。某日，在市场附近的房子里，朋友们欢聚一堂。其中一位音乐家弹起竖琴，以娱众人。突然，鱼店钟声响起，人们纷纷离去，只有一个老人还留在屋中。音乐家很是欣慰："谢谢，您是当鱼店钟声响起时，唯一懂礼貌没有离开的人。"老人一脸疑惑："鱼店的钟声响了吗？谢谢。"然后，急急忙忙也向市场奔去。

古代罗马，叫卖人被称为"praeco"，他们的工作范围非常广泛，传唤相关人员出庭、通知法庭宣判结果、选举唱票、竞技场上播报出场者姓名和优胜者、受个人委托做寻物广告或者商业广告。甚至，主持葬礼并劝导人们参加送葬仪式。古罗马时代遗留下来的浮雕中，我们可以看到，叫卖人总是处在送葬队伍的最前列，吹着喇叭，主持相关仪式。在传说中最古老的小说创作者——佩特洛乌尼斯笔下，叫卖人的形象也历历可见。在他的故事集中，描写了一名叫卖人带领所有奴隶高声朗读的场景："最近有一个约 16 岁的卷发少年从公共浴池逃走，他名字叫奇顿，把他押送回来或者提供他的下落，就可得到奖金银币若干。"叫卖人身旁，摆放着一个盛放硬币的器皿。

这些古代叫卖人的足迹，遍布从古希腊到古罗马时代的整个欧洲，是西方古代叫卖广告的发展雏形。

3.1.3 中世纪的叫卖广告

公元 5 世纪，北方蛮族摧毁了罗马帝国的统治，欧洲进入了漫长的中世纪。在中世纪极其黑暗的时代，商业没落到原始形式。直到 12、13 世纪，商业活动和商业广告才再次出现。令人吃惊的是，商业广告一出现并迅速地活跃起来，以至于政府不得不颁布取缔令来加以控制。

声响广告是这个时期的广告活动中的一种主要方式。叫卖人行会出现在 12 世纪的法国，是一种专业广告组织。1141 年，贝星州的 12 个叫卖人得到了国王路易七世的特许，成立了叫卖人行会，走街串巷，从事叫卖活动。1258 年颁布的《叫卖人法则》对这种职业做出了如下规定："巴黎叫卖人必须由市长及助理给予许可。巴黎所有的叫卖人，必须在所工作的酒店中举荐良民。叫卖人必须尽力保护巴黎的酒店和百姓的利益。酒店客人到来之时，叫卖人应询问客人需要何种价位的酒。不管店主愿意与否，叫卖人都要要求店主提供相应价位的酒。叫卖人按天取酬。如果酒店尚未雇用叫卖人，那么就不能拒绝前来应聘的叫卖人"；"叫卖人可以询问酒店酒价，依此价目，他可以到处叫卖"；
"如果酒店拒绝雇用，叫卖人可以依据公定的价目为酒店招徕，葡萄丰收之年
为七毫，歉收之年为十二毫。"从材料看出，叫卖广告在当时的法国享有一定
地位，并受到政府保护。

　　英国伦敦市政厅 1299 年的记录中也有叫卖人的记载：叫卖人必须宣誓忠
于自己的职业；叫卖人除了公布罪犯的判决结果及其他一切种类公文之外，还
可以发布商品买卖信息。

　　英国的叫卖人类似于法国的叫喊人。在市政府会议召开前夜，他们吹着笛
子，到处公告。18 世纪，叫卖人开始没落，他们最后见于文献是 1740 年。伦
敦的衣饰商行会得到市政厅的许可，可以让叫卖人在街上来回走动时，在他们
手持的板子上"刊登"自家广告，市政府从中抽取一定费用。

　　伴随着行会限制个体销售的政策逐渐放宽，街道两边吆喝叫卖声逐渐流行
开来。巴黎街头叫卖声丰富动听又有韵律，有的叫卖词平实无华，比如"上等
的劈柴，几个铜板就卖哦。"；有的对产品稍加描述，比如，"奥尔良的上等
水田芥"，"黄杨蓖梳，抓头虱之宝"，"大批产自马耳他的无花果"；而有
的叫卖词，则充满了作者的智慧，比如，"金色的蜂蜜，神会赐您健康"，"您
需要水吗？诚如各位所知，它可是四元素之一啊！"[①]与法国一海之隔的英国，
叫卖广告同样盛行。伦敦街头，"热乎"一直是小贩叫卖产品的主要卖点。"围
着百合围裙的男人口中吆喝：'百合一般洁白的醋，一夸脱 3 便士。'背负小
型圆桶，腰佩类啤酒杯容器的男子大声叫卖：'上等的墨水，快来买哦。'"[②]
莎士比亚《冬天的故事》中，行商脖子上挂满各种小百货，走街串巷："白布白，
像雪花 / 黑纱黑，像乌鸦 / 一双手套玫瑰香 / 假脸罩住俊脸庞 / 琥珀项链琉璃
镯 / 绣褡生香芳郁郁 / 金线帽儿绣肚罩 / 买回送与姐儿俏 / 烙衣铁棒别针尖 / 闺
房百宝尽完全 / 来买来买快来买 / 哥儿不买姐儿怪。"[③]

　　阿迪生的《伦敦的叫卖声》里，也记录了对伦敦叫卖的精彩描写："卖牛
奶的人所采用的音调一般都在 E 调 la 以上，声音特别尖细……箍桶匠喜欢用
闷声，发出他最后的尾音，不失为具有和谐动人之处……通称'香粉沃特'的
脂粉货郎，不满足他们祖辈传下来的歌声，特别编出自己的歌曲，以吟唱代替
叫卖。"在德国的版画中，也有行商的影子。他们把货物驮在驴背上，摇着鼓，
边卖边走。

---

① 《巴黎每天的107种叫卖声》，1545年。

② 马赛斯·洛伦，《伦敦的叫卖》。

③ 莎士比亚. 莎士比亚全集: 第4卷 [M]. 朱生豪, 等, 译. 北京: 人民文学出版社, 2010: 166-167.

3.2 西方古代标牌广告

3.2.1 文字广告的萌芽

伴随着符号、文字的出现，标牌广告开始萌芽。距今 5000 多年前，尼罗河畔的埃及人发明了象形文字，广泛应用于碑铭和宗教。约 1000 年以后，一种被称为"楔形文字"的象形文字在美索不达米亚平原出现。公元前 1200 年左右，为了满足航海和贸易发展的需要，腓尼基人利用古埃及象形文字中的音符字母创造了世界上第一套拼音字母。又过了大概 500 年，在古代埃及，一种被称为"民书体"的文字类型悄然出现，象形文字开始向拼音字母文字演化。拼音字母的出现，极大地推动了古代西方文明的发展，为西方世界的文化传播提供了条件。

据记载，最早文字广告的雏形，出现在公元前 2500 年的古苏美尔。当时，人们通过实践发现，一些信息通过文字写在一定的公共场所，信息传递效果较好。于是，古苏美尔人发明了公告和告示。这些信息位于石碑之上，记述国王修建、修缮神庙及城堡以及向神庙赠送自己雕像等活动。而现存最早的告示牌，则是现收藏于法国巴黎卢浮宫的古巴比伦王于公元前 1700 年颁布的《汉谟拉比法典》，法典在高达 2 米多的黑色的玄武岩上，清楚工整地记录了汉谟拉比从太阳神处取回的法典和规章（图 3-3）。公元前 1000 年，现存世界上最早的文字广告在古埃及首都底比斯出现，这条广告现存大英博物馆，内容是悬赏捉拿一个逃跑的奴隶，而且在内容中还对广告发布者的技艺做了宣传。

文字的广告形式还有古代苏美尔地区的战胜碑、地界标以及埃及的"劳赛他石"和方尖碑，而希腊神庙中的铅板也是早期的广告形式。古代罗马，人们在涂有石膏的特制木板上发布执政官命令，这种白板被称为 album。公元 59 年，罗马执政官凯撒创立了"每日纪闻"（Acta Diurna），每天更换木板内容，公布政治新闻，后来，民事新闻也在上面刊登出来。公元 79 年，意大利古城庞贝因火山喷发被埋入地下，后经发掘重现天日。庞贝城虽已是断壁残垣，但是，当时的灿烂文明仍历历在目（图 3-4），其中，商业广告已初见端倪。古罗马人嗜杀，他们所作的 album 中，最多的便是格斗表演广告。例如，"那个色雷斯式的'盾手'凯勒杜斯让所有女孩仰慕不已。"角斗士的光彩镌刻在古老的庞贝城墙上，流传千年。在当时人口稠密的交叉路口和公共浴池门口，"真正的罗马浴池，有热水浴区、温暖的海水浴区和清凉的冷水浴区。"此类广告铺天盖地。"从这儿去往 12 号塔的游客们，塞利努斯在此开了旅店，请住下来吧，

图 3-3　汉谟拉比法典。

图 3-4　断壁残垣的庞贝古城。

祝您一路平安。"此类广告时隔千载，温馨犹存。此外，政治广告也不乏其中，如"所有的小偷都强烈要求你们选举瓦提亚为执政官。所有的'懒虫'都强烈要求你们选举瓦提亚为执政官。所有酒吧女郎都强烈要求你们选举瓦提亚为执政官。"[1]

3.2.2　标记广告

与告示广告相比，标记广告的起源并不算太晚。约公元前 4500 年，古埃及和巴比伦的人们已经在石头或者用火烘焙过的黏土上雕刻图画或者文字，并以此作为标记。据相关考证，公元前 3100 年至公元前 2880 年，古埃及国王为了区分葡萄酒的等级，在储藏佳酿的容器上，给酒瓶拴上"上等葡萄酒""极上等葡萄酒""极极上等葡萄酒"的标签。希腊也是葡萄酒的主要产地，与埃及人相似，他们在酒壶把手上，雕刻酒的产地和酿造者姓名，这些标记被相关学者认为是西方标记广告的开端。不仅如此，为了使自己名声不朽，希腊人还开始在纪念像和宝石加工品上刻印制作者签名，后来发展到神杖、狮子等图案。这种在特殊商品上贴"商标"的习惯，正是从希腊逐渐普及开来的。

在漫长的中世纪，标记的使用已经普遍流行。同时，早期商标法也显现雏形。12 世纪，意大利的帕尔玛城已有明文规定："商人或行会不得使用其他

---

① 郭长刚. 失落的文明：古罗马 [M]. 上海: 华东师范大学出版社, 2001: 58.

人或其他行会的标记，不得在刀剑上使用同样或类似的标记。如果违反该法令，将根据程度轻重予以罚款，并且不受调停或者和解。"1304 年，德国刀剑工行会规定，该行会成员产品必须有统一标记，并刻上制造者姓名。14 世纪，一些国家的政府部门开始采用自己的标记。1457 年，德国的法斯特和乔发共同出版了《祈祷书》，该书开始在印刷品上使用标记。15 世纪，阿鲁道夫·玛鲁德维夫出版社以其"海豚和铁锚"标志名扬海外。中世纪标记的发展，为18 世纪商标被广泛接受和采用奠定了良好基础。18 世纪，以 P&G（宝洁）开始建立自己的商标为发端，一些大公司纷纷创建自己的标志符号，作为促进销售的手段。

3.2.3　招牌广告

招牌从标记中发展而来。据考证，古雅典时期，此种广告形式已经出现，在希腊出土的壶上，除了制造者的签名之外，还刻有神杖、酒壶、蜜蜂和狮子头等图案。此类广告在罗马时代也开始普及，如将商店或者行业名称写在木板等材料上，立在屋前店头，以招徕顾客。还有将葡萄藤系在屋檐，便是酒家。凯撒时代，各种招牌更是五彩缤纷，争奇斗艳。如两只手托着鞋的天使（鞋店标记）、庞大的奶牛（奶店标记）、拉磨的骡子（面包房标记）、水壶的把手（葡萄酒店标记）……形状各异，令人眼花缭乱。

另外，在行会盛行的中世纪，《圣经》中的人物成为相关行会的守护神，守护神旗帜成为招牌的起源。由于同行业的竞争对手几乎都集中在同一条街上，商人们必须绞尽脑汁吸引顾客，因此招牌广告在该时代发展迅速。实物是早期招牌的主要形式，如铁器店用铁锅、金属加工店用茶壶、鞋店用鞋型做招牌。而旅馆招牌也是一种很有意味的形式。基督徒投宿的旅馆门口，十字架招牌历历在目；伊斯兰教徒投宿的旅店门口，新月招牌随处可见。图画广告是招牌广告的一种主要表现形式。店铺屋檐下，行业工具和商品有关信息被绘成图画，成为招牌。随着同种商品的销售商增多，店名成为区分同行业的主要手段之一。但是，由于大多顾客不懂文字，此时，图画成为一种很好而有趣的表达手段。如姓哈尔波特（Harebottle）的商户招牌上，野兔（Hare）和瓶子（Bottle）往往成为主要标志形态。

还有一类招牌，受纹章和徽章影响很大。据说，开酒馆的老板很多先在教会、贵族和领主家工作，后来独立开业。他们往往把自己服务过的教会、贵族家族的纹饰用在自己的招牌中，用以抬高声望。英国旅店中，"红色狮子""蓝色狮子"等一类招牌非常多，还有女子肖像、国王肖像、太阳、人鱼、僧帽等图案。古代罗马，与行业有关的招牌也屡见不鲜，如医生家的墙上是玻璃杯（被用来放血治病）；工匠家的墙壁上，画着其行业器具；学校的墙壁上，一个学生正在被鞭打，严师出高徒的意义在此可见一斑。

行会时代末期，复合式招牌逐渐增加，如"王冠和乌鸦""猫与车轮"等类似组合招牌层出不穷，饶有兴味。据传，学习期满的学徒，在独立开店之时，常常将师傅的招牌加在自己的招牌前表示出来。另外，"搬迁说"也十分流行，据说，店铺从一条行业街搬到另一条行业街时，便将两个店铺的招牌组合在一起。此外，时代环境也是影响招牌变化的重要原因之一。据说，"圣经和天鹅"这种组合招牌，是马丁·路德宗教改革的产物。天鹅是路德教的象征，教会信徒为了表明自己的立场，而使用这种招牌。

扫描二维码，了解更多案例（视频）。

伴随招牌广告迅速发展，相关法律条文逐渐丰富。1419 年，伦敦市通过法令，"酒馆招牌不得比普通的招牌长，不得向超过街道 7 英尺^①的空间伸展"。1430 年，牛津法律规定，"以销售为目的的啤酒酿造者，必须悬挂招牌；否则，啤酒予以没收"。英王查尔斯一世即位时，更是要求所有店铺必须悬挂招牌。此举意在通过悬挂招牌，方便了解店铺所属的行业及店铺所在位置，以此为依据课税。

3.2.4　纹章广告

纹章和旗帜是标牌广告的一种独特形式。古《圣经》中有"威武如展开旌旗的军队"一语，可见，当时旗帜已经出现。旗帜起源于古埃及，在木棍顶端有国王名字、圣船、原始图腾等标识随风招展，而护旗士兵则被赋予象征勇气的狮子头或其他标识的图章或图形。

漫漫中世纪，行会支配并影响着城市经济。同行业的人聚集在一定区域形成一个市场，行业街和集市并存。这个时候盛行的纹章是一种"绘画语言"，人们将事物形状以图案的方式表示出来，并在上面涂上色彩，来表示个人和家族的地位、职责。在古代，纹章多绘制在盾、盔甲、旗帜等军用器械之上，被称为"heraldlry"，这个词原指传递国王、贵族命令的传令官。比武是中世纪的贵族和骑士的主要娱乐方式，骑士们戴上头盔、面具，不露峥嵘，此时，传令官就根据头盔上纹章向观众介绍骑士的家世、门第。纹章的出现，在很大程度上影响了商人、手工业者的行业标识和商标。

中世纪是一个骑士制度盛行的时代。旗帜的大小、形状和纹章的差别被用来作为代表个人的一种标志。最早的旗帜呈三角形，国王旗帜为 6 英尺见方，

---

① 1英尺=0.304 8米。

图 3-5 中世纪德国骑士的徽章。

图 3-6 保罗二世的盾形徽章。

王子公爵旗帜为 4 英尺见方，其他贵族旗帜为 3 英尺见方。在基督教会中，宗教性旗帜流行开来。白底红字的圣乔治十字旗直到今天仍是英格兰的象征。除此之外，教会还使用风信旗。随着时间推移，风信旗被广泛应用于公共建筑物和一般家庭，商人、手工业者多将表示自己行业的图案、标志绘制其上（图 3-5、图 3-6）。

3.3 西方古代印刷广告

扫描二维码，了解更多案例（图片）。

中国的印刷术通过贸易，经过丝绸之路传到了西亚、西班牙及整个欧洲。德国是当时欧洲的印刷中心。15 世纪，僧侣们开始用木板印刷纸牌。随后，古登堡在欧洲发明了印刷机。这一发明，极大地改变了人们的工作方式和传播手段，手工绘制的招贴广告被印刷招贴所代替。据记载，最早的印刷招贴是印刷商们的书籍广告。1477 年，英国印刷术先驱——威廉·凯斯顿（William Caxton，1422—1491）出版了《索尔兹伯里礼拜仪式通览》（*Pyes of Two and Three Comemoracios of Salisburivse*），并印刷广告传单，在伦敦各教堂口处招贴。从此开始，印刷招贴便被应用于各种各样的领域，教会分发传单，发布有关宗教仪式的各种消息；商贩向顾客分发印有插图的店铺广告传单；制药商开始把类似的招贴画贴在瓶子上。还有其他一些信息传播也以印刷形式出现，如官方通知、公告、菜单，还有展览、博物馆、教堂、街道和旅店的路线图等。人类第一种大众传播媒介——报纸出现，印刷的宣传告示、国家公

告和各类商品招贴遍及欧洲各国。这个时期的招贴在各方面都有长足的进步，设计图案精彩别致。到 17 世纪，遍布大街小巷的招贴广告已经成为人们日常生活不可分割的一部分。

3.3.1 早期报业萌芽

15 世纪，意大利的威尼斯，手抄小报开始出现。一个世纪之后，手抄小报已变得相当兴盛。据记载，1536 年，威尼斯已出现专门收集信息的机构和贩卖手抄小报的商人。1566 年，威尼斯出现有固定名称的小报，称为"手抄新闻"。这种新闻，起初在公共场所向大众阅读，并收取一个铜币作为酬劳。后来，这种小报流传到罗马以及欧洲各国，被称为《威尼斯小报》(*Venice Gazette*)。"Gazette"一词便成为欧洲各国早期报纸的名称。此外，流传于当时上层社会的新闻信是早期报纸的另一种形式。16 世纪末，德国商人胡格尔家族的"胡格尔新闻信"记录了当时的政治、经济和社会等方面的新闻，开始在整个欧洲广泛流传开来。

扫描二维码，了解更多案例（视频）。

上述报纸雏形开始在欧洲出现之时，欧洲又出现了一种内容为某些重大事件的报道的不定期印刷品。这些印刷品多为书本形式，被称为新闻书。1594 年，欧洲最早的新闻书拉丁文刊物 *Mercurius Galllo-Belgicus* 在德国科隆发行。现存最早的周刊新闻书是 1609 年出现于德国的《通告——报道或新闻报》和《报道》。1621 年，英国第一家定期新闻书《来自意大利、德国、匈牙利的每周新闻》(*Weekly News from Italy*，*Germany*，*Hungrie*，*Spain and France*)，以"News"作为新闻之义，第一次用于刊名，并从此流行开来。四年后，具有独立标题的新闻书——《不列颠信使》在英国出现。1631 年，法国最早的报纸——《公报》开始发行，创办人为雷诺德。这份报纸得到了当时法国国王路易十三的大力支持，他不仅颁布特许状，使其拥有"任何地方、以任何方式刊行、销售公报的特权"，而且还亲自和首相为该报撰稿。

伴随新闻事业的发展，日刊新闻书在不列颠出现。17 世纪中后期，英国报业大亨威廉姆斯出刊了《完整记录》，每期 8 页，内容主要是议会相关决议、政令、人事报道。此后不久，在英国出现了世界上最早的报纸——《牛津公报》，23 期后，改名为《伦敦公报》。此刊物符合真正意义上报纸的全部要素，对折成两部分，是真正的"Newspaper"。

17 世纪，咖啡馆在民间广泛兴起，成为主要的交际场所，产生了重要的社会影响。1652 年，伦敦出现最早的咖啡馆。17 世纪后半期，咖啡馆开始在英国普及开来，成为社交、交易和休息的场所。商人、船主、法律专家、文人、

赌徒、僧侣、政治活动家等齐聚一堂，咖啡馆专栏发展迅猛。1709 年，英国文学刊物《闲谈者》（第一期）："有关爱情故事、游玩、娱乐的报道在白色巧克力咖啡馆专栏下；诗在威尔的咖啡馆；学术消息在希腊咖啡馆；国内外新闻在圣乔姆斯咖啡馆的专栏中登出。"咖啡馆成为当时大多数报纸的广告中介。

18 世纪，发端于英国的工业革命给报纸的发展提供了一片肥沃的土壤，一时间，报纸如雨后春笋般发展开来。1702 年，第一份用英文印刷的日报《每日新闻》开始在英国发行。这个世纪里，一批高度文学化的报纸开始出现。最具代表性的是《闲谈者》《旁观者》和丹尼尔·迪福（Daniel Defoe）的《雾霭新闻报》。此外，1719 年创刊的《每日邮报》、1730 年创刊的《每日广告报》等，都是近代报纸的先驱。在日报腾飞的同时，晚报也开始出现。1706 年创刊的《晚邮报》（Evening Post）是最早冠以"evening"名称的报纸。此后，《晚新闻报》《夜晚邮报》和《圣詹姆斯晚邮报》等一系列晚报得到了飞速的发展。在该世纪，一大批优秀的报人纷纷涌现出来。英国的约翰·贝尔，创办经营了 3 家晨报、5 份周刊和 7 种杂志，其中，《贝尔信差周刊》最负盛名。另一个英国人约翰·沃尔特创办了享誉世界的《泰晤士报》，经过沃尔特家族的不懈努力，《泰晤士报》终于位列世界上最具影响力的报纸之一。在大西洋彼岸的美国，多才多艺的开国元勋本杰明·富兰克林（Benjamin Franklin）创立了《宾夕法尼亚公报》，在他的努力之下，该报很快成为该地区发行量最大、版面最多、广告收入最高、文化修养最高的报纸。另外，他还创办了美国最早的外文报纸——《报纸》和美国早期杂志——《一般杂志》。

3.3.2 古代报刊广告

17 世纪是新闻书滥觞的时代。此时，刊登广告的新闻和报刊开始出现。1612 年，法国出现了一本专门刊登广告招贴的新闻报刊《总招贴报》，被称为"小招贴"，它把街头巷尾的传单、招贴等集中在一起，文如其名。1625 年，《祝婚诗》出版广告发行，成为英国最早的报纸广告。1631 年，法国最早的商业广告也开始出现，《公报》之上的奥鲁斯矿泉水被啧啧称赞。此时，《公报》所有者雷纳德的另一家报纸《广告局报》也开始风靡整个巴黎。1652 年，《忠诚侦察员》刊载了最早的印刷插图广告："一个串有 8 颗玫瑰色宝石，下面垂挂着一颗珍珠；另一个串有 13 颗玫瑰色宝石，价值与前一个一样，都是 70 英镑。如果有人发现了这些项链，请通知伦巴第大街上挂着月亮和星星招牌的金匠丘库罗。本人将以 10 英镑致谢！"此外，最早的咖啡广告、茶饮广告、药品广告、牙粉广告也次第出现，甚至连英国国王理查二世也开始利用新闻报刊进行广告。1660 年,《政治信使》登出了如下广告:"国王的猎犬于 6 月 18 日,在白厅的门卫处失踪。若谁知晓狗的下落,请告诉国王的臣仆之一约翰·尹内斯,定有酬谢。"

如前文所述,17 世纪的咖啡馆是当时居民的主要交际场所,咖啡馆广告也红极一时,成为当时一种主要的广告形式。例如, "下个星期五黄昏将在多姆的咖啡馆举行著名画家的油画和版画珍藏品拍卖活动;同时拍卖若干地理、建筑方面的书籍。"① "皇家交易所小路上的别佳咖啡馆,出售高级丝绸,男女长袍、各种特选长袍最新到货。在伦敦,没有一家店可以在质地、数量、种类以及价格上与我们媲美。"②咖啡馆本身,也是一种优良的广告媒介,报纸上的广告大多通过咖啡馆征集而来。

18 世纪,随着报业的不断发展,大众化的新式报纸不断出现,广告报纸也进步不断。1705 年,英国报商查尔斯·波利(Charles Porey)创办了广告报《贸易总评》,他制定了统一的收费标准,公开公布发行量,并且将这些报纸免费派送到商店、事务所等公众机构。1730 年,马修·真诺(Mathew Jenour)创办了《每日广告报》(Daily Advertiser),并一度成为发行量最大的报纸。由于《每日广告报》的成功,"Advertiser"这一报纸名称也被其他报纸广泛采用。1744 年,另一份以刊登广告为主的报纸——《大众广告报》(General Advertiser)创刊,发行人亨利·伍德菲尔(Henry Woodfall)思维敏捷,交游广泛,是伦敦著名报人。他与伦敦各大剧院协商,独家刊登伦敦所有剧院的广告。该时期,各种类型的广告更是不断涌现。1703 年,《每日新闻》刊登了最早的版画插图广告,这则尖顶巧克力机的广告经久不衰,赢得了民众喜爱。此时,大众娱乐广告、演出广告、流行服饰广告、征友广告以及信息咨询广告等一系列广告占据了主要的广告报纸版面,并在民众中开始流行开来。

广告业迅速发展,广告中介也开始出现。17 世纪,英国宫廷将广告事务特许经营权给了亚瑟·乔治(Arthur Gorges)和瓦特·库珀(Walter Cope)。虽然这一设立通用商业公共登记所的构想失败,但无疑是广告中介的最早雏形。最早的广告中介机构诞生于法国,其创建人为《公报》经理,被称为"近代广告先驱"和"广告之父"的雷纳德。他的"广告局", 不仅负责刊登各行各业

---

① 选自《广告》(1689年)。
② 选自《邮差男孩》(1711年)。

的商品广告，还有旧物交换所和类旅行社的功能，可以负责安排出行旅游和回答相关咨询。雷纳德的广告局很快声名鹊起，名声传到了隔岸的英国。经一些早期创始人不断实践之后，1657 年，英国著名报人尼德姆在伦敦和维斯特敏斯特开办了 8 个公共广告事务中心，开展广泛的职业介绍、商品买卖、金融中介等多项业务，并且公布了具体的收费标准。他将广告从尼德姆式的慈善经营中分离出来，促成了近代广告经营体系的建立。

一个世纪之后，广告代理开始萌芽。当时英国报纸《旁观者》刊登的一条读者来信这样写道："鄙人愿意代人写广告。我有一个想法，可以给贵报和鄙人都带来收益……鄙人愿意和贵报签约，绝不为其他报纸撰写广告文案……希望能够得到这份工作。"从这封信可以看出，当时职业广告文案还没有兴起，但是市场上已经有了代写广告的需求。

4 中国古代广告发展历程

　　古代中国，山川阻隔，交通落后。东方和西方虽有"丝绸之路"连在一起，但是，这种交流，相比几千年的漫漫历史，无疑沧海一粟。生活在不同地域的民族在相对封闭的环境中创造着各具特色的文化。同世界上其他文明古国相比，中国文化的演进表现出一种坚韧的延续性。传统至上的文化，给中国商业的"进化"铭刻上了一种超稳定的发展特征，在相隔百年的不同历史时期，商业行为的方式并没有太大的差异。

　　从总体来看，中国古代商业行为的主要方式和种类相对单一。古代社会，商业行为通常只有两种方式：一种是在市场上的固定店铺或者摊位出售商品；另一种是走街串巷地吆喝、兜售商品。"北邻卖饼儿，每五鼓未旦，即绕街呼卖，虽大寒烈风不废，而时略不少差也。因为作诗，且有所警，示秬，秸。"（张耒）这两种商品的推销方式，在远古的春秋时代就已经产生。汉代班固在编撰的《白虎通》中对此做了较为详细的区分："商之为言章也，章其远近，度其有亡，通四方之物，故谓之为商也。贾之为言固也，固其有用之物，待以民来，以求其利者也。故通物曰商，居买曰贾。""行商坐贾"，由此得名。那些居间售物的"贾"通过商店门前的幌子、招牌、实物等手段向消费者推销商品。标牌广告是贯穿整个中国封建社会的一种主要广告表现形式。

4.1 中国古代标牌广告

4.1.1 招牌广告

　　中华民族是最早使用文字的国家之一。据考证，在五六千年前的仰韶文化和大汶口文化中，陶器上刻画的符号多达数十种。四千年前，龙山文化早期，刻在陶罐之上的"朱书"，被相关学者认为是最古老的文字。在河南安阳出土的商代甲骨文，主要记载了阶级国家、社会生产和思想文化三方面的内容，形象地描绘出商代社会、政治、经济、文化各个方面的景象。象形文字的出现，奠定了汉字的基本形式。作为王权主要信息传播载体的象征物，殷墟甲骨卜辞，以龟甲、兽骨为媒，多以"告"字起首，随着国家的强盛和扩张流布四方，是中国古代文字广告的雏形（图 4-1）。

　　招牌广告在中国起源较早，可以追溯到商业刚刚萌芽的洪荒年代。在"牵牛车，远服贾"的经营贸易中，作为标牌广告之一的实物广告，就已经开始出

　　扫描二维码，了解更多案例（图片）。

图 4-1 殷墟出土的甲骨文是中国古代文字广告的雏形。

图 4-2 楚人"自相矛盾"的故事是早期广告雏形。

图 4-3 酒坛放于垆上，是一种古代很普通的实物陈列广告。

现。《诗经·氓》："氓之蚩蚩，抱布贸丝"，布匹在商品交换的过程中，不仅承担着一种交换媒介的职能，而且承担了实物广告的职能，这里的实物广告就是招牌广告的雏形。据《晏子春秋》记载，灵公喜欢女人身着男装，宫女们为了迎合他的喜好，纷纷改装易服，引起了全国妇女个个效仿，灵公下令禁止女子改易男服。晏子劝谏，"君使服之于内，而禁之于外。犹悬牛首于门，而卖马肉于内也"。此语虽然有"要臣民从内心信服，自己必须要表里如一"的潜台词，但是从客观上反映了当时已有商贾将牛头陈列于市，以招徕顾客的现象出现。据《韩非子》记载，"楚人有鬻盾与矛者，誉之曰：'吾盾之坚，物莫能陷也。'又誉其矛曰：'吾矛之利，于物无不陷也。'或曰：'以子之矛陷于之盾，何如？'其人弗能应也"。楚人在陈列着矛和盾的摊子前面，大声叫卖自己的商品，口头广告和实物广告这一对孪生儿在当时已经出现（图 4-2）。

汉代开始，实物广告开始成为主要的招牌广告形式。《史记·司马相如列传》："相如置一酒舍沽酒，而令文君当垆。"著名才子司马相如和卓文君结婚后，由于家境贫寒，就开了一家酒店让文君当垆卖酒。酒坛放于垆上，是一种古代很普通的实物陈列广告。垆是酒店门前垒土而成、上置酒瓮的小台子，为卖酒标志（图 4-3）。另据《后汉书·方士传》记载，"费长房者，汝南人也，曾为市掾。市中有老翁卖药，悬一壶于肆头"。此老翁其实是"悬壶济世"的老神仙，他在瘟疫泛滥之时，在集间开设一间药店，门口悬个葫芦，治病救人。此外，葫芦与"福禄"谐音，所含良好祝愿。从此之后，葫芦便逐渐演变为医院和药铺的标志。

隋唐时期繁荣的经济和市场推动了广告的发展。唐代夜市的繁荣，带来了灯笼广告的兴起。灯笼广告是招牌广告的一种。夜幕铺开时，商家将有"客栈""茶馆""酒楼"等标志的灯笼悬挂于店铺之前，既可满足照明需要，也可以让店铺更为显眼。而且，随着灯笼制作技术提高，商家更注重突出行业特色，将其做成与行业相关的形状。如酒店的灯笼像酒瓮，药店的灯笼像葫芦。五彩缤纷的灯笼将隋唐盛世的夜空装点得丰富多彩。王建《夜看扬州市》："夜市千灯照碧云，高楼红袖客纷纷。如今不似时平日，犹自笙歌彻晓闻。"除灯笼广告外，其他形式的招牌广告在这个时期也有所发展。刘禹锡《观市》："其列题区榜，揭价名物，参外夷之货。"在南方蜀地，有"李客者，不言其名，常披蓑戴笠，系一布囊，在城中卖杀鼠药，以一木鼠记"。"李客"的"木鼠"，便是招牌。

在宋代话本中，也不乏关于招牌广告的记载。《宋四公大闹禁魂张》："店前有一个妇女，玉井栏手巾勒着腰……门前牌儿上写着：'本行侯家上等馒头点心。'"《喻世明言》第二十卷·陈从善梅岭失浑家："见一草舍……招牌上写：'杨殿干请仙下笔，吉凶有准，祸福无差。'"《梦粱录·茶肆》里也记载了"俞七郎茶坊""蒋检阅茶肆"等招牌名。《清明上河图》中，汴河到城内的街市上，车马行人熙来攘往，茶楼酒肆店铺林立，各色商店招牌随处可见，如"刘家上色沉檀栋香"香店，"赵太丞家"药店，"杨家应症"医店等（图4-4）。欢门广告是宋代一种独特的招牌广告形式。酒店和茶肆等商店，

图4-4 《清明上河图》局部。

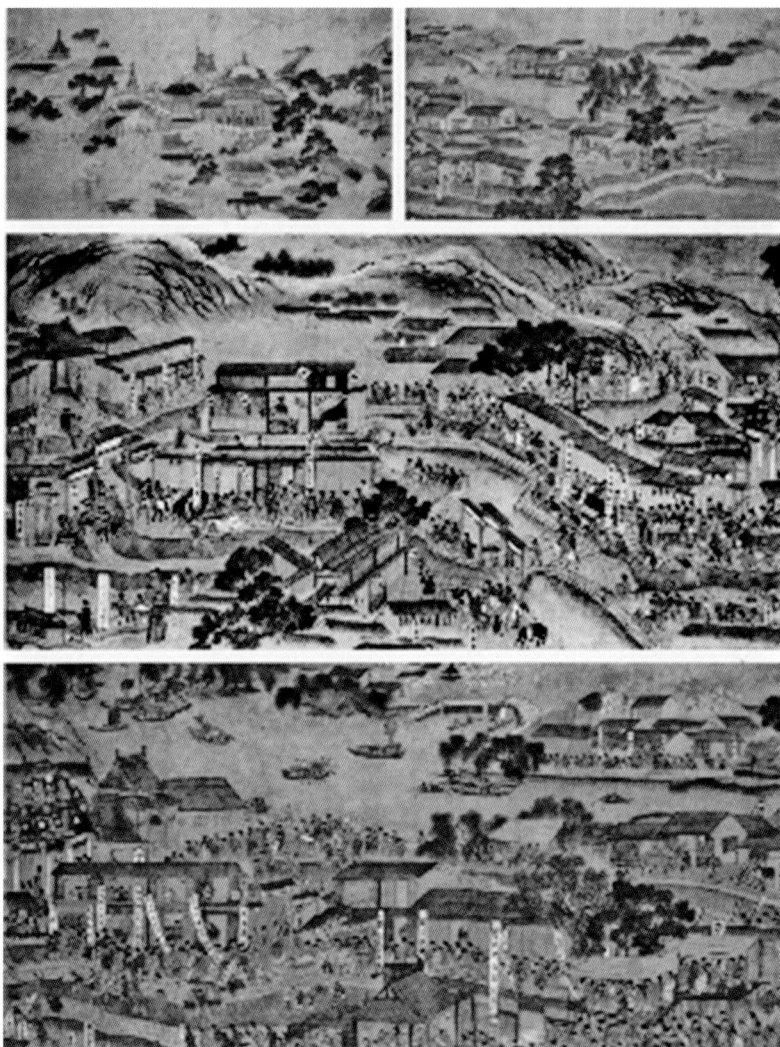

图 4-5　明朝《南都繁会图》局部。

图 4-6　清朝乾隆年间《姑苏繁华图》（又名《盛世滋生图》）局部。

皆扎欢门，以招徕顾客。例如，《梦粱录》载："酒肆门前排设杈子及栀子灯，盖因五代敦高祖游幸汴京，茶楼酒肆，俱如此装饰，故至今店家仿效俗也。"《清明上河图》中，街中最大正店"孙羊店"，更是高楼大屋，歇山屋顶，楼广三间，皆客满，门前扎结彩楼，前设欢门。

此外，招牌广告在元朝也有记载。例如，《析津志》："市中医小儿者，门首以木刻板作小儿……又有稳婆收生之家，门首以大红纸糊篾筐大鞋一双为记……医兽之家，门首地位上以大木刻作壶瓶状，长可一丈，以代赭石红之……灌药之所，门之前画大马为记。"明清之际，伴随中国封建社会走向繁盛的顶峰，招牌广告无论从内容还是形式看，与前朝相比，更趋于成熟。反映明代晚期南京城商业经济繁荣景象的绘画作品《南都繁会图》（图4-5）中，据统计，画面上的招牌共有百余处之多。清朝初年描绘苏州商业盛景的《姑苏繁华图》（图4-6）、《乾隆南巡图》（图4-7）中，招牌的影子也随处可见。此时，还出现了一种高达"三丈"的冲天招牌。"用两片长条石，深埋地下，露出地面的两石之间则夹竖一个很长的黑漆金字招牌。石条有洞，可以把招牌拴紧，一般直立在店铺当中的街上，很高很高，意在使人老远就能看见这家大店所在"（图4-8）。此时，受儒家"以义取利"思想的影响，商人喜欢赋予招牌以特定内涵。始创于1844年的"全聚德"，招牌正是反映其"全仁聚德，财源茂盛"的理念（图4-9）；"同仁堂"的招牌"童叟无欺"，表达了该店"诚实经营"的信条；1853年开业的"内联升"鞋店，店名中包含了宫廷官宦们"在朝堂连升三级"的寓意以表达对顾客的美好祝愿（图4-10）。

4.1.2 悬帜广告

悬帜广告也叫幌子广告，是标牌广告的一种重要形式（图4-11—图4-16）。据《韩非子》记载，战国时期的宋国，"有酤酒者，升概甚平，遇客甚谨，为酒甚美，悬帜甚高"。"悬帜甚高"确切表明，当时商家已经知道用高挂酒旗的方式来招徕顾客，这段文字是中国历史上已知的最早关于悬帜广告的记载。

在传统社会中，酒旗广告是悬帜广告的主体。据传，公元23年，汉光武帝刘秀起兵，反抗王莽政权。在宛城东古镇聚众商议倒莽扶汉大计，刘秀赊"刘记"酒家幌子为帅旗，招募兵勇，这就是历史上有名的"酒旗变帅旗"的典故。唐诗中，有很多关于酒旗的描写。如杜牧："千里莺啼绿映红，水村山郭酒旗风"；

图 4-7　清·徐杨《乾隆南巡图》局部。

图 4-8　《清明上河图》中赵太丞家药店前的冲天广告。

图 4-9　"全聚德"烤鸭店面的招牌。

图 4-10　"内联升"鞋店店面的招牌。

图 4-11　酒店的幌子。

图 4-12　当铺的招幌。

图 4-13　草料铺幌子。

图 4-14　棉花幌子。

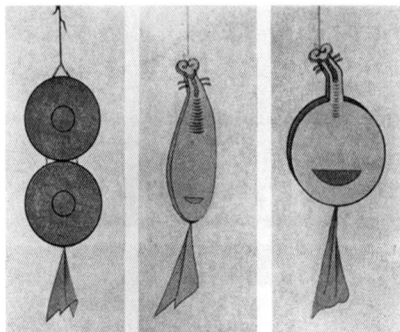

图 4-15　响器幌子。

图 4-16　糕点铺幌子。

刘禹锡："城外春风吹酒旗，行人挥袂日西时"；郑谷："白鸟窥鱼网，青帘认酒家"；韦应物："碧流玲珑含春风，银题彩帜邀上客"。白色的"酒"字醒目地绣在五颜六色的"彩旗"之上，不仅显示了行业的特征，而且突出了广告的艺术性，是唐朝文化的一个重要标志。

宋朝工商业繁盛，传统广告样式较为齐备，悬帜广告在唐朝的基础上也有了一定的发展。宋代诗词中就有很多描写，如"西风酒旗市，细雨菊花天"（欧阳修）；"君不见菊潭之水饮可仙，酒旗五星空在天"（罗愿）。小酒店中，"挂草葫芦，银马勺，银大碗，亦有挂银里直卖牌"。澡堂也以悬壶为记，作为区分标志，"今所在浴处，必挂壶于门"①。"都城与郡县酒务，及凡鬻酒之肆，皆揭大帘于外，以青白布数幅为之"②。

此外，元代也不乏悬帜广告的记载。元曲中，有大量记载幌子广告的描述："酒店门前七尺布，过来过往寻主顾"③；"画船儿天边至，酒旗儿风外飐"④；"一竿风旆桥西路，人物风流闻上古"⑤。"旆"，本指旗帜末端燕尾形飘带，泛指旌旗，冠以酒字则特指酒肆用来招徕顾客的酒旗。

清代乾隆年间，繁华的前门大街，大路两旁商店林立，引人注目的店标幌子随处可见（图 4-17）。

4.1.3 标记广告

除以上两种标牌广告之外，标记广告也是一种重要的标牌广告形式。早期标记广告，刻于商品之上，表示私有权和纪念意义。西周青铜器"瑚生簋""伯父作宝鼎"上面，文字标记已经出现。春秋战国时期，手工业者在自己的陶器、漆器之上，刻印自己姓氏、籍贯及制造时间等符号，以便区分。《礼记》记载："物勒工名，以考其诚。"带有标记的产品售之于市，标记便具备了商标和招牌的功能，现代商标意识和品牌意识在当时已经萌芽（图 4-18）。

汉代，附加在标记之上的品牌效应已经出现。商人们为了保护自己的利益，逐渐开始宣传自己产品的"卖点"。据《三辅决录》记载，"夫工欲善其事，

扫描二维码，
了解更多案例
（视频）。

---

① 宋，吴曾，《能改斋漫录》。
② 宋，洪迈，《容斋随笔》。
② 元曲《后庭花》。
④ 元，张养浩，《水仙子·咏江南》。
⑤ 元，张可九，《山坡羊·酒友刘伶不》。

图4-17　清朝乾隆年间前门街市图。

图4-18　宋代石棺上面写有制作工匠的名字"匠人单继永"。这是一个很典型的标记广告。

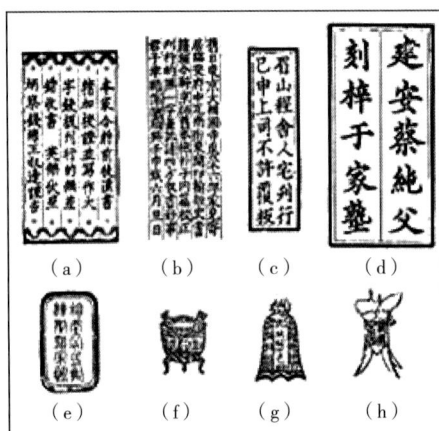

图4-19　早期中国印本中的牌记：（a）原籍钱塘（临安）的福建建安书坊主王叔边，约1150—1170年；（b）迁至临安（杭州）开业的原开封相国寺东的老字号荣六郎书铺，1152年；（c）眉山程氏，牌记说明他已申请有司禁止他人翻印他印的书，约1190—1194年；（d）福建建安蔡纯父，约1208—1224年；（e）河南相台岳氏，约13世纪。

14世纪元代刻书人采用的装饰性标记：（f）鼎状；（g）钟形；（h）爵形。

必先利其器，若用张芝笔、左伯纸及臣（韦诞）墨，兼此三具，又得臣手，然后可以逞径丈之势，方寸千言。"张芝是汉代著名书法家，左伯是汉代著名造纸专家，韦诞擅长制墨和制笔，以当时能工巧匠的名字命名商品，体现商品的与众不同之处，说明现代品牌意识已蕴含其里。魏晋时期，商人们的品牌意识有所发展，已有品牌故事出现："河东人刘白堕，善能酿酒。季夏六月，时暑赫晞，以罂贮酒，暴于日中，经一旬，其酒不动，饮之香美而醉，经月不醒。京师朝贵多出郡登藩，远相饷馈，逾于千里；以其远至，号曰'鹤觞'，亦名'骑驴酒'。永熙年中，南青州刺史毛鸿宾赍酒之蕃，逢路贼，盗饮之即醉，皆被擒获，因复名'擒奸酒'。游侠语曰：'不畏张弓拔刀，唯畏白堕春醪。'"[①]从明朝《警世通言》第二十八卷《白娘子永镇雷峰塔》中，我们可以看见，商

---

① 北魏，杨衒之，《洛阳伽蓝记》。

品品牌意识已深入民间："老陈将一把雨伞撑开，道：'小乙官，这伞是清湖八字桥老实舒家做的，八十四骨，紫竹柄的好伞。'"苏东坡被贬海南之时，制墨以娱，消息传出，远在万里之外的杭州，一家出售"东坡墨"的专卖店"横空出世"，名人效应可见一斑。元明清时期商标广告有所发展（图4-19），据相关史料记载，在清代北京，一些"借东风"的仿冒标志频频出现。"京师市肆扁榜，

图4-20　刀剪铺。

标识百出。一家擅名，必有数家假借，系影响以窃之。"[1]据传，"南有张小泉，北有王麻子"的"王麻子"刀剪店，其招牌就曾被人以"汪麻子""老王麻子"和"真王麻子"等类似招牌模仿（图4-20）。

4.1.4　对联广告

对联也是具有中国民族风格的一种文字广告形式。据传说，赵子昂曾为扬州明月楼题写了一副对联："春台文苑三千家，明月扬州第一楼"，以为广告。"三朝御里陈忠翊，四世儒医陆太丞"；"干湿脚气四斤丸，偏正头风一字散"[2]。相关学者认为这是最早的有记载的对联广告。

明代中期，"四民异业而同道"（王阳明）的思想开始在士大夫中流行，他们也开始涉足于广告领域。据传，明太祖朱元璋，曾为阉猪匠撰写对联："双手劈开生死路，一刀割断是非根。"此联妙趣横生，在民间广为流传。上有所好，下必甚焉。一时间，士大夫题匾写联的风气盛行天下。据传，明朝"江南第一才子"唐寅曾为一家新开张的商号写下对联："生意如春草，财源似水泉。"此联一出，见者无不惊叹，观联购物者络绎不绝。另一才子祝枝山，曾为一家生意萧条的酒店题写"东不管西不管，我管酒管；兴也罢衰也罢，请罢喝罢"的对联，此联挂出，酒店生意便逐渐兴隆起来。清代对联广告以酒楼用得最多，如长江浔阳楼"世间无此酒，天下有名楼"，为酒联广告的上乘之作。另一酒馆以"竹叶杯中，万里溪山送闲绿；杏花村里，一帘风月独飘香"为联，整个

---

[1] 清，阮葵生，《茶余客话》。
[2] 宋，陆游，《老学庵笔记》。

诗句无一酒字，但尽是酒意，"竹叶杯""杏花村"营造出悠然的意境，堪称酒联中的佳品。对联一出，该店生意迅速红火。

4.2 中国古代声响广告

中国原始社会中后期，社会生产力获得了极大的发展，以家庭为单位的财产私有制开始萌芽，手工业、畜牧业和农业分离开来，"水处者渔，山处者木，谷处者牧，陆处者农"[①]。社会分工开始出现。在距今约四五千年的龙山文化遗迹中，上述三种行业为代表的经济产业部门的分工发展，亦显著可见。与此同时，简单的商品交换也开始兴盛起来。交换的产生，车船的出现以及南方水网的"舟楫之利"，为商业的出现与发展创造了必要的条件，扩大了部落之间的联系，促进了地域文明的交流和发展。

随着商品生产与交换的发展，各种原始形态的广告也就随之出现，如音响广告、陈列广告、招牌与幌子等。这些不同类型的原始广告同商人进行商品销售活动的形式密切相关。

音响广告直接与摊卖相联系，当时虽然简陋，但已是推销商品不可缺少的工具。西周时期就已经有关于这种广告形式的记载。这种广告是中国封建社会的一种主要广告传播手段，持续千年，至今仍然流传。目前，闽南一带，仍有"补鼎补锅补面桶"的小贩，敲击铜板为声。巴蜀之地，依旧有麻糖小贩走街串巷吆喝，推销商品。

4.2.1 叫卖广告

原始社会末期，物物交换开始出现，招徕生意成为一种必然。交换者对交换产品的介绍，成为叫卖广告的起源。据文献记载，殷人的先祖王亥迢迢千里贩货经商，已开始以口头叫卖的方式推销商品。古籍中关于叫卖广告的记载始见《楚辞》，"吕望之鼓刀兮，遭周文而得举"，"师望在肆，昌何识？鼓刀扬声，后何喜？"据相关记载，吕望，名尚，姜姓，字子牙，是周灭商的重要筹划者。相传周文王采纳吕望谋略，一举灭商，成就大业。太公发迹之前，并不得志，曾为屠于市肆之中，以刀器敲打节奏，高声叫卖他的狗肉，以引人耳目（图4-21）。据相关文献，秦王嬴政在流落齐国之时，也曾一度郁郁不得志，一段时间在市井之中"鼓刀以屠"，贩卖猪肉。东汉时成都城内市井繁华，商肆遍布，商人高声推销商品的景象随处可见（图4-22）。

---

① 汉，刘安，《淮南子·齐俗训》。

叫卖广告在唐朝之前发展缓慢，相关文字记录有限。唐朝商业发达，推动了叫卖广告的发展。在长安城的大街小巷中，经营菜蔬、水果以及其他农产品的行商们叫卖招徕之声此起彼伏，不绝于耳。《刘宾客嘉话录》："刑部侍郎从伯刍尝言，某所居安邑里巷口有鬻饼者，早过户，未尝不闻讴歌而当垆。"文中的"讴歌"，便是小贩的叫卖声。九流百家的街市中，有手执实物的童子，有手执泥瓦工具的壮年男子，有瞽目者手持响器，有挑货郎手持货郎鼓。就连寺庙都是叫卖广告发生的主要场所。唐代，僧侣们唱出所卖物品名目，"分卖"衣着之物之风盛行。敦煌遗书之中，"唱衣"史料仍历历在目。而法藏敦煌文献发现的五代时期的后唐吟叫辞，作为当时招徕声的形象再现，颇具现代广告性质，可视为北宋叫卖广告前身。

宋代，中国商品经济获得极大发展，叫卖广告也在前代基础上有所发展。据《东京梦华录》记载，"是月季春，万花烂漫，牡丹芍药，棠棣香木，种种上市，卖花者以马头竹篮铺开，歌叫之声，清奇可听"。此外，《梦粱录》也有关于招徕声的记载："吟叫百端，如汴京气象，殊可人意"；"今街市与宅院，往往效京师叫声，以市井诸色歌卖物之声，采合宫商成其词也"（图4-23）。不少词牌名和曲牌名如《货郎儿》《卖花声》《叫声》等名字，也是源自叫卖市声。

这个时期的街头巷尾之中，一些顶盘担架的小贩，沿街叫卖糖蜜枣儿、生药饮片等小物件，"转求什一之利"。这些小贩被称为货郎，又称"常卖"。话本中，对于货郎有所记载。一些货郎，"手执着一个玲珑当啷的东西，叫作'惊闺'，一路摇着"。李嵩所作《货郎图》，描绘了一个老年货郎在同一时间、不同季节的经营活动，货担中，百货杂陈，琳琅满目，挂满了小器皿、工

图 4-21　姜太公像。

图 4-22　东汉市楼画像砖。

扫描二维码，了解更多案例（视频）。

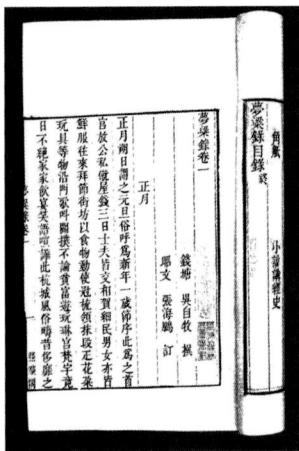

图 4-23 《梦粱录》书影。　　图 4-24　李嵩《货郎图》。

具、玩具、食品等各色杂货（图 4-24）。

宋代之后的元代，也能见到叫卖广告的影子。如在元杂剧《东堂老劝破家子弟》中，已有口头叫卖广告的记载："你担着担，口里可叫么？……若不叫，人家怎么知道有卖菜的……不免将就叫一声：青菜白菜赤根菜，胡萝卜，芫荽，胡萝卜，葱儿呵……"明清两代，口头叫卖广告依然在各地盛行。据乾隆四年《祥符县志》记载，河南开封，小贩们"有摇小鼓两旁自击，卖簪珥女萍胭脂胡粉之属者；有鳞砌铁叶进退有声，磨镜洗剪刀者；有摇郎当，卖彩线绣金者；有小旗招占携中箱，卖零星增帛者；有阁阁拆声，执杓卖油者；有拍小铜钹，卖豆沫者；有驱辘轳小车，卖蒸羊者；有煮豆入酒肆，撒豆胡床以求卖者；有挑卖团圆饼，薄夜，牢丸，毕罗，寒具，萧家馄饨，康家庚家粽子如古人食品之妙者；有肩挑卖各种瓜果菜者；有入夜击小钲卖饧者；有悬便面于担易新者；有求残金笺扇等器熔出金者；有买肆中柜底土及掏市沟刷街泥以搜钱银屑者；又有攒花于筐璨然锦色卖与人种植者，往来梭织，莫可殚纪"（图 4-25）。据《燕京杂记》记载，北京地区的小贩种类繁多，几乎各自都有独特的叫卖方式："京师荷担卖物者，每曼声婉转动人听闻，有发语数十字而不知其卖何物者"；"呼卖物者，高唱入云，旁观唤买，殊不听闻，惟以掌虚复其耳无不闻睹"。

4.2.2　响器广告

在人声如潮的古代交易场所，为了避免相互影响的弊病，聪明的商人们在叫卖的基础上发明了以击打器物代替叫卖的招徕方式。商贩们开始用不同的器具发出各具特色的声音，来表示不同的行业。响器广告的最初起源时间，已经无从可考。但早在春秋战国时期，已经有其记载。《诗经·周颂》中有"萧管备举"的句子，"其时卖饧之人，吹萧以自表也"。西周时期，商人们就已经开始使用萧、管等乐器媒介做音响广告，招徕生意。如前文所述，姜太公和秦始皇的"鼓刀"，在某种意义上来讲也是一种响器广告。商人们在市场中，通过发出不同音响，用来作为区分不同行业的标志。例如，卖糖小贩吹萧以自表；卖油翁敲"油梆子"；卖熟、炸黄鱼的击木梆子，叫"击馋"；卖百货的小贩手摇"拨浪鼓"，又称"唤娇娘"……

整个封建社会中，音响叫卖种类繁多，小商小贩们敲打、弹奏，发出特殊的音响来吸引注意，招徕顾客。这些"响器"就是特殊的道具，人们称之为"代声"。宋代诗人宋祁有"萧声吹暖卖饧天"的诗句。可见，当时卖糖的商贩是吹管萧乐器来招徕顾客；卖梅花酒的小贩，鼓乐吹奏《梅花引》，叫卖产品。据元代《析津志》记载，当时"街市蒸做面糕、诸蒸饼者，五更早起，以铜锣敲击，时而为之……小经济者，以蒲盒就其家市之，上顶于头上，敲木鱼以货之"。就连铜锣和木鱼都成为小贩们的广告道具。清代的北京，响器广告种类繁多，"百工杂技，荷担上街，每持器作声，各有记号。修脚者所摇折叠凳，曰'对君坐'；剃头担所持响铁，曰'唤头'；医家所摇铜铁圈，曰'虎撑'；星家所敲小铜锣，曰'报君知'；磨镜者所持铁片，曰'惊闺'；卖闺房杂货者所摇，曰'唤娇娘'；卖耍货者所持，曰'引孩儿'"。如此种种，不胜枚举。清代还有一种江湖之土郎中，微通医数，明点药数，口有倭才，即往各省游艺，一手持串铃摇动，一手招牌上写药名不等；看病时，目视其色，言能变化，尚带卖药（图4-26）。在江南的南京地区，小贩们"拦门吟卖，婉转堪听"。据《金陵物产风土志》记载，"有

图4-25　正月十五叫卖纸糊灯笼的货郎。

图4-26　清代串铃卖药图。

以油炸小蟹细鱼者，或面裹虾炸之为虾饼，或屑藕团炸之为藕饼，担与市，摇小锣鼓以为号，闻声则出买之。"

4.3　中国古代其他形式的广告

中国古代标牌广告和声响广告迅猛发展，但这两种广告并不是中国古代独一无二的广告形式，其他一些广告形式也在持续千年的传统社会中萌芽、发展起来。

4.3.1　书籍广告

中国古代社会深受儒家文化影响。书籍作为文化载体，在古代社会广泛流行开来。据记载，古代书籍流通在西汉时便已出现，洛阳"槐市"便是当时著名的书市。书籍广告随之兴起与繁荣。西晋左思作《三都赋》，张载、皇甫谧等时下名士为之作序，一时间，出现"洛阳纸贵"的局面，名士为作者写序，便是书籍广告的一种方式。

中国雕版印刷肇自隋朝，起源于拓印；行于唐代，发端于民间或佛教寺院。唐贞观十年（636年），唐太宗李世民下令梓行的《女则》，是目前发现最早记载使用印刷术的文献。五代之后，雕版印刷在宋代更是达到繁盛。朝廷十分重视印刷，从中央到地方很多部门都从事过印刷活动。民间印刷也十分活跃，形成了汴京、杭州、四川、江西等几个印刷业较为集中的地区。印刷数量和种类大增，经、史、子、集以及农业、技艺、医学等书都曾大量印刷。佛经印刷活跃，曾多次刻印佛经总集。同时，纸币开始出现，开创了有价证券及商标包装印刷的新纪元。同时，由于印刷数量大增，传统的雕版印刷难以满足要求。北宋庆历年间，毕昇发明活字版，进一步推动了印刷技术的发展。

雕版印刷的进步推动了书籍和书籍广告的发展。据记载，陆羽著《茶经》三卷（图4-27），在卷末，他为自己的研究成果撰写了一则巧妙的广告："设以白绢四幅或六幅，适当分列，书茶经本文，而张之于茶席之座隅，则茶之源、具、造、器、煮、饮、事、出、略皆可历历在目，于是茶经之一切备矣。"

宋代之后，印刷业高度发达，印本逐步取代写本，书籍流通急剧增长，书籍广告发展逐渐昌盛。由时任闽国大臣的徐寅"拙赋偏闻镂印卖"的诗句，可见当时福州已出现了以刻卖书籍为营生的书坊（图4-28）。宋代雕版书籍中，一般都有"刊语"或"牌子"，表明刻坊字号、刻印年月地点或刻工名姓，类似现代书籍版权页。这些"刊语"和"牌子"就是书籍广告，如《抱朴子·内篇》卷二十一后"刊语"："旧日东京大相国寺东荣六郎家。"书籍广告根据刻书单位分成官刻、坊刻和私刻三类。《汉官仪》卷末，"绍兴九年三月临安

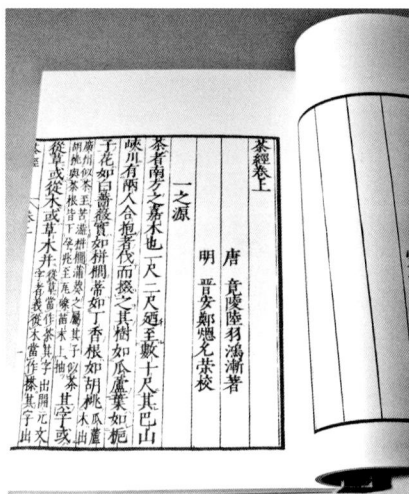

图 4-27　陆羽《茶经》书影。

图 4-28　《清明上河图》中的书坊。

扫描二维码，
了解更多案例
（视频）。

府刻印"的字样标志为官刻广告；《重广眉山三苏先生文集》之上，有牌记曰："饶州德兴庄溪豢龙应梦集古堂善本"，此牌记便是私刻广告；《文选五臣注》卷三十后的"钱唐鲍洵书字杭州猫儿桥河东开笺纸马铺钟家印行"标志为坊刻广告。此外，还有学者以功用为标准将书籍广告分成咨文式、提要式、书目类、导购类等几种形式。咨文式广告主要用于介绍刊刻底本，校勘水平。如福建路转运司刻本《太平圣惠方》刊记："福建路转运司今将国子监太平圣惠方一部一百卷二十六册，计三千五百三十九板，对证内有用药分两及脱漏差误共有一万余字，各已修改开板并无讹舛。于本司公使库印行。绍兴十七年四月。"该刊记反映了转运司所刻之书是以最可靠的"监本"为底本，且做了认真校勘，表明刊刻者的认真态度。提要式广告主要用于介绍图书主要内容、特点、编印缘起等。如宋刻《诚斋四六发遣膏馥》目录后牌记："江西四六，前有诚斋，后有梅亭，二公语奇对的，妙天下，脍众口，孰不争先睹之。今采二先生遗稿灯于急用者绣木一新，便于同志披览，以续膏馥，出售幸鉴。"书业"内容为王"，阅此类广告犹如读其内容提要。简短的牌记介绍图书内容，通过对作者和内容的评介，以求获得读者的认同。书目类广告主要介绍图书的主要内容、特点、编印等。如宋建安余氏刻本《活人事证药方》目录前牌记："药有金石草木、鱼虫禽兽等物，具出温凉寒热、酸咸甘苦、有毒无毒、相反相恶之类，切虑本草浩繁，率难检阅。今将常用药性四百余件附于卷首，庶得易于辨药性也。"导购类广告主要用于提高声誉，树立良好形象；刺激需求，扩大图书销售；提供信息，指导购买行为。如宋祝太傅宅刻《新编四六必用方舆胜览》，未收淮蜀两地的地理内容，书中牌记标明"淮蜀见作后集刊行"，对未出但即将出版的图书进行"预告"。还有一类书目广告是在新出的图书牌记中告知先前已出图书，如以编刻医书著称的四川万卷堂，其刻《新编近时十便良方》附刻书目录十四条；导购类广告标明用纸规格、品种、质地、数量、工价等，明码实价，意在方便读者、导引消费，如宋淳熙三年（1176年）刻本《大易粹言》题记："今具《大易粹言》一部，计二十册，合用纸数印造工墨钱下项：纸幅耗共一千三百张，装背饶青纸三十张，背清白纸三十张，棕墨糊药印背匠工等钱共一百五十文足，赁板钱一贯二百文足。库本印造，见成出卖，每部价钱八贯文足，右具如前。"我们从20世纪三四十年代鲁迅、叶圣陶等人撰写的图书广告中，还可以看到此类两宋广告的影子。

这些牌记、刊记中的广告，或以"精加校正，绝无舛误"相标榜；或以"可以扫千军而降劲敌"的"诗战"之"秘藏"相宣示；或以当时刻印最精良、声誉最好的"监本"作号召；或以强调标点句读为特色。有的还不忘宣传字号之大，用纸之精，有的末了还告诉读者印卖的地址。至于称收书者为"君子""贤士"（其他广告中也有称"英杰""俊杰"等的），用"幸详鉴焉""谨咨"之类的礼貌用语，更可见书商们视顾客为"上帝"的服务意识。重视用图书本身来宣传图书，是宋代书业广告的一个显著特点，这一点对明清的书业广告产生了积极影响。

宋朝之后，雕版印刷在元明两朝也有所发展，书坊刻书和印书渐成风气。为了宣传所印或所刻图书质量，书商开始在图书的前言或后记，甚至封面上做广告宣传，书籍本身除成为文化信息载体外，也成为新型的广告媒介。除官方用来印书之外，民间亦用来印制话本小说和戏曲。尤其在明代中叶以后，印坊所出小说、戏曲大都加有插图绣像，作为书商推销刊本的宣传。明弘治戊午年（1498年）刊本的《奇妙全相注释西厢记》（图4-29），其书尾就附有出版商金台岳家书铺的出版说明："……本坊谨依经书重写绘图，参订编大字本，唱与图合。使寓于客邸，行于舟中，闲游坐客，得此一觉始终，歌唱了然，爽人心意。"清人蘅塘退士，在其著作《唐诗三百首》（图4-30）的序中以一句"熟读唐诗三百首，不会吟诗也会吟"为广告，使其成为华人世界中普及率最高、影响最大的唐诗选本。

4.3.2 包装广告

与古代书籍广告相比，中国古代包装广告虽起源较早，但是影响却远不及书籍广告如此深远。中国商人广告包装意识起源于西周时代。《韩非子》记载："虏自卖裘而不售。"北方牧民们穿着破旧的衣物去出售高贵的袍子，结果被人嫌其脏而卖不出去，说明人们已经对产品包装与售卖者自身的形象相当挑剔。《韩非子》中还记载了"买椟还珠"的故事，说的是楚国人为把珠宝卖给郑国人，在包装盒上镶嵌珠玉，用玫瑰、羽翠来装饰，并用香料熏以香味，以致郑人看后竟将包装盒买回而把珠宝留下（图4-31），可见其在包装制作上下了很大功夫。唐代长沙窑瓷壶装饰着大量的题诗，与其商业目的是分不开的，常见的有"春酒""春美""美酒""国士饮""美春酒""官酒""好酒无深巷""春酒美深巷""春酒无深巷""今春乏酒财""进余美春酒""盛饮春酒""浮花泛蚁""奇绝好美春"等。除此之外，还有标明商家的词句，如"陈家美春酒""钟陵美春，请尝知（滋）味"及"姜春珍卓，请尝知（滋）味"等。还有在瓷壶上直接书写上价格，如"五文"。丰富多彩的诗句，既准确明了地表述了产品，也达到了广告宣传的目的（图4-32）。

20世纪80年代，研究人员在发掘柏孜克里克千佛洞洞窟时，发现了一件宋代时期佛教徒使用的金箔包装纸，上面留有墨色印记，说明金箔的店址在宋代杭州泰和楼大街南，坐西面东，专门制作和销售佛经主版金箔，希望主顾购

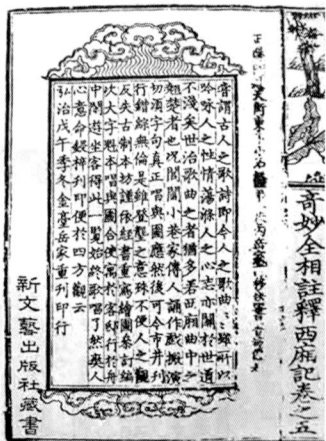

图4-29　1498年（明弘治年间）的刊本《奇妙全相注释西厢记》的底页上刊印的书坊广告。

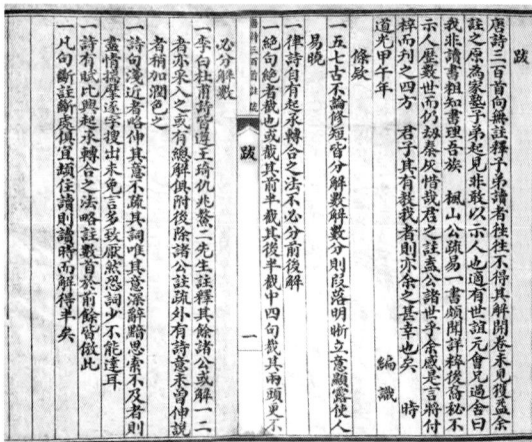

图4-30　《唐诗三百首》注疏。

图4-31　"买椟还珠"的故事插图。

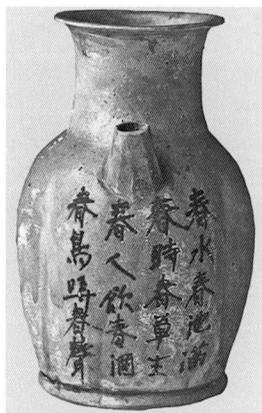

图4-32　唐·长沙窑诗文酒壶。

买时辨认不误，以免上当云云。世界上最早的纸质广告出现在中国的元朝。1985年，在湖南元代墓葬中出土了元代长沙（潭州）一家油漆店的包装广告，包装纸约一尺见方，用优质黄毛边纸制成，正面和反面皆印有清晰的图案和文字。上面印刷的文字是："潭州升平坊内白塔街大尼寺相对住，危家自烧洗无比鲜红紫艳上等银朱、水花、二朱、雌黄，坚实匙筋，买者请将油漆试验，便见颜色与众不同。四方主顾，请认门首红字高牌为记。"这张广告证明，元代包装印刷广告已经达到了相当高度。

明末清初，包装广告继续向前发展，并逐渐成熟。乾隆十年（1745年）后，舟楫直通茅台镇，茅台酒亦逐渐畅销，盛酒器皿方为人们所重视。约在乾隆二十年（1755年）前后，茅台酒有了第一批专用瓶子，有半市斤装、一市斤装、二市斤装几种。酒瓶口以木塞封固，其外盖以肠衣、麻绳密封，瓶身贴有"贵州茅台酒"的三角形简易商标。徽州胡开文墨店的"仿单"，也是商家使用的包装广告手段之一。文曰："苍佩室墨赞：珍称墨宝，驰誉艺林。苍佩之宝，触目球琳，元霜质栗，紫云老陈。廷珪而后，此其嗣者，泼纵四海，惜本如金，龙宾十二，助尔文心，道光丁酉春秋，春叔孙日萱书于海阳书院之求寡过斋。"

4.3.3 招贴广告

招贴，也称招子，指贴在墙上的广告。自古商家就有在大街小巷张贴小广告的传统，由于粘贴者到处随意乱贴，很使人厌恶。因此，过去的商店或住宅外，主人都会在粉刷一白的墙上刷上四个大字"招贴即扯"，由此得名"招贴"。招贴的内容繁杂，诸如店铺开张、空屋招租、江湖医生乃至雇佣寻人等应有尽有，有印刷品，也有手写的。纸面一般不很大，最大的不过对开报纸大小，通常如信纸大小。起于何时，已不可考，汉代最早出现了关于招贴的记载。汉人戴良寻父，沿街张贴寻父告示，还同时击响钲铃之类，引起路人注意。钲有柄，形似钟，又称零丁，以后改用击锣。此处"零丁"，便是寻人启事的招贴。[①]

印刷术在广告中的应用，是宋代在中国古代广告发展史上的最大贡献。上海博物馆中有一块北宋时期"济南刘家功夫针铺"的铜质雕版。据一些广告史专家估计，这幅印刷广告要比西方第一个印刷广告早三四百年，是世界广告史上迄今发现最早的印刷广告实物。这块铜板宽12.5厘米，高13厘米，上方从

---

① 朱启新. 文物物语——说说文物自身的故事［M］. 北京: 中华书局, 2006: 310-312.

右向左雕着"济南刘家功夫针铺"八个字的标题，中间是一只"玉兔捣药"的图案，玉兔图案下方是对产品的原料、质量、制作、使用效果进行宣传的文字："收买上等钢条，造功夫细针，不偷工，民便用，若被兴贩，别有加饶，请记白。"整个广告版面有条不紊，图文并茂，广告文案表述清晰，重点突出，玉兔标记则相当于该店铺的商标（图4-33）。明朝时期，招贴广告进一步发展，特别是在一些文学作品中，常有提及。如明代《燕子笺·误认》中有这样的文字："寻姐姐不见时，作速写下招子，沿途粘贴。""作速"，即赶紧的意思，可见写招子寻人，贴的不少。再如，冯梦龙撰《警世通言》之五，有一段也是写寻人的事情："王氏生下一个孩子，小名喜儿，方才六岁，跟邻家舍儿出去看神会，夜晚不回。夫妻两个烦恼，出了一张招子，街坊上叫了数日，全无影响。"出了一张招子，也就是贴出寻人广告。也有寻失物的，如明人唐志契《绘事微言》，记兴化李桐公失谢樗（仙画）一轴，曾贴招子，酬报信者五十两。内蒙古额济纳旗的黑城遗址发掘时，曾发现一件元代小商人招揽生意的小广告招贴："谨请贤良：制造诸般品味，簿海馒头锦妆；请君来日试尝，伏望仁兄早降。今月初六至初八日小可人马二。"意思是说，本店食品多样，闻名遐迩的馒头制作精美，请各位早早到小铺来品尝。署名为"小可人马二"，是店主的自称谦辞。

图4-33 宋"济南刘家功夫针铺"的印刷广告。

第二部分 | 工业社会与现代广告

5 美国广告发展概况

美国是当今世界广告业最繁荣的国家，据相关统计，其每年广告费约占全世界每年广告费总额的50%。在世界各国总广告费、人均广告费等各项实力指标中，美国长期雄踞世界首位。纽约城曼哈顿区的麦迪逊大街，一大批世界顶尖的广告公司和广告人才聚集于此，其不仅成为美国广告文化的象征，而且成为"广告"的代名词，是全世界广告人日思夜梦的"圣地"。

美国立国仅仅两百多年，其文化承袭了欧洲文明的薪火，在新大陆开辟了一块新的广阔天地，创造了前所未有的辉煌。美国广告承接欧洲印刷广告时代，开始不久后，就直接产生了从传统广告向现代广告的蜕变和转型，没有过多的传统负担，这是现代广告业在美国急速狂飙的原因。在美国文化中，广告文化具有世界上任何国家都无可比拟的地位。广告对美国人价值观形成和全球传播，产生了广泛而深远的影响。

5.1 美国广告萌芽与初步发展（18世纪 — 19世纪中叶）

19世纪初，始于18世纪英国的工业革命开始在北美登陆。独立的民族国家的建立，是美国工业革命的政治保证。独立战争推翻了英国在美洲大陆的殖民统治，也摧毁了英国政府强加于美国工业发展的种种限制。约在1801年，美国开始使用蒸汽机，蒸汽机的推广为"大工业提供了普遍应用的发动机"[①]，极大地推动了工业革命的发展。继纺织、服装等工业完成技术革新之后，19世纪30年代，作为制造业基础的钢铁工业也开始推广新的技术，工业革命的影响波及了各行各业。蒸汽动力、标准零部件、流水线生产等，使工厂生产出来的产品如潮水般涌入市场，这些产品，价格低廉，质量优良，促使消费需求日益增长。但是，尽管工业迅速增长，在当时美国，仍然有60%的人依靠农业生活，制造业中占多数的还是小企业，对重工业产品的需求仍然依赖对外进口。

美国经济高速发展，西部大片土地被开发出来，各行各业急需劳动力，南方奴隶制成为经济发展的最大阻碍。1860年11月，主张废除奴隶制的林肯当选总统。1861年4月，南北战争爆发。1865年4月9日，内战以北方军的胜利而宣告结束，美国恢复了统一。南北战争摧毁了野蛮的奴隶制度，建立了完善健全的社会机制，为资本主义在美国的发展扫清了道路。为了战争需要，数以万计

---

① 张友伦, 等. 美国的独立和初步繁荣（1775—1860）［M］. 北京: 人民出版社, 1993: 181.

的军服、内衣、鞋子被生产出来，19世纪50年代的缝纫机制造业开始出现，也推动了服装生产的批量进行。人们开始愿意穿工厂生产的衣服而不是家制衣物。此外，内战还制造了一批新的消费群。男人们上了战场，女人们就必须养家糊口，他们必须走出家门去工作，必须购买面包、香皂、衣服等生活必需品，战争结束后，这样的生活习惯延续下来。许多人离开农场去城里的工厂做工，他们开始依赖大工业批量生产出来的商品。

欧洲殖民者到达美洲之后，也把欧洲的广告观念带到了这片新大陆。不过，殖民时代初期，殖民垦地的区域还相当有限，广阔的市场并未建立，殖民者不具备在广大的区域中为他们的产品做广告的条件，广告观念传播速度缓慢。此外，英国统治者对殖民地人民怀有戒心，严格控制印刷机等传播工具，当时的印刷材料都是从欧洲来的舶来品，直到1638年，第一台印刷机才从欧洲运至北美，捐给了哈佛大学，主要用于印刷一些神学和古典文学作品。当时，那些需要新闻的人们，一方面通过新闻信，另一方面通过订阅伦敦报纸来获得经济和政治方面的消息。这些报纸中，读者数量最多的是《伦敦公报》（London Gazette）。北美的咖啡馆，同英国本土一样，为了方便顾客阅读报纸，也把报纸装订后放在咖啡馆里。这些咖啡馆是人们交换信息和闲聊的场所，墙壁上贴满了各种布告和通告。

北美大陆的第一份报纸是1690年9月25日在波士顿创刊的《公共事件》，但是不久之后，就因为"未得到当局许可"被市政当局禁止。1704年4月24日，波士顿邮局局长约翰·坎贝尔（John Campell）出版了《波士顿新闻信》，这是在美国公开发行的第一份连续出版的报纸，其创刊号上刊载了现在已知最早的美洲第一条媒体推介广告，内容是报纸的发行量相关问题，被称为"盲广告"。第三期上，三条广告出现在这期报纸的背面版面，其中两条是"寻物启示"广告，另一条则是新颖的房产广告："在纽约的长岛的奥伊斯特湾，有座完好宽大的作坊欲出售，还有一座种植园，园内有座大砖房，旁边另有一座完好的房子可用做厨房或工作间，建有谷仓、畜圈，还有一座尚未结果的小苹果园并20英亩裸地。作坊可与种植园一并或单独租赁，预知详情请询问纽约印刷商威廉·布莱德福先生。"

历史上最杰出的美国人之一的本杰明·富兰克林也是一个杰出的媒体广告经营者。1729年10月，他从创办人塞缪尔·凯默手中接手了《宾夕法尼亚公报》，该报是殖民时代影响最大的报纸之一。富兰克林在报纸广告上花费了很多心思，为了使广告赏心悦目，他就把每条广告都用空白分开，给每条广告加上14号字大小的标题，并加上了一些插图，这些插图能够使读者判别出这是什么广告，精美的插图和漂亮的文字配合在一起，使人一目了然，他也由此成为第一个在北美大陆使用广告插图的人。这些创新手段领先于同时代的英国伦敦，进一步吸引了一些新的广告商。此外，他还亲自撰写广告，是一位非常出色的广告经理和推销员，不仅被看作是印刷业鼻祖，同时也被认为是广告界鼻祖。此外，富兰克林还创办了《民众杂志》。1741年5月，《民众杂志》上的航运广告是北美地区杂志上的第一条广告。后人在其传记中这样评价富兰克林："我们必须承认，是富兰克林创立了现代的广告系统，可以肯定地讲，自他开始以后，我们才像如今这样使用强大的宣传机器来进行广告宣传工作。"

18世纪下叶，北美殖民地的日报业开始蓬勃发展。1783年，本杰明·汤在费城创办了《宾夕法尼亚晚邮报》，该报纸是北美殖民地第一家日报。此后不久，约翰·邓拉普和戴维·克莱普尔合伙出版了《宾夕法尼亚邮报与每日广告报》（Pennsylvania Packet and Daily Advertiser），他们将这份报纸从周三刊改为日报，邓拉普的"值得做广告"（It pays to advertise）一语，更是被当时人们奉为名言。1785年，弗朗西斯·查尔兹在纽约创办了日刊广告报《纽约每日广告报》（New York Daily Advertiser），该报的创刊号上，第一页就是广告栏。1773年，"广告报"最早使用"Advertiser"一词专门指刊登广告的报纸名称。18世纪后期，英国刊登广告的一般报纸开始用Advertiser作为报名。邓拉普和利文敦第一次将"广告报"的名称引入了北美殖民地，这说明，这一时期，广告已经和新闻一样成为读者购买和阅读报纸的重要原因。到1800年，美国大多数港口和商业中心都有了自己的日报，其中费城6家、纽约5家、巴尔的摩3家、查尔斯顿2家，这些报纸，为了与出售伦敦报纸的咖啡馆进行竞争，许多被迫挤入日报行业，由于在这些咖啡馆中，新闻是免费的，美国的新闻从业者面对这种竞争，他们先是发行周二刊，继而发行周三刊，最后出版了日报。这一时期，广告业促进了报业的繁荣，美国的零售业获得长足发展，成为报业发展的坚强后盾，而邮政系统的发展也为报业的扩张起到了重要作用。美国的报业开始繁盛起来，城郊之外的报纸数量增加了6倍。

19世纪前期，廉价报纸在美国得到了迅速的发展。1833年9月3日，《太阳报》由本杰明·代创办于纽约。该报售价1美分，而当时大多数报纸的定价为5~6美分；版面尺寸为9英寸×12英寸，大约为普通报纸版面的三分之一，是美国第一份成功的廉价报纸，而广告是其主要的收入来源（图5-1）。《太阳报》的一大特色就是精心经营供需广告，其有一个分类标题"需求"，每条广告2~3行，按此出售。1835年，贝内特在纽约创办《先驱报》，贝内特的"人道主义"等口号为他带来了源源不断的广告资源。19世纪60年代，该报销量为

60 000份，超过《太阳报》而居全美各报之首。廉价报纸的发展为现代广告的转型提供了肥沃的媒介土壤，美国经济、政治和媒介的蓬勃发展，推动了广告业的高速发展，北美广告开始萌芽并初步发展（图5-2）。

5.1.1 特许药广告

伦敦和北美殖民地的咖啡、茶叶、巧克力等时尚饮品和药品广告，在当时的报纸中占据着绝对的版面。殖民地时期，药品被称为"特许药"（patent medicine），意味获得了国王的特许专卖，这种提法源自英国，早期指宫廷医生制造和销售的药品。

19世纪之后，现代医学发生了重大进步。但是，当时殖民地的医疗条件仍然落后，医生短缺，普通人缺乏相关药物知识，1765年之后才出现第一所医院。分散在广袤土地上，缺少医药的早期拓荒者，不得不求助于体积小、分量轻、便于携带的特许药。特许药成了那个时代最赚钱的商品，报纸上的特许药广告为报纸带来了可观的广告收入。

1708年10月4日，《波士顿新闻信》上，登出了这样一则广告："在波士顿学校路圣书招牌店的尼古拉斯·冯处，出售万灵药。药效显著，半品脱瓶装售价4先令6便士。"这个"万灵药"就是英国的特许药。这也是北美殖民地最早的特许药广告。

1727年12月8日，《波士顿公报》（*Boston Gazette*）登出了如下广告："出售优质良药，治疗腹痛，肠胃绞痛，发烧，疟疾，气喘，咳嗽，风湿，胃

图5-1 美国第一份普通人买得起的报纸——《太阳报》，总共24版中有16版刊载广告。

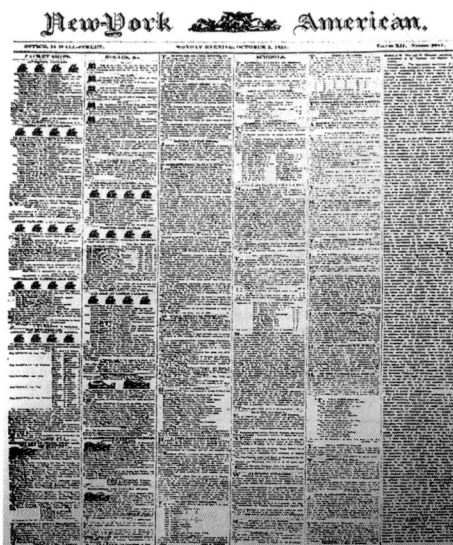

图5-2 1831年《纽约美国人》报纸，9英寸×12英寸的版面分6栏，使用6号铅字。

痛，肚胀，消化不良，体虚，心悸，食欲不振，尿血，忧郁症，黄疸，尤其对痛风卓有疗效。应多位名士的要求登出这条广告。"即使在医疗条件发达的今天，这么多的病症也不可能依靠一种药治愈。在中世纪之后出现的药品说明书里，这种诉求比比皆是，药商把自己知道的病名一一罗列，病名多是艰涩难懂的单词，药商希望借助这样的方式将药神秘化。有些药商不识字，于是在制作药品说明书时，他们就让印刷商将当时最好卖的几种药的说明书揉在一起，制成一份新的说明书。

当时特许药报刊广告风靡北美，即使是富兰克林所经营的《宾夕法尼亚公报》，也不例外地刊登了药品广告："本品治疗皮癣，快速治愈，杀死各种类型的真菌。没有讨厌的臭气，气息清香，没有任何危险，即使吃奶的孩子吸吮也不用担心，1盎司瓶装售价2先令。"据传，登这条广告的黎多夫人是富兰克林的养母。

为便于区别，许多著名的特许药都有自己特殊形状的药瓶，这些药瓶在拓宽市场上发挥了一定作用。比如，达林顿的"生命的香脂"，药瓶是平缓的梨形；科德费的兴奋剂装在圆锥形药瓶里，即使是不识字的人，只要看看药瓶的形状就能知道药的名字。这些形状各异的药瓶在当时称职地"扮演"了商标广告的功用。由于当时瓶子上还没有贴商标的做法，因此，有不法奸商大肆收购旧瓶子，并在其中装上别的东西，以楝充珠。

18世纪，美容还未形成独立的行业。但是，化妆品在当时作为类特许药的商品已经出现，此时也有相关化妆品广告登出。1736年3月29日，纽约《每周新闻》（Weekly Journal）登出了这样一条广告："保罗公园对面杰米逊的邻居爱德华夫人家里，出售能使双手、脸、脖子变美丽的溶液。它能使皮肤变柔软、光滑，同时去除红斑、雀斑、晒黑和疙瘩，还能治好皮肤瘙痒、顽癣、皮疹，本品安全、有效，不含任何危险成分。若与配套的唇膏和牙粉同时使用，能赋予您惊人的美貌，价格经济实惠。"这条化妆品广告被认为是北美历史上最早的化妆品广告。

5.1.2 马戏娱乐广告

18世纪的北美，居民多分居在广袤的农村，人们的娱乐活动还十分有限。此时，以各种珍稀动物展览或特异功能的动物演出满足了人们的猎奇心理，并风靡当时整个北美大陆。动物巡演广告是当时娱乐广告的主要内容。

1741年4月20日《波士顿公报》上登出了这样一则广告："在洛克斯夫的灰狗酒馆中有动物演出。这头怪兽是在离城西约80英里叫作查特曼的森林里被捕获的，长相奇特，有狮子的尾巴，熊的脚，鹰的爪子，虎的眼睛，混合了所有野性的东西。该怪兽性情凶猛，会咬伤一切接近它的动物，且动作敏捷令人惊奇。虽只有3岁，但是一跃就能跳至30英尺高。如欲观看这只动物的表演，请移驾至上述场所，入场费每人1先令，欢迎那些付费入场观看的人。"1756年，纽约《每日邮差》刊登了这样一则广告："长21英尺，宽4英尺1英寸的巨大蛇皮，是在阿基尼山脉（美国东海岸）由布拉德克将军的部下用6发炮弹击中的。被杀掉的时候，蛇腹内有一个约4岁左右的孩子和一只狗。这条蛇的尾部长着一个长7英寸的角，奔跑的速度比马还要快。"1798年5月4日，塞勒姆（马萨诸塞州的城市）的《公报》上刊登了"猪学者"的广告："仅限10天，匹茨伯克先生，郑重地告知塞勒姆的居民们：匹茨伯克先生将带着自然的神奇力量来到这座城市。猪学者，美国总统观看了猪学者的表演，给予无限赞赏，在美联邦的每一个主要城市都是如此。很荣幸有机会让本地的先生们、女士们一饱眼福，期望大家对猪学者及其公司给予支持。"广告中承诺，这个猪学者可以阅读报刊和文件，能够写字，会看表而知几时几分，能告诉观众今天是何年何月何日，能分辨颜色，能做加减乘除的算术题，若观众所见与实际状况相异，观众可以退还门票费。这些广告描述太过奇特，真真假假，混淆视听。此外，这一时期，除了各种稀奇古怪的动物表演，开枪自杀、上吊自杀等刺激感官的庸俗表演也十分流行（图5-3）。

图5-3　马戏团公司早期的招贴宣传画。

5.1.3 早期移民广告

美国是世界上最大的移民国。自1607年，英国殖民者在詹姆斯敦创建第一个永久性定居点以后的数百年里，来自世界各地100多个民族的5 300多万移民及其后裔创立并建设了这个在大洋彼岸的"新世界"，并且创造了美国在短短100多年时间里崛起为世界第一经济大国的神话。18世纪的北美大陆，地广人稀，要开发这片富饶的大陆，劳动力还是急需解决的问题。17—18世纪，为了吸引更多的移民，殖民地和英国的企业家们发起了一场人类广告史上最长的广告宣传战。这些广告中，北美大陆被描绘成一个遍地黄金白银，物产丰富，土地肥沃的人间天堂。在这个田园牧歌般的天堂中，充满着各种机遇。在早期的殖民地广告中，男女性别差距过大。弗吉尼亚和马里兰两地，男女比例竟然达到6∶1。为了协调这种状况，吸引妇女们移民到殖民地，系列广告宣传纷纷涌现："姑娘们或者单身女人要是想到卡罗莱纳来，她们会发现自己置身于男人为女人买嫁妆的黄金时代。只要彬彬有礼，年龄不超过五十岁，某个诚实的男人或者另一位就会娶她为妻。"北美大陆被描述成为当时社会地位依然低下的女人们的"安乐窝"。

在当时北美广大的种植园中，最主要的劳动力就是来自非洲的黑奴，在废除黑奴制的前几百年，奴隶贩子绑架、贩卖了数百万非洲移民来充当奴隶。贩卖黑奴的广告在当时广告份额中占了很大比例，在这些广告中，黑人纯粹被当物品看待，如"一个健壮的奴隶""上等的、健康的黑奴""出色的家用黑奴，能够做各种家务，还能编织，据说她们之中还有一个是绝妙的厨娘"等，这样的广告铺天盖地，在美国广告史中写下了极不光彩的一笔。

此外，在南北战争中，联邦政府在国内5 000多家刊物上刊登广告，推销战时债券，招募士兵，发动了一场声势浩大的广告"战争"。这些宣传活动，为政府军队赢得战争做出了巨大的贡献。

5.2 "镀金时代"的美国广告（19世纪中叶—20世纪）

1837—1901年是英国女王维多利亚的统治时期，奢华的风气成为时下流行的时尚，美国历史上这段时期被称为"镀金时代"。此时，美国领土向西部拓展，内战后，统一的资本主义市场进一步纵深发展，国家的各种鼓励工业发展的积极措施与第二次科技革命相结合，有力地推动了美国工业化进程。19世纪最后30年，美国经济呈现出罕见高速发展的势头。19世纪60年代初，美国尚未摆脱依附欧洲经济的状况，仍然是一个农业大国；到90年代末，美国已经建立起了较完整的工业体系，工业产值跃居世界首位。工业化深入发展促进了企业

扫描二维码，了解更多案例（图片）。

组织结构发生变化，分散的小型企业生产开始向集约化的联合生产体制转变。剧烈的企业竞争和企业间合并，引起了生产和资本的集中，垄断资本主义开始形成，并取得一定的发展。

商品大批量生产引发了商品流通方式的变革。19世纪末，美国已经形成了连接中心城市和外围城市的商品销售网。与大企业集团挂钩的百货商店、连锁商店、邮购商店和零售店这时成为商品流通的主要渠道，强大的商品洪流在各方面力量的推动下摧毁了小企业陈旧的流通方式。这个时期，商标大量出现，耐用消费品的信贷消费和自选超市也相继出现，这一切，带来的是企业的广告费不断飙升。1867年，美国的广告营业额仅占国民生产总值的0.7%，而到1904年已上升到3.4%。

在工业保持高速发展的情形下，劳动力是迫在眉睫、急需解决的问题。19世纪中后期，轮船业高速发展，大西洋航运发生了巨大的变革，早期约95%的欧洲移民是坐风帆船赴美，而在镀金时代，蒸汽轮船航行大大缩短了越洋时间，降低了船费，改善了船上生活条件，提高了安全性，从而使远洋轮船运送移民赴美发展成为一项获利极丰的商业。此外，欧洲各大轮船公司还在美国和欧洲建立了庞大的船票经纪人网络。这些条件推动了19世纪北美大陆新一轮"移民潮"的出现。

从1864年《移民法》通过到1900年短短30多年的时间，进入美国的移民总数就达到1 300万人，美国国内市场的潜在容量和对外经济的拓展能力也因此大大增强。移民大量涌入和定居，加速了美国西部的开发，增加了对工农业产品及各种消费品的需求，从而扩大了国内市场，推动了交通运输业的发展。铺设的铁路从1860年的3万英里（1英里=1.609千米）激增到1900年的近20万英里，初步建成了纵横交错、沟通全国的铁路网络。移民"使美国能够以巨大的力量和规模开发其丰富的工业资源，以至于很快就会摧毁西欧特别是英国迄今为止的工业垄断地位"[①]。

伴随工业化浪潮的不断推进，美国城市化也进入了鼎盛时代。到19世纪末，一个以大、中、小各类城市构成的城市网络已在全美范围内初步形成。

这个时期，百货商店的出现，改变了人们的购物习惯。报纸广告成为百货商店主要的促销手段。19世纪80年代，都市日报中，新闻和广告的比例从7∶3降至5∶5或更低。1880年，广告收入占美国报纸收入的44%，1900年上升至55%，其中百货商店广告所占比重最大。据纽约的著名记者查尔斯·拉塞尔

---

① 丁则民, 等. 美国内战与镀金时代（1861—19世纪末）［M］. 北京: 人民出版社, 1990: 173.

图5-4 仙女香皂（Fairy Soap）广告招贴。

图5-5 Fatima香烟的中东女性形象。

图5-6 魁克燕麦片的广告招贴。

说，19世纪末，报纸简直成了"百货商店的附庸"①。据美国社会学家罗伯特和海伦·林德夫妇对印第安纳州芒西1890年的报纸进行的调查，百货商店广告甚至占到了报纸广告的23%。②

大众传媒和广告在创造新的消费方式和生活方式方面发挥了主要作用。广告不仅对社会潮流做出反应，也创造着消费文化。一方面，传媒开阔了人们的眼界，使地域趋于模糊，在观念上形成了一个全国统一的市场。另一方面，传媒也使人们对周边世界做出更加敏锐的反应，不断调整与更新自己的生活方式和价值观念，以适应时代的飞速变化（图5-4）。

消费方式变化无疑给居民们的生活方式带来巨大变化，飞速发展的工业化和城市化催生出一个高度流动的城市社会阶层，现代社会的巨大流动性成了人们改变自身命运的强大力量。人们通过消费品的质量和档次来体现社会地位，物质商品成为体现内在价值的有形象征。19世纪末期，服装成为人们表现和炫耀自己独特身份的器物，制造商开始利用人们追求地位和身份的欲望，生产带有商标的产品。19世纪前半叶，商标开始在特许制药行业中使用，药商们在药瓶上用货签标出服用剂量，有时货签上还标出自己的肖像，保证顾客能够方便辨认出自己所需要的药物。19世纪50年代，一些烟草公司开始运用各种富于创造性的商标名称来宣传商品。

Fatima香烟是由美国Liggett&Myers（L&M）烟草公司创立的香烟品牌。该品牌可追溯到19世纪，是混合了土耳其烟草的异国口味香烟。Fatima，在土耳其和阿拉伯是比较普通的女性名字，这一名称意在加强香烟品牌的土耳其形象。在1950年前，香烟的包装设计使用的是一个掩面的中东女性形象。在20世纪40年代后期，L&M将品牌转换为一个加长型版本的香烟，并运用广播媒介开展大量的广告活动。1980年左右，曾经风靡一时的品牌终因跟不上时代的变化而被淘汰（图5-5）。

为商品加上商标，引发制造商们纷纷效仿。1860年至1920年，在这60年的时间里，带商标、独立小包装的商品大规模取代了没有商标、散装的商品。第一个运用商标广告取得成功的是魁克（Quaker）燕麦公司。亨利·帕森·科罗威尔认为，产品成功的关

---

① 米切尔·舒德森. 广告：艰难的说服［M］. 陈安全，译. 北京：华夏出版社，2003: 88.
② Robert Lynd, Helen Lynd. Midellstown［M］. New York: Harcourt, Bruce and World, 1929: 532.

键在于包装和广告，他在包装纸箱上印上了"印第安魁北克男人"的头像作为产品的商标（图5-6），并通过广告大肆宣传燕麦片的优点："一磅魁克燕麦片的营养价值抵得上两磅牛肉，难道不值得尝试一下吗？"此后，科罗威尔通过一切可行的媒介形式传播这一产品概念，报纸、杂志、电车车厢、橱窗展柜、包装纸箱中的奖品、日历、烹饪书籍都成为他利用的载体。正是这些手段，使魁克燕麦片很快成为家喻户晓的知名商品，并且改变了人们认为"燕麦片是给病人吃的东西"这一时下流行的观念，让燕麦片作为一种新型早餐食品逐渐被广大消费者所接受。

5.2.1　全国性广告主的出现

随着全国统一市场的日益健全、完善，19世纪晚期，第一批具有全国影响力的名牌商品开始登上了美国广告的历史舞台。很多生产企业迅速成长为美国一流的大企业，广告费也由每年的几千美元上升至每年几十万美元。其中，号称"三套马车"的皇家发酵粉、萨普里奥香皂和象牙香皂的成功案例显示了广告的强大威力。

1868年，印第安纳州的杂货商霍格兰德发明了一种非常方便实用的发酵粉，他将这种新产品称为"皇家发酵粉"。在其打入市场之后，霍格兰德在全国各地的宗教杂志和妇女杂志上发布广告，借以赢得家庭主妇的信赖。19世纪70年代，霍格兰德第一个将商品登上广告：画面中央放着一个罐头，口号是"绝对纯正"，下面是文案："这种发酵粉从不变质，其纯度、强度令人惊叹，并有益于身体健康。"粗黑体的商品名称和抢眼的商品包装出现在所有广告中，给人留下深刻印象。随着皇家发酵粉广告广泛流传，"绝对纯正"这句广告词深入人心，似乎购买皇家发酵粉就意味着获得了"绝对纯正"的优质商品。19世纪90年代初期，"皇家发酵粉"已经成为同行业中广告投放量最大、广告费居首位的广告主，每年广告费高达60万美元。

"三套马车"中，萨普里奥香皂的广告策略最为新颖。该香皂是纽约的伊诺克·摩根父子生产的一种灰色强力洗涤用品。1869年起，摩根父子公司开始聘请职业广告人为萨普里奥制订系列的促销计划。在其促销计划手册里，每一页都清楚地写明萨普里奥公众推广的范围和形式，还配有广告画和广告诗。在早期的萨普里奥香皂广告中，广告人围绕萨普里奥香皂编写了许多富有传奇色彩的小故事来激发人们对萨普里奥香皂的好奇与好感。布莱特·哈特曾为其所写的广告诗就是这方面的代表之作："一个安息日的早晨，旅游者向天堂进发，他们慢慢地策马向白山之巅登攀，让他们惊愕的是，在山上的每块岩石上，他们都看到了传奇般的名字——萨普里奥。"1884年，他们聘请了广告经理阿特麦·沃德，沃德花了20年的时间使萨普里奥成为家喻户晓的名字。沃德采取了一系列较为稳健的广告策略，他常常创造性使用广告媒体，将"清洁""萨普里奥洗涤全世界"等一系列朗朗上口的广告语，登在《乡间周报》上，还将他们刷在有轨电车的车厢上。他还把萨普里奥的传奇故事演绎得更加引人入胜，其中最为著名的是关于"一尘不染小镇"的传说。该小镇是个根本不存在的地方，它被设想为一个铺着砾石、古典的荷兰小镇，镇上居民都是萨普里奥香皂的热心拥趸，他们每天都在赞誉给他们带来无瑕生活的萨普里奥香皂。以小镇为背景，配有居民赞誉之词的如配图故事书一样的系列广告开始出现在各种媒体上，该广告从1900年开始，一共刊登了6年。"一尘不染小镇"在一遍遍重复中被人们广泛接受。沃德趁热打铁，将"一尘不染小镇"进一步推向市场。"一尘不染小镇"相关漫画、玩具、书籍和音乐剧也被制作出来，萨普里奥香皂的广告战役被推向高潮。

与前两套马车相比，象牙香皂的广告更富有戏剧色彩。宝洁（Procter & Gamble）这时也成长为全国性的广告主。其创始人哈勒·普罗科特（Harley Procter）精心设计了象牙香皂的全国性广告宣传。他改进了早期的象牙香皂的生产技术，用植物脂肪制造出一种非常柔和的白色香皂，而且手感柔和。当时，他冥思苦想要给这个产品取一个独特的名字。1879年的某个星期日早晨在教堂做礼拜

图5-7　1882年，最早的象牙香皂广告出现在宗教周刊《独立》上。

图5-8　1894年的象牙香皂广告。

时，他听到了一首赞美诗："所有的衣服都散发着芦荟和肉桂的香味，它们来自象牙宫殿，使你欢愉。"象牙香皂的名字由此而生。更有戏剧性的是，1881年，有一名粗心的工人把一批象牙香皂忘在搅拌机里很长时间，结果所有的香皂都发生了膨胀，漂浮在水面之上。这种新奇的可以漂浮的香皂引起了消费者的极大兴趣，普罗科特立即调整生产线，专门生产这种可以漂浮的香皂。1882年，最早的象牙香皂广告在宗教周刊《独立》之上出现，该广告列举了象牙香皂的用途，强调皮肤和衣服同样适合以及象牙香皂能够漂浮的特性，两条广告语经百年而不衰："象牙香皂，纯度99.44%"和"它能漂"。象牙香皂偶尔也在整版杂志广告中刊登广告韵诗，1892年，宝洁公司开始有奖征集赞美象牙香皂的优秀韵诗（图5-7、图5-8）。

5.2.2　现代广告行业的萌芽

工业革命引发了传媒技术的革命和大众传媒业的繁荣。电话、电报、打字机和照相机等新发明在这个时期涌现，传统印刷机得到了改进，印刷效能和印刷质量空前提高。

新技术刺激了大众传媒业的高速发展，经营报纸和杂志等现代大众媒介成为有利可图的行业，其赖以为生的广告也迎来了前所未有的空前繁荣。那么，以何种方式出售广告版面，如何设计广告作品，如何协调广告媒体与客户之间的关系等一系列问题被提到了议事日程之上。一种全新的独特行业——广告公司应运而生。广告公司的出现，标志着现代广告行业的正式诞生。从此，广告业走向了专业化的发展道路。

1841年，帕尔默在费城设立广告代办处，购买报纸版面，招揽广告客户，并从广告费中收取25%的佣金。该公司是世界上最早的广告公司，之后数十年，一大批广告公司开始在美国本土建立起来。早期的广告代理商中，胡柏、罗威尔、艾尔的经营方式别出心裁。胡柏用便宜的价格向报纸购买版面，再以较高价格转卖给广告客户，从中获取利润。罗威尔的经营方式与胡柏做法大体相同，只不过他将自己的佣金比例固定为25%，并且在纽约出版了一本《美国报纸指南》，这本书列出了5 000多种报纸的名称和实际发行量，为广告客户提供了可靠的第一手资料。此前，许多出版商为扩大自己报纸的广告，常将发行量虚报数倍，罗威尔迫使他们不得不改变欺骗性的做法，这本书的出版对美国广告业的健康发展发挥了巨大的作用。艾尔公司的经营方式类似于罗威尔等人，不过，在他出售版面的同时，也为客户提供撰写、设计广告的业务。此外，他的公司还制订了一种"公开合同"的制度，当时的广告商一般都对广告价格严格保密，广告客户不知道广告发布的实际价格。艾尔通过合同的形式将这个行业默契公开，并将自己为客户提供广告服务的佣金定为15%。这样，广告商、广告客户和报纸之间的利益关系逐渐明晰起来，艾尔的经营方式已经具备了现代广告代理制度的基本特征。

随着广告业的发展。广告公司不能仅仅以销售版面为生，他们必须拓展服务项目来满足企业的需求，必须朝专业化服务的方向发展。有些广告公司专门经营路牌和广告招贴，有些广告公司专门经营全国的电车广告或杂志广告，还有些广告公司尝试为客户制定系列的广告宣传策略。这些专业化的服务，使得企业开始依赖广告公司解决自己面对市场拓展时所面临的种种问题。

当时的纽约是美国进行对外贸易等商业活动的中心城市，自然成为美国广告业的中心，全国性的广告公司纷纷在纽约设立总部，如艾尔父子广告公司、智威汤逊公司、诺德 & 托马斯公司即后来的富康贝尔丁公司、乔治·巴顿公司即后来的BBDO公司、贝茨广告公司。

随着广告业的迅猛发展，一大批广告行业杂志和专著纷纷涌现。1888年7月15日，乔治·P. 罗威尔创办了《印刷者的油墨》，这是第一份广告行业杂志，也是此后40年中广告业内最重要的杂志。其内容主要包括广告文案的撰写方法，企业做广告的根本原因，如何分析各行业、市场的竞争情况。杂志还邀请优秀的广告人分享广告经验，并对当时的文案进行点评。1890年，格瑞斯伍德（Kate E .Griswold）创办了《有利可图的广告》月刊，此后，《动脑》《感觉》《民智的广告》等一大批广告杂志不断创刊。19世纪末，全美已大约有30多种广告杂志。这一时期，还出现了专门研究广告的专著。19世纪80年代末，那撒内尔·C. 福勒（Nathaniel C. Foweer）出版了第一本广告学专著《广告与印刷》，后又出版了《建构商业》等一大批广告著作。当时著名的广告文案写手查尔斯·奥斯丁·贝茨（Charles Austin Bates）也出版了《好广告》《谈谈广告》等广告书籍。

虽然，当时广告行业发展迅速，但是，一般民众对广告行业的认识并不美好。查尔斯·奥斯丁·贝茨说道："广告业中充满欺诈和骗术，这是臭名昭著的事实。干这一行当的人，若被问及他们是来做什么的，会感到不好意思的。"①

---

① 尤利安·斯沃卡. 美国广告文化（英文版）［M］. 大连: 东北财经大学出版社, 1998: 82.

5.2.3 职业文案撰稿第一人

随着广告行业迅速发展，广告风格和广告形式也花样翻新，变得丰富多彩。但是，随着产品竞争加剧和广告数量的增加，广告主们认为，自己必须做出比竞争对手更多、更有力的承诺才能吸引消费者的注意。他们在做广告时，总喜欢自吹自擂，绞尽脑汁想出一些引人注目之词将自己产品吹嘘为世界上最妙之物，这就是19世纪70年代美国广告界的普遍情形。为了从众多产品广告中脱颖而出，一种反"自我吹嘘"时俗的"软销售广告"风格逐渐兴起。开启这种以诚待人的广告风格的是被称为"职业文案撰稿第一人"和"现代广告之父"的约翰·E. 鲍威尔斯（John E. Powers）。

约翰·E. 鲍威尔斯在19世纪20年代末就开始专门从事广告文案的撰写工作，那个时期，他采用与其他广告文案相似的风格撰写广告。1880年，他转到费城的沃纳制造公司后，开始尝试以新风格写作广告。他认为广告应该"向合适的人群，以他们能够接受的方式，说合适的话"[①]。他认为，在创作广告之前，必须先仔细研究产品的特点，因为，对一个产品行之有效的广告文案，也许对另一个产品就毫无用处。他的广告语通常直截了当，语句通俗易懂，广告标题简洁明了，口号引人入胜。这种"原因追踪法"式的广告文案写作风格形成于19世纪90年代。其实，早在1870年，鲍威尔斯就开始使用这种广告行文风格。他为沃纳百货公司所创作的广告"从未引导连衣裙的潮流"，成为美国广告史上的经典之作。他为驱蝇器所做的"爱整洁的主妇驱赶苍蝇；但一部长效蜂音器能粘杀苍蝇。在您睡觉或进餐之时，他能为您驱赶苍蝇。这真是一种享受！"文案也堪称经典。

5.2.4 现代艺术招贴广告的蜕变

19世纪后半叶，工业革命在西方社会如火如荼地进行着，它摧毁了农业文明赖以存在的生产方式和生产关系，取而代之以全新机械化为主导的工业文明。工业产品在机械化和批量化生产的过程中，忽略了形式美这一要素，外观粗糙简陋，生搬硬套传统装饰，缺乏艺术品位。以威廉·莫里斯（William Morris）为首的一大批知识分子发起了美术工艺运动，倡导放弃工业化产品的庸俗乏味，期望回归到中世纪坚实的手工艺术。美术工艺运动对家具设计、装饰、家具、墙纸、服装、首饰、印刷样式、印刷设计以及印刷工艺方面产生了深远的影响。这一切，自然同样影响到了广告的设计和发展。

---

① Frank Presbrey. The History and Development of Advertising [M]. Doubleday, Doran & Company Inc., 1929: 303.

19世纪90年代，新艺术运动对广告的影响首次彰显出来。与维多利亚时代的繁复形成鲜明对比，新艺术派的招贴广告以呈弯曲的夸张线条、大胆的单色块和最大程度的简化为特征，这些特征从那时开始，就一直影响着招贴广告的设计。现代艺术广告招贴源自1867年法国艺术家、被称为"现代招贴艺术之父"的朱利·谢列特（Jules Cheret）所创作的广告招贴。谢列特第一个大胆的彩色广告招贴是女演员萨拉·伯恩哈特的演出广告，人物形象在他的画面构图中占据绝对主要的位置，画面上方或下方加上一句宣传口号，这种突出人物而将文字比重最小化的做法是朱利·谢列特创作的最常见手法。在他的艺术生涯中，他一共设计了1 000多幅广告招贴，小到咳嗽药，大到世博会，都有涉及。他的招贴风格在世界各国被广泛模仿，1889年左右，新艺术派风格的广告画出现在美国《哈泼斯》杂志的封面和时装广告上。此后，《大西洋》和《世界》等主流杂志也开始出现这种风格的广告画。

5.2.5 世纪品牌"可口可乐"的创立

19世纪末期，"可口可乐"品牌创立，这是美国广告史上一件重大事件。这种冒着气泡的碳酸饮料，经过数名广告人数十年的包装，超越了它仅仅作为饮料的属性，成为美国文化的象征物。在美国文化向世界传播的过程中，它担当着开路先锋的角色，在整个世界范围内，赢得了人们的喜爱。这种被当成美国文化象征的神奇饮料在诞生时就充满着传奇色彩。

1886年，亚特兰大的药剂师约翰·S. 潘伯顿（John S. Pemberton）对自己研制的用糖浆兑的碳酸水进行了测试，经测试发现，这种饮料口感相当清爽。随后这种被命名为可口可乐的饮料立即投入销售。潘伯顿的记账员弗兰克·罗宾逊（Frank Robinson）以流畅优雅的字体写出了直到今天还在使用的可口可乐的商标名称（图5-9、图5-10）。这种碳酸饮料一开始就被当作保健品兜售。在1892年初可口可乐刊登的一条广告上赫然印着这样的标题："理想的大脑滋补品，令人爱不释手的冬夏皆宜的饮料! 可治疗头痛，解除疲劳。"

19世纪末20世纪初，可口可乐公司逐渐改变了广告策略，不再当作保健品来卖，而是将"精神清爽"作为广告主题（图5-11、图5-12）。他们把可口可乐与令人愉快的健康向上、充满朝气和活力的事物联系起来，向人们展示帅哥靓女喝着可乐，在优雅的环境中打高尔夫球、网球，在风景如画的地方游泳等情景。"饮可口可乐，芬芳爽口，精神抖擞"（Drink Coca-Cola Delicious and Refreshing）的广告随处可见。招贴画、商店招牌、托盘上、钟表盘上、墙壁上、扑克牌上，到处都是可口可乐的广告。

第一批"可口可乐女郎"也在这时候出现。女演员西尔塔·克拉克

图5-9 早期的可口可乐广告。

图 5-10 1890 年可口可乐的广告招贴。

图5-11 1904年的可口可乐广告。

图5-12 1905年的可口可乐广告。

（Hilda Clark）和大都市歌剧院的明星莉莲·诺迪卡（Lilian Nordica）都曾为早期的可口可乐广告做过模特。这些朝气蓬勃、美艳动人的明星，正是美国中产阶级妇女心目中的理想形象。在一则广告中他们宣称："没有什么比健康、美丽，富有魅力、充满温柔的女性形象更加能够使人联想起可口可乐了。"

此后，健康、快乐、阳光、青春、活力与美丽成为可口可乐广告的永恒主

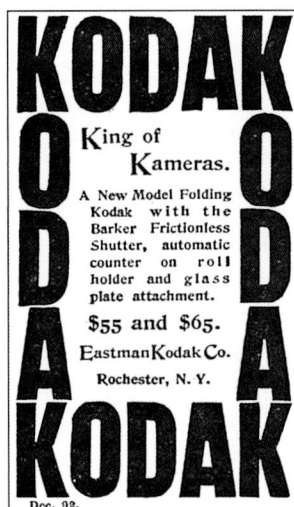

图5-13　1892年柯达照相机的报纸广告。

图5-14　1900年的柯达广告，突出小巧的机型。

图5-15　1910年的柯达广告。

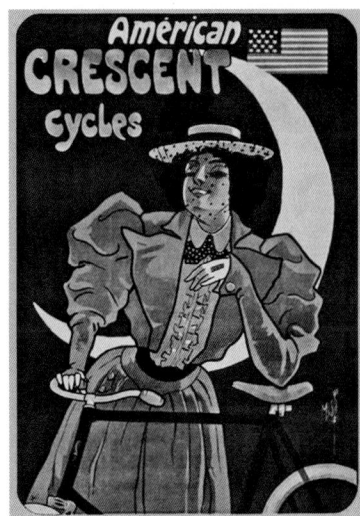

图5-16　1890年的自行车广告。

题，在所有时代都以不同方式得到了很好的表现。随着媒体技术进步使得广告文化社会影响力扩大，这个主题得到了无限强化，成为一种文化象征。可口可乐已不仅是一种商品，而是一种文化影响力。由于这个广告主题得到了完美的体现，才成就了"可口可乐"作为"人类历史上最伟大品牌"的声名。

19世纪晚期，新发明和新产品层出不穷，他们通过广告问世。广告主通过广告向民众解释这种新产品，告诉人们如何使用，能够解决什么问题。在教育和培育消费者的同时，还要告诉人们新技术是社会进步的象征，拥有新技术产品是生活品质提升的重要方面。推销新产品的广告在这个时期异彩纷呈，其中，柯达照相机广告是这方面最好的例子。柯达的"您只需按动快门，其余的让我们来做"（Press the button，we do the rest）的广告语迅速成为当时人们茶余饭后的闲谈话题。相比起今天相机以外形、性能为招徕，柯达早期广告所包含的都是柯达的哲学：简单就是美（图5-13至图5-15）。此外，自行车的推销广告也为人们留下了深刻的印象，使得自行车成为人们普遍接受的一种新型运动方式。从1890年到1896年间，骑自行车的人数从10万人急增到400万人（图5-16）。

5.3 大繁荣、大萧条时代的美国广告（20世纪初—第二次世界大战）

5.3.1 20世纪初至第一次世界大战时期的广告

在工业革命推动之下，美国在19世纪90年代成为世界一流工业强国，以后几十年中，经济持续高速增长。工业化不断发展，美国人的收入不断稳步提高，同时刺激了消费者的商品需求，美国工业完成从制造商品向生产新的生活消费品的转向。规模化生产不断降低产品成本，人们能够在商店里用很少的钱买到高质量的日常消费品。移民的涌入不仅提供了劳动力，而且形成了新的消费阶层，包装技术革新和现代流通体系的建立又进一步刺激了商品的市场销售。到第一次世界大战之时，美国消费型经济社会的特征已经越来越明显。当时，美国人在购买有包装的香皂、谷物商品、罐头蔬菜、面包店烤制的面包和成衣上的花费高达几亿美元，超大型百货商店、邮购商店和连锁店为人们提供了新的购物场所，与此同时，生产厂家每天都要推出数以万计的新商品，广告似潮水般滚滚而来。此时，随着公共教育的普及，更多人具备了读写能力，城市更加清洁、卫生。电力的广泛使用照亮了城市，为千家万户带来了光明，也为市内有轨电车和家用电器提供了动力。摩天大楼和高层公寓，鳞次栉比。科学技术创造了数不清的奇迹，人们发明并开始使用电梯、电话、汽油发动机、人造丝纤维、塑料，等等。同时，广告对新生事物也做出了积极的反应，他们积极向大众介绍、推广新技术、新产品。对美国人来讲，未来似乎无限光明。

19世纪20世纪之交，商业机构垄断趋于成熟，商界掀起兼并狂潮。1898年至1902年短短4年时间，2 653家独立企业兼并成为269家，资产总额达6 300亿美元。这些大型的公司被称为"托拉斯"，他们控制了铁路、煤炭、钢铁、石油、食糖和烟草等基础行业。J. 皮埃朋特·摩根（J. Pierpont Morgan）收购了安德鲁·卡耐基（Andrew Carnegie）的钢铁帝国后，由他新建的美国托拉斯成为"钢铁航母"，开创了并购的先河。全美饼干公司纳贝斯克（National Biscult Company，即Nabisco）合并了很多独立的面包商。与此同时，农业机械

扫描二维码，
了解更多案例
（图片）。

商也通过合并成为国际收割公司（International Harvester）。佳斯特瓦斯·斯威夫特（Gustavus Swift）和J. D. 阿莫（J.D. Armour）在芝加哥开办了大型全国肉类加工厂。随后，詹姆斯·普查南·杜克（James Buchanan Duke）改造了过去几年中收购的鼻烟公司、口嚼烟叶公司和卷烟公司等企业，成立了美国烟草公司（American Tobacoo Company）。这些公司合并之后，尽管推出品牌比以前少，但是，可供他们调配的资本却多得多，他们占有很大的市场份额。其中，广告发挥了重要作用，美国的广告费总额在1900年之后的20年中增加了近5倍，从5.4亿美元上升到近30亿美元。

（1）感性诉求广告和实用主义广告

这个时期，消费经济社会在美国初具规模，推进了广告行业如火如荼发展。借19世纪80年代在欧洲兴起的新艺术运动之风，美国广告界开始出现了被称为"朦胧广告"或者"印象主义文案"的广告艺术化新潮，广告的艺术性受到了人们的高度重视。1908年，心理学家斯各特（Scoutt）在《广告心理学》中这样描述感性诉求的重要性："有多少广告主能把钢琴描绘得生动无比，使读者能够听到？有多少食品被描写得能让读者品尝到它的滋味。有多少广告把香水描述得能使读者闻到它，有多少人能把一件睡衣描绘得能让读者感到它与身体接触时的那种快感。"其中，首开广告感性诉求之先河的是厄内斯特·埃尔默·考尔金斯。

考尔金斯认为，广告的外观形式是广告文案与图形设计的完美结合，优秀的广告具有能使读者放下手中杂志报纸的艺术魅力。他偏重使用简洁和明快的广告设计风格，所做广告往往具有较高的艺术水准。他的广告，围绕暗示与联想展开，产品总是被放置在特定场景中，富裕、时尚、唯美通常是他们的共同点，这些精美的广告与那些强调价格优惠的特许药和邮购产品形成了鲜明的对比。他邀请著名画家莱昂代克为箭牌衬衫（图5-17）、皮尔斯、爱柔汽车、社区银盘（Community Silverplate）所设计的广告就是这方面杰出的代表作。不过，最完美体现了考尔金斯广告主张的作品，还要数他为莱克瓦纳铁路公司所做的关于"菲比和斯诺的传奇故事"的广告策划，在历时6年的广告策划活动中，考尔金斯将广告的艺术设计和文案水平推到了不可企及的高度。

早期的蒸汽机车使用煤炭做燃料，莱克瓦纳铁路公司为了解决煤炭做燃料带来的烟尘污染，改用无烟煤燃料，此举大大改善了火车的环境。考尔金斯为了推广"无烟煤线路"，选择了广告形象诉求方式，创造了菲比（Phoebe）和斯诺（Snow）两个理想化的人物形象。"菲比"是古代神话中月亮女神之名，"斯诺"的含义是白雪，仅仅从名字就可看出，两者寓意着一尘不染、洁白无瑕。此外，考尔金斯还编写了一系列关于菲比和斯诺的无烟煤铁路线旅行

图5-17　早期"箭牌衬衫"广告。

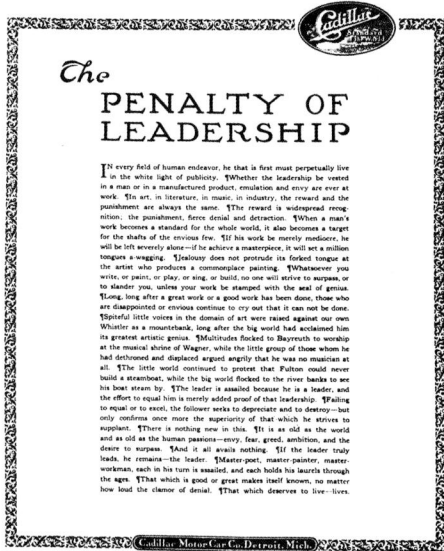

图5-18　1915年，凯迪拉克汽车《惩罚领导者》的感性诉求广告。

的浪漫传奇故事。这一广告持续发布6年，菲比和斯诺成为家喻户晓的名字，成为无数美国人的梦中情人，爱屋及乌，干净的莱克瓦纳铁路线也深受美国民众的欢迎。

　　20世纪20年代，感性诉求观点逐渐深入人心。行为心理学家沃森（Watson）向智威汤逊公司建议，广告策略应该建立在暗示的基础上。希尔道·麦克玛纳斯（Theodore MacManus）是该时期的代表人物，他为凯迪拉克汽车所写的《惩罚领导者》的广告被奉为感性诉求广告的最经典之作。文案这样写道："在人类进行努力的每个领域中，领导者必然成为公众关注的焦点。无论这一领导者是一个人或是一个产品，对他的模仿和嫉妒无处不在。在艺术、文学、音乐以及产业领域，奖赏也就是惩罚。奖赏意味着广泛的认知，而惩罚则是要遭到猛烈的反抗和毁谤。当一个人的工作成为全世界的标准，他必然成为嫉妒的箭靶……伟大的诗人、伟大的画家、伟大的工匠，都曾经遭受到了攻击，但他们的桂冠传承千秋万代。因为优秀或卓越本身能使人们自如，不管反抗的声音多么喧嚣，那都是值得我们留存下来的事物。"该广告文案优美，颇具雄辩色彩，通篇未提及汽车，但是，却已经将凯迪拉克无与伦比的优越性淋漓尽致地描绘出来。此外，这时候还有另一位感性诉求的代表人物是雷蒙·卢比凯（Raymond Rubican）。他惯用一种暗示身份、地位的印象主义文案，并辅之以优雅华美的艺术氛围，营造出拥有这种产品时的感觉（图5-18）。

　　艺术化广告风靡美国之时，一种"只追求广告实际效果"的实用主义、理性诉求的广告风格也逐渐兴起发展开来，成为这个时期广告主流。理性诉求基于产品的功能特点，换句话说，就是要告诉人们，产品能够解决什么问题。

19世纪时期，西方现代心理学发轫，受其影响，广告人开始重视对消费者心理进行研究，被称为"原因追踪法"的广告法应运而生。研究者们认为，消费者购买商品多出于理性动机，消费者对广告兜售的商品心存疑虑，要征服消费者对广告商品的抵触心理，就得站在他们立场上为购买提供一个合情合理的原因。

当时众多使用"原因追踪法"的广告人中，霍普金斯取得了巨大成功。他创立了"预先主张"的推销法。他认为，消费者之所以购买某种商品，是因为该商品具有其他同类商品所不具备的品质特征。因此，如何去探寻和表达这个特征才是说服消费者的关键。他的观点与后人的USP（独特营销卖点）理论不谋而合。

霍普金斯最成功的案例就是施力滋啤酒。在接到广告业务之后，为了能够找到该啤酒最吸引人的品质特征，霍普金斯亲自进入该啤酒厂做了长期而深入的调查，发现了该啤酒的很多卖点，如"酵母菌"经过1 018次不同口味的测试之后才被选出来；每滴啤酒都经过特别的过滤装置过滤；空啤酒瓶都经过消毒程序，等等。最后，他选择了"1 018次的严格口味实验"和"用高压蒸汽清洗消毒"这样的诉求。其实，在当时，高压蒸汽清洗是行业的规范做法，每家啤酒厂都有这个程序。但是，霍普金斯第一次将这些特点提出，在消费者的头脑中占据了这些品质。于是，生产工艺科学、口味纯正、质量优良成为施力滋啤酒独特的品质，由此成功赢得了消费者们的信任。此外，霍普金斯在他写的《科学的广告》一书中提出了消费者研究的重要性："广告人研究消费者，要试着把自己放在消费者的位置。他的成功很大程度上取决于怎样去做这件事情，而不是去做别的什么事情。"

还有一些人认为，"广告就是商业新闻"，倡导广告要"让我们诚实"。其中最为著名的是约翰·E. 肯尼迪（John E. Kennedy）。1904年起，他开始在芝加哥的洛德—托马斯广告公司（Lord & Thomas）做职业文案。他认为，广告应该像商业新闻，要详细而坦率，不应该用韵诗或一般性断言；广告表现应以消费者为中心，其表达方式应类似于推销员直接面对消费者时所讲的话；应该提供一种合情合理的理由，说明这种产品值得购买的具体原因。1905年，他在舒普博士专卖药品康复剂的广告中，传递了这样一个信息：试试我们的产品，你什么也不会损失。"我的书免费，我的治疗也免费——如果它无效，但如果它管用——如果他有效，如果您又恢复了健康，请您付——5.50美元……我给您寄去离您比较近的药店的名单，您可以拿到六瓶我的处方药，使用一个月。

如果有效，您花5.50美元，如果无效，药店把账算到我身上。"另外，肯尼迪还尝试用斜体字、下划线、大写字母以及证言、样品派发、优惠券、无效退款承诺等方法来吸引读者的注意。

感性诉求和实用主义这两大广告流派在美国的出现，以及相关广告创作方法的系统归纳，大大提高了美国广告的科学性，推动了美国现代广告发展的历史进程。

（2）消费者研究起步

20世纪初，广告行业发展迅速，广告公司规模、数量和提供的服务成几何级数增长。广告公司提供的服务非常完备，包括广告策划、调查、创意和执行，与今天相比已经相差无几。在这一时期，广告的事前准备工作、广告教育和市场研究，都取得了不小的进步。约从1900年开始，函授学院开设了广告技巧方面的课程。亚历山大·汉密尔顿学院和国际函授学院的课程中，也包括了广告。10年后，哈佛大学、纽约大学、波士顿大学、西北大学和密苏里大学等高等院校，也开始在他们的商务课程中安排了广告课程。

与广告行业发展和广告教育发展相比，广告市场调查的观念推进得较为缓慢。此时，为了解决广告客户面临的"谁是我们的购买群体，他们想要什么，他们的喜好是什么"等系列问题，一些原始的消费者研究开始起步。有些广告人有时会实地销售商品，观察人们如何使用商品。有些广告人为了获得消费者对使用该产品的直观感受，会去和家庭主妇交谈。1912年，智威汤逊公司的斯坦利·莱索（Stanley Resor）进行了一项"人口与人口分布"的研究，列出所有商店和商品种类，并持续更新这些数据，跟踪大城市批发商店和零售商店的产品销售情况，以期更精确地描述消费群体。其中，邮购反应测试是当时比较常用的研究方法。他将优惠券和广告印在一起，让读者把它剪下来，并寄回公司索要资料、样品、手册或奖品，从而对消费者偏好进行评估。这样，可以将反馈回来的消费者偏好进行对比，也可以把同一产品的不同版本广告文案放在不同日期同一版面进行比较，通过这些研究，广告公司能够为某一特定产品找出他最合适的广告媒体。此后，独立的市场调研公司开始出现，广告公司内部也开始出现调研部门，消费者研究变得越来越重要。

（3）广告行业组织建立

20世纪初，随着广告行业飞速发展，广告公司不断涌现，广告组织的活动开始活跃起来。他们查证和分析发行量数据，普及新方法、技术，收集并发布行业相关数据，提高行业操作标准，这些活动使广告从一种自发的活动逐步发展成为具有专业技能训练的职能领域。

最早的广告组织是1894年在芝加哥成立的埃格特俱乐部，该组织是由杂志界的代表自发成立的，在存在的25年中，他们定期聚会讨论与杂志广告相关的各种问题，交流对广告相关看法。1896年，全国性的广告组织斯芬克斯俱乐部在纽约成立，他的会员包括广告主、广告公司、出版商、户外广告代理商、印刷商、雕工以及广告相关人士，宗旨为"更清楚地了解广告问题，更好地发展广告"，座右铭为"诚信广告"。该组织每月都有定期聚会，讨论他们感兴趣的任何话题或交换想法。

进入20世纪，美国地方性的广告组织纷纷不约而同地成立。1903年，史密斯·奎因成立了辛辛那提广告人俱乐部。1905年，芝加哥广告协会成立。两年后，美国广告俱乐部联盟在辛辛那提召开，17个城市的代表参加，该协会经过数十年时间，最后发展成为一个世界性组织。1928年，该组织已经在14个国家发展了325个会员俱乐部，被称为"广告国会"，该协会由广告的买方、卖方和制作者构成，提出、讨论影响整个广告行业发展的问题和决策，广告行业在全美范围内被有效地组织起来。此后，全美广告主协会、全美广告公司协会、发行量审计局等一系列行业广告组织也纷纷建立起来，这些组织的建立，为广告业的健康发展打下了良好的基础。

（4）第一次世界大战时期的广告

正当美国广告业呈现出不可遏止的迅猛发展势头之时，第一次世界大战爆发了，美国广告发展势头遭到一定程度的挫折。1917年，美国正式涉足于第一次世界大战，报刊和公众的注意力转移到了战争之上，在全民爱国主义的热潮之下，广告表现也发生了变化，广告主们似乎不是为自己的商业利益做广告，他们告诉人们自己的产品如何为战争效力，并呼吁公众购买战争债券，支持祖国。艾尔金表的广告词这样写道："几十万艾尔金手表，每时每刻都在为美国及其盟友国的战士们服务"；象牙广告则打出了"象牙香皂紧随战旗"的口号："当我们的战士们从前线下来，需要休息、娱乐、洗衣服和洗澡时，象牙香皂是让他们感到生活乐趣的产品。"

不过，最能反映这个时期广告的时代特征的是那些征兵、发行战争债券、鼓励美国人民为战争服务的

扫描二维码，了解更多案例（视频）。

图5-19　1918年詹姆斯·弗莱格创作的战时广告招贴《我要你参加美国军队》。

I WANT YOU
FOR U.S. ARMY
NEAREST RECRUITING STATION

公众广告。战争期间，美国联邦政府成立"联邦公共信息委员会"（Federal Committee of Public Information），负责引导公众舆论，培养战时的爱国主义精神，告诉人们可以做什么来帮助国家赢得战争。这些大批的公众广告就来源于委员会内部的"公众推广视觉部"。在数以万计的公众广告中，詹姆斯·弗莱格（James Flagg）"我要你参加美国军队"（I want you for U. S. Army）的广告最为著名（图5-19）。此外，红十字会所创作的"世界上最伟大的母亲"的广告，流传也十分广泛。画面上，一位身着护士服的圣洁女子，正在抚慰一名受伤的战士。这些广告，对提高美国国民觉悟、增强民族凝聚力的贡献不可估量。美国广告在美国文化中起到的这种作用，是任何背景之下的广告都无法比拟的。

5.3.2　大繁荣时代的广告（20世纪20年代）

第一次世界大战结束后，美国经济持续好转并迎来了新的腾飞，建筑、化工尤其是汽车工业在拉动经济发展的过程中发挥了重要作用。到1929年，美国的汽车总数几乎达到了3 000万辆，也就是说几乎每家一辆，这是20世纪20年代初汽车总量的3倍。汽车制造业刺激了钢铁、玻璃、油漆、橡胶和石油等基础产业的发展，创造了数以百万计的就业机会。1921—1929年间，美国全国工业生产总值翻了一番。

几十年间，美国发生了技术革命，工业管理水平急剧提高。所谓科学管理方式或"生产合理化运动"，被工商业几乎每一部门不同程度接受。福特发明的装配线流水作业法在许多工业部门站稳脚跟；各行各业日益使用半自动化、自动化机器；电力占工厂主要动力的比重从1914年的39%增加到1927年的78%。科技进步提高了人们的生活水平，灯泡代替了煤油灯，电话普及，收音机播送新闻和娱乐节目，电冰箱、电风扇、吸尘器、洗碗机、洗衣机等家用电器开始在市场上出现，象征现代生活的现代化厨房、卫生间、浴室等设施也迅速进入家庭，改变了人们的生活方式和卫生习惯。

与此同时，零售连锁店也开始出现。这场零售业的变革涉及副食、服装、药品等多个行业，波及杂货店、综合销售商等流通环节。管理人员认识到用科学方法管理商店的好处，他们亲自选择店址，使商店日常经营拥有统一标准，货品摆放和橱窗设计具有统一的规范，并着手研究消费者，进行人力资源配置，增加了广告宣传力度。连锁店经营方式改变了零售业的规模、资金流量和周转率。大西洋和太平洋茶叶公司、J.C.潘尼公司（J.C.Penny）、利斯奥尔药品（Rexall Drugs）、蒙哥马利沃特公司（Montgmomery Ward）、希尔斯公司

图5-20 福特汽车早期广告。

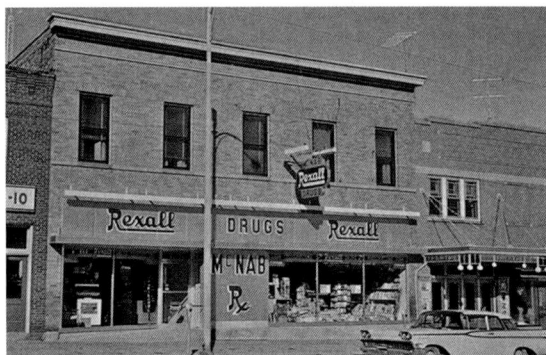

图5-21 利斯奥尔药品连锁公司。

（Sears）和罗巴克合营公司（Roebuck & Co.）是这一时期知名的连锁商店。为了降低成本，食品连锁店通常将店址选为远离市中心的地方，周边提供大型停车场，货架上摆满了有包装的商品，这些商品都放在顾客容易拿到的地方，标明价格，以便顾客进行价格比较。制造商们也意识到了这种自选超市越来越受欢迎，于是主动改变商品的包装设计，使其能适应消费者新的购物方式。他们利用造型、颜色、大小、质地来传递产品信息，还在连锁店提供产品资料，或演示产品的使用方法，而全国性的广告宣传则使消费者在进入商店前就知道要买什么牌子的产品。于是，这一时期，连锁经营模式在糖果、面包、服装、鞋帽、汽车产品、体育商品、家具等与人们日常生活相关的几乎所有行业纷纷涌现（图5-20、图5-21）。

国民经济腾飞和商业迅猛发展，使得城市化进程随之加快，城市人口迅速增加。据20世纪20年代的统计，有51%的美国人居住在城市。到1925年为止，已经有40%的美国人的年收入超过2 000美元。开始实施的五天工作制使得许多家庭不仅有了多余的闲钱，而且有了更多的时间来花钱。20世纪初，业已形成的消费经济达到了空前的繁荣。繁荣的经济为广告业提供了良好的发展环境，1919—1929年，美国的广告费总额从22亿美元飞速上升到34亿美元。

这一时期，广告多以生活形态和社会形象为主题。广告诉求从直接的价值表述，转向了隐喻价值与生活形态塑造。消费者被要求去买"合适的"面包，"合适的"吸尘器和"合适的"汽车。不仅如此，消费者还被告知，要在社交上讨人喜欢，就必须看上去有风度，必须芳香怡人，甚至还必须吸烟。

（1）广告性别形象和社会形象的塑造

20世纪20年代，美国妇女的社会地位不断上升。1920年，他们在一系列斗争之后，赢得了选举权，收获了政治自信。与此同时，越来越多的妇女开始走出家庭参加工作，赢得了经济上的独立地位。1925年，外出工作的妇女人数已达到总人数的25%。一些行业中，妇女更是独当一面，发挥了主要的力量。在金融业中，妇女人数约占总人数的50%，特别是文秘等职业，女性雇员更是占总人数的90%以上。收获独立地位的妇女形成了一个巨大的消费市场，就如一位叫亚历山大·蒲柏所说那样，"对人类的恰当研究应该针对男人，但是对市场的恰当研究则要针对女人"。于是，这个时期，广告开始瞄准了那些在城市里生活并工作的女性。

广告商在实施女性市场广告策略之时，充分考虑到了女性们的心理特征。女性在情感上比男性更容易受到伤害，也更容易受到他人影响，对自己的社交形象不是那么自信。于是，女性广告着重引发他们潜在的欲望，即希望被喜爱、被追求并借此一步跨入中产阶级的心理。智威汤逊公司聘请行为心理学家约翰·B. 沃森（John B. Watson）和其他社会学专家进行消费者研究，探索人类本性的秘密，即欲望与动机如何影响人类行为。

智威汤逊的力士（Lux soap）、旁氏冷霜（Pond's cold cream）和奥黛奴除臭剂（Odorono deodorant）等一系列广告，成功地使用了性、恐惧和模仿诉求，让女性消费者去"需要"广告中的商品。这种成功模式很快被其他广告公司所效仿。其中，汤姆森公司的《在女人的肩膀的曲线范围内》广告是该种广告形式的代表之作。该广告打破了传统观念中人们所忌讳的隐私，告诉时尚女人们清除体臭的需要。"女人的臂膀！诗人不断地歌唱它，伟大的画家一直描绘它的优美。它应该是世界上最精致，最优美的造物，然而不幸的是，它并非总是如此。在对完美精致的追求中，有件令人讨厌的事情，一种我们自己或许意识不到却又冒犯他人的事情，可是这又那么真实地存在着。"该广告刊在《女士家庭月刊》之上，引发了很多保守人士的不满，200多名读者愤然停止订阅该刊以示抗议。但是，广告主奥黛奴除臭剂的销量却在一年中上升了112%（图5-22）。

此时，还有一种广告用法得到了广泛的运用，那就是"真实的故事"模式。《真实的手法》是一份杂志，用第一人称从女性角度讲述日常生活故事，吸引了一大批女性读者。其中，广告公

图5-22　奥黛奴除臭剂广告。

司多用如下的文案模式：简洁、个性、亲切、强调浪漫而非真实。广告中的女主人公总是关注女伴的各种生活问题：你的健康是否被细菌滋扰？衣服是否新潮？你的浪漫爱情是否会因你的口气不清新而灰飞烟灭？这种"知心人""悄悄话""内心恐惧"式的广告，无一例外告诉人们，天大的问题，只要使用某种产品就可以得到完满解决。

与广告中焦虑不安和茫然无措的女性形象形成鲜明对比，广告中的男性一般衣着得体、举止优雅，他们不会是黑人，也不是蓝领。广告中，如果男女同时出现，则意味着男人正在欣赏使用了某种产品的女人，或他正因为她头发的气味或口气不清新而讨厌她。罗兰·马查德（Roland Marchand）在《广告美国梦》中指出，因为99%的文案撰写人员是男性，男性创造了广告中的女性形象。当时女性从事的职业大多为文秘，没有机会为自己塑造形象。第二次世界大战以前，主要是由居社会主流的白人男性在塑造广告中好妻子和好母亲的女性形象。直到20世纪50年代以后，逐渐兴起的民权和女性运动才开始质疑这种状况。

除了性别意识之外，消费者的身份意识对广告也产生了深远的影响。广告鼓励中产阶级和新贵们购买商品，不是因为他们需要这种产品，而是他们需要借此来提升自己的社会形象。上层阶级需要通过某种象征物炫耀财富，而广告恰好可以作为"炫耀感"的表现平台，利用人们对"富足"的向往，将消费者罗织在一个充满复杂的社会身份与符号意义的潜网中。这一时期，广告公司开始借鉴社会学关于消费者，尤其是中产阶级消费者的一些研究成果。1929年，罗伯特·林德（Robert Lynd）和海伦·林德（Helen Lynd）出版了对印第安纳州曼西市居民进行的著名社会学调查报告《中等城镇》，报告描述了社会各阶级在各种问题上的不同社会态度。过去，广告公司主要关注市场销售情况，比如消费者的人口统计特征、销售网点的数量、购买力指数、媒体覆盖率、品牌喜好排名等。但是，此时广告要推销一种新的生活形态和生活方式，因此，关于消费者价值观念和社会意识的研究必不可少。

（2）新产品广告

20世纪初，收音机、电熨斗、烤箱、洗碗机、洗衣机、电风扇、电冰箱等许多闻所未闻的新产品开始出现，并迅速成为现代家庭生活不可或缺的一部分。这些家用电器、包装食品、洗涤用品等各种家用商品广告，都承诺自己可以简化繁重的家务，显示对家庭主妇幸福健康的无限关怀。1920年，利比（Libby）食品广告对"从未走出家门的女人"进行了全面的发掘："她从厨房的窗子向外望去，意识到世界上还有很多她没有见过的事物。然后呢？……这突然间的一闪念，让她看清了自己，别人也是这样能够看她的，这令她心痛。一个苦工，这就是她的角色，无数妇女大军的一员，这个欢乐的世界与她插身而过。她们逐渐苍老，憔悴，失去了往日的容颜，直到最后有天早晨醒来，意识到她们快乐的时光已经永远的远去了。……家务不仅吸干了她的青春年华，还有她自己的兴趣和青春活力。"在广告的结尾，广告商告诉消费者，这种情况可以改变和避免。利比罐头可以将女性从家务中解放出来，使她们有闲暇时间参加丰富多彩的活动。

新产品广告不仅向消费者介绍和解释新技术，告诉人们新产品能够做什么，如何使用，而且向人们介绍这种新产品带来的全新现代生活方式，营造出一种急迫努力追赶现代化，害怕落后的气氛。1927年的吐司面包烤箱广告就是这样一个典型的例子："一个令人惊讶的烤面包片的新方法……把面包片放到烤箱里，眼睛根本不用盯着它，也不用翻转它。面包片不会被烤焦，每片面包都烤得恰到好处。…… 你要做的事情就是：把一片面包放到烤箱的沟槽里，把两个控制杆按下去，这样就会自动通电，然后设置时间。随着'噗'的一声，烤好的面包自动弹起，电流被自动切断。"这个时期，现代化的浴室成为个人卫生和良好社会形象的标志。1925年，克兰（Crane）卫浴的广告中说："现代的浴室，已经不仅仅具有实用功能，它已经成为清洁和卫生的宽敞神龛。"另一条卫浴广告则用"从非洲运来的撒塔拉大理石和意大利设计风格"来塑造一个充满异国情调的浴室。与色彩斑斓的现代化装饰浴室一样，各种装饰图案的浴巾取代了普通的白色浴巾。北卡罗来纳州的加浓（Cannom）毛巾厂在不惜重金砸广告之下，他的新条纹浴巾比普通的白色毛巾贵了4倍。他在广告中提倡"养成每天洗澡"的习惯，通过勤洗澡增加浴巾的使用量，刺激销售更多的浴巾。

（3）新媒体广告

20世纪20年代的广告人在开发广告新媒体方面显示出了天才的创造性。形形色色的媒体你方唱罢、我方登场，好不热闹。其中，最有趣的是空中广告媒体。在人类刚刚实现脱离大地的梦想之后，广告主也将广告投向了天空，比如在飞艇上悬挂广告，在低飞的飞机上向人群大喊广告口号，或向城市抛撒广告传单和广告样品等。1923年，美国空军少校约翰·塞维（John Savage）想出了空中飞烟的办法，在空中放烟，写出文字或者图案。这一构思很快就被广告商们运用在广告宣传中来。那时的纽约市民几乎每天都能接到上天的广告信息，纽约成为空中飞烟的中心。芝加哥的柯蒂斯糖果公司雇佣飞机在40多个城市用小降落伞抛洒他们生产的贝贝·鲁斯糖果，使得该产品一炮走红。

这个时期，汽车逐渐普及，道路状况的改善以及汽车性能的提高，驾车出行成为一种新的生活方式。人们的活动半径增加，公路边的旅馆增多，郊外露营成为新的时尚活动，汽车、轮胎、饮料、口香糖及其他各种产品的户外广告随之成倍增长。第一次世界大战之后，户外广告的操作更加科学。广告主进行市场调查，用数据来确定目标消费者，了解他们的喜好。广告公司根据客户的销售目标制定户外广告发布战略，把足够的广告信息传递给潜在的目标消费群。此时，专门为客户提供设置路牌服务的户外广告公司已经开始出现。他们提供承诺，可以在从东海岸到西海岸的任何一地设立广告牌。著名的博马（Burma）剃须膏就是靠户外媒体获得了成功。1925年，克林顿·欧戴尔（Cliton Odell）发明了这种不用刷子的剃须膏。他的儿子艾伦（Allan）在看到一家加油站的广告路牌后，建议父亲做路牌广告。于是，父子二人首先在明尼苏达州的阿波利斯市的公路旁每隔100英尺立起一块木制的广告牌，测试广告效果。没想到，这一招的效果相当好，短短几个月，剃须膏的订单就从各地源源而来，其中不乏回头客。发出这些订单的杂货商都开车经过那条路看到了广告牌。此后，博马剃须膏一系列简短而富有节奏的广告，如"有须的女士，试了一瓶/她现在是/一位著名的电影明星/博马剃须膏"开始在全国出现，剃须膏的销售额也开始扶摇直上。其他产品的系列广告牌也接踵而至，仅仅几年时间，路边的广告牌就成为一道人们十分熟悉的风景。此时，还有一种独创的户外广告形式叫做广告建筑物。这种建筑物满足了驾车人的口味，吸引他们驻足，成为路边一道亮丽的风景。如没有门廊的咖啡壶，巨大的茶杯和托盘，两层楼高的牛奶瓶、排骨肉，还有卖冷饮的圆顶冰屋等，1928年到1934年期间，这些广告建筑物非常流行。

在20世纪20年代广告媒体的大跃进中，无线电广播广告的出现是最具有历史意义的事件。1920年11月2日，西屋公司在匹兹堡建立起来的KDKA电台是第一个获得营业执照的商业电台，这被认为是美国广播事业的开始。KDKA电台的成功，使得收音机在民众中广泛普及开来，许多电气公司、报纸、教育机构、商场纷纷设立广播电台。1921年秋季开始，收音机在6个月时间里就售出了50万台。1929年，每5个家庭中就有4家有收音机。有营业执照的广播电台也从1920年的30家增长至1923年的576家。无线电广播可以在事件发生的同时播发新闻，甚至可以进行现场直播。人们不必再等着看早晨的报纸，他们通过广播可以听到各类球赛的现场实况，广播播放轻松的音乐节目、肥皂剧和体育消息，他的出现扩展了家庭娱乐的新领域。两年之后，第一条商业广播广告在美国出现。纽约广播电台WEAF将节目时间卖给了长岛的一家房地产公司。在接下来不到一年的时间中，WEAF便有了25位广告赞助商，其中包括梅希（Macy's）、高露洁（Cologate）和联邦保险公司（Metropolitian Life Insurance）这样的大型企业。

有些公司还开始尝试制作与一些产品有关的节目。1927年，有20%的无线电节目都有广告商赞助，比如著名的剃须刀品牌吉列（Gillette）就赞助了一个以胡须时尚为主题的谈话类节目。20世纪20年代后期，音乐节目已经成为最受欢迎的节目类型，《麦斯威尔音乐厅一小时》《帕尔默里夫一小时》都是当时最受欢迎的节目。这些节目都由广告客户赞助，并经常播放客户广告。还有些精明的企业开始冠名这些节目，如可里克特饮料的《可里克特爱斯基摩俱乐部》，每日电池的《准备就绪的电池时光》，还有A&P副食连锁店的A&p Gypsies。当时，多数电台在播放广播节目之时仅允许提及赞助商和广告产品的名称一次。但是，一些广告公司却设法用不同形式重复赞助商的名字。如金粉（Gold dust）就设法在一条广告里反复六次提到赞助商的名字。"放松的笑一笑，为金金和粉粉笑一笑。金粉双胞胎在这里把他们的歌曲献给您，为您的生活增添光彩。金粉公司也就是金粉洗衣粉的制造商，通过纽约的WEAF电台，普罗维登斯的WJAR电台，匹兹堡的WCAE电台，布法罗的WJR电台，波士顿的WEEL电台，费城的WFL电台，克利夫兰的WEAR电台让听众有机会和金金粉粉欢乐开怀。今晚，让金粉双胞胎进入您的心田和家庭。您绝对不会感到失望，他们定会使您的平凡生活熠熠生辉。"

这一时期，罗德·托马斯和智威汤逊广告公司逐渐发展成为无线电广播领域中最重要的广告公司。罗德·托马斯公司接手《好运弹奏》（Lucky Strike Show），并在每支歌曲结束之时插播香烟广告。该公司还制作了美国广播史上最受欢迎的喜剧之一《阿莫斯和安迪》。该节目由派普所特（Pepsodent）牙膏赞助。这一白人扮演黑人的歌舞杂耍剧吸引了全国的听众，为了适应《阿莫斯和安迪》的播出，全国很多听众改变了作息时间，东部时间晚上7点到7点15分之间，出租车司机拒绝搭载乘客。而不久之后，全国广播网和辛迪加集团的出现，广播广告得以跨越地理界限在全国播出，电台的广告收入从1927年的300万美元上升到1929年的4 000万美元。到20世纪30年代，广播广告已经如日中天，电台广播终于超过杂志而成为第一大广告媒体。

（4）装饰艺术广告

20世纪初，现代艺术家们开始用新的方法向大众阐释世界的本质。同时，广告人也尝试着用独特的甚至标新立异的方法来表现自己的创意，阐释着现代概念，希冀抓住更多消费者的注意力。

1925年，巴黎举行了装饰艺术博览会，启发了各种设计的新思潮，标志着装饰艺术运动的兴起。如立体主义通过抽象的几何化的形象和流线型线条，创造出新的平面设计语言。这种设计风格适合商品的大量生产，被广泛应用到家

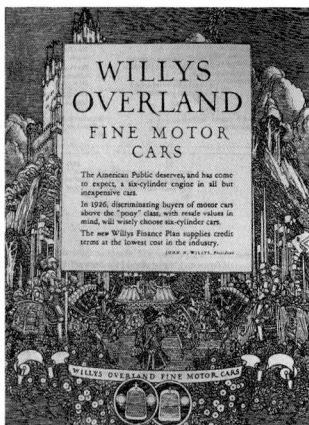

图5-23　1926年，富兰克林·布斯为欧佛兰汽车创作的广告。

图5-24　佛塔纳·德比多设计的广告招贴。

具、服装、首饰、灯具等物体之上。设计师们为广告内容配上流畅的装饰，雕琢出精致的细节，引发有节奏、多维的空前关系，引发受众超越时空的想象。产品在这一时期的设计中，也经常处于被忽视的地位。1926年，富兰克林·布斯（Franklin Booth）在为欧佛兰（Overland）汽车所做的广告画中，画面追求一种完美的品位和工艺精良的感觉，整个广告文案放在中世纪城堡的背景之上来表现广告主题。可是，广告主角汽车却被摆在一个不显眼的角落，突出装饰艺术风格和艺术品位，产品处于次要地位（图5-23）。

20世纪20年代末，这种强调装饰性的绘画风格达到了巅峰。广告制作者很少把广告文案置于广告画面的中心，多半是放在画面的角落，用一种难以琢磨的形状包裹着。其中，同时使用暖色调和冷色调进行烘托。但是，这种艺术性的广告作品被一些消费者认为糟糕透顶，认为过于强调艺术而没有在广告中体现商品和销售信息。

此时，非洲艺术思潮也对现代艺术作品的设计产生了深远的影响，一大批极具形式美感和色彩艳丽的现代艺术作品纷纷出现，而有关色彩和设计的各种新式理论也纷纷登场。未来主义、达达主义、结构主义和超现实主义等设计思潮纷至沓来。广告设计人员对许多观念都进行了尝试，比如，秉承达达主义的设计师们从杂志和产品宣传目录中，随机选取不相干的图片拼凑在一起，意在表现人们从传统对称的装饰艺术，转向追求不对称构图的趋势。佛塔纳·德比多（Fortunato Depero）在其广告招贴中，穿插着大众喜闻乐见的特征和未来主义杂乱、活泼的特征（图5-24）。

5.3.3　大萧条时代的广告

1929年开始，经济危机开始席卷整个世界，美国也未能幸免。过去几十年的繁荣景象使得很多美国人相信这个国家的经济已经走上了永久性繁荣之途。但是，1929年爆发的经济危机彻底摔碎了这个美丽的梦幻，短短几个星期之内，美国的股市就走到了崩溃的边缘，数十亿美元的财富消失得无影无踪。到1933年，美国股市跌到了历史的最低点。在经济危机的冲击之下，大量企业纷纷宣布破产。从1929年到1932年春，工商企业破产的达109 371家。这段时间，被称为美国经济的"大萧条时代"。1933年，美国的年广告收入为13亿美元，较之1929年的34亿美元的同期数字相比，下跌了近70%。

灾难性的大萧条状况直到总统罗斯福上任之后才有所缓解。罗斯福上台实施"新政"，大力加强国家对社会经济生活的干预和调节，局部改进垄断资本主义的生产关系，改善中、小资产阶级和工人的政治经济处境，适度减轻垄断资本主义的基本矛盾。这些措施，涵盖了经济的各个方面，对工业、农业、银行业和股票市场产生了巨大的影响。至此，美国广告业才逐渐复苏。

（1）价格诉求和恐惧诉求

大萧条时期，人们购买力下降，广告业在边缘中行走，大量的广告公司倒闭，幸存下来的广告公司为了生存，不得不进行绝望的挣扎。1929年到1930年间，尽管企业大幅度削减广告预算，但是一些根基牢固的大公司，如智威汤逊、BBDO、杨·卢比凯等仍然能够在业界保持领先，能够获得大部分订单。但是，到了1932年，几乎所有的广告公司都被经济上的困窘压得喘不过气，有些公司取消了带薪假期，让员工们不拿工资在家休息，或者进一步裁员，有些广告公司则干脆关门大吉。大萧条给本已竞争激烈的广告业带来了更大压力，每一笔生意都显得炙手可热。没人再认为去争取一个把握不大的客户是浪费时间。智威汤逊公司曾经试图在纽约的大广告公司中间发起运动，杜绝从其他公司争夺、撬客户的行为。但是，应声者却寥寥无几，相互竞争的广告公司们竭尽所能，争取客户。广告客户则伺机杀价，要求更多折扣，希望花更少的钱做更多的广告，在此基础上，还要广告公司提供更多的无偿服务。BBDO公司的布鲁斯·巴顿（Bruce Barton）这样说道："在生意难做的情况下，理想不要了，标准降低了……那些愚蠢的广告、虚假的广告、令人厌恶的广告使整个行业蒙羞。也使我们的处境非常被动。"[①]

由于经济困窘，20世纪30年代早期，广告从内容到形式都发生了重大变化。过去那种花花绿绿、极具魅力的广告逐渐被采用硕大字号的标题和充满着伪科学的虚假论证的文章所替代。这一时期，广告商利用人们对生活的忧虑，挖空心思地告诉消费者，他们的产品无论是在价格、功能还是价值上都具有很大的吸引力。此过程中，广告公司发现强调价格优势和使用恐惧诉求最为有效。过分强调价格，使得一些广告看起来更像是零售促销广告。一些广告采用貌似打折的方式，用笔划掉原来的价格，告诉消费者购买等于省了多少钱。比如，胡佛（Hoover）吸尘器的广告告诉人们："任何女人都买得起胡佛吸尘器，他的质量可以和最富有女人的吸尘器相媲美，价格却比一般的便宜4.5美元。"还有的广告商还站在消费者立场上，为他们计算经济账，告诉他们可以

---

① 尤利安·斯沃卡. 美国广告文化（英文版）［M］. 大连: 东北财经大学出版社, 1998: 200.

通过购买自己的产品来节约钱做其他事情。李斯特林（Listerine）牙膏广告告诉主妇该如何精打细算："看看用省下的3美元能够买到什么？"（即人们买25美分一支的李斯特林牙膏，而不买50美分一支的其他牌子牙膏，一年就能省下3美元。）并且列举出了3美元可以派上的用场：买一双厚底靴，内衣，牛奶或者其他生活必需品。有些广告商还利用人们普遍希望"不花钱白得"的心理，到处进行抽奖、竞猜、送赠品、买二赠一的促销广告。

大萧条时代，失业以及其他挫折随时都有可能降临，民众们普遍缺乏安全感。广告商们充分利用了这种心理，开始利用负疚、恐惧、羞愧、谴责等种种负面情感来做广告。

这些广告传递了同样的信息："如果你不买这种产品，你会后悔的。"也就是说，你之所以会遭受挫折，全然是因为未用他们的产品。如果不用他们的产品，你最终一定会后悔。

这方面做法最明显的是香烟、香皂、纸巾、消毒剂、除臭剂厂家，他们针对身体缺陷和体臭大做文章。其中最肆无忌惮的例子是司各特（Scott）纸巾的广告，它详细讲述了"浴室卫生纸所引发的疾病"。在1932年的一条广告中，司各特进行了如下令人恐怖的描述："有三分之二的所谓有牌子的卫生纸不宜使用……这些卫生纸中所含的不纯物质会严重危害健康。这些杂质包括强酸、汞、沙子、氯，甚至还发现了砷。"1936年，小阿伯索宾（Asorbine Jr.）所做的软膏广告，也采用类似方式描述了运动员脚底常常出现的令人触目惊心的症状："……否则会出现令人瘙痒的小脓包。脚下通常都是湿漉漉的，皮肤死灰色的白。疼痛难忍，皮肤剥落，开裂，露出嫩肉，令人苦不堪言。"要解决问题，唯一的方法就是使用凉爽宜人的小阿伯索宾软膏。

恐惧诉求还在人们巨大的生活压力上大做文章。吉列剃须刀此时通过一系列的生活片段式广告，警告工作的男人们，如果一个男人不注意将胡须修剪干净，他的生意伙伴就会转过身去悄悄对老婆说："别担心……下次我不会再带他来了。"老板会警告他："把自己收拾整齐，否则走人。"这时，广告开始安慰人们，"只要用了我们的产品，你就会工作稳定，并在新机遇中大有作为"。凯洛麦片警告人们，如果早上不喝燕麦片就无法与人竞争，生意场上从来没有病人的位置。因此，要想在事业上有所建树，就必须喝他们所生产的麦片（图5-25）。

（2）独特的广告形式

大萧条为整个广告业"洗牌"，一些小型的广告公司纷纷倒闭，只有那些能够抓住人们口味变化的广告人存活了下来。J. 斯特林·格切尔（J. Stirling Getchell）是大萧条时期轰动一时的广告人物，他先后在罗德·托马斯、BBDO

图5-25 大萧条时期广告使用情景故事和恐惧诉求推销产品。

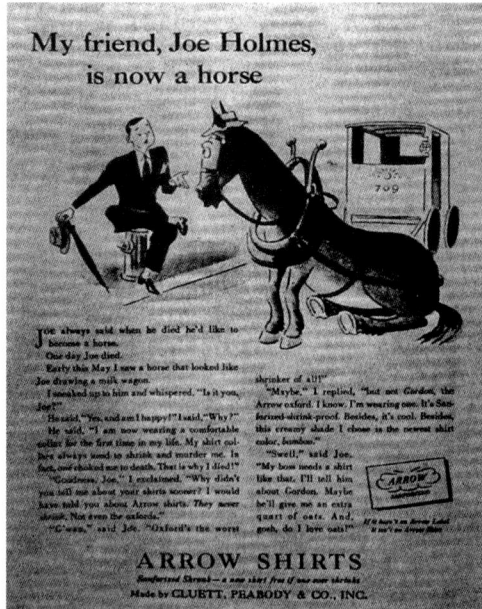

图5-26 1936年，杨·卢比凯公司为箭牌衬衫所作广告，使用幽默诉求。

及智威汤逊任职，他为普利茅斯汽车的广告宣传，堪称经典。1932年，格切尔为新款普利茅斯车宣传，试图改变公众心目中普利茅斯车是克莱斯勒汽车厂最差的汽车的看法。广告上，沃尔特·克莱斯勒俯身于一辆普利茅斯车发动机之上，眼睛直视读者，照片下方，黑体字"货比三家"（Look at all three）赫然在目，下面的文案则从技术上解释了这种车优于其他汽车的原因。广告甫一刊出，就吸引了众多眼球。此后，格切尔又通过一系列宣传活动来延续这一主题。这些广告作用明显，普利茅斯在低价车市场上的份额从1932年的16%上升到了1933年的24%。

此外，格切尔还完善了独特的新闻照片报道风格。他的广告多采用小报形式，竖排版，耳目一新的标题，栩栩如生的照片，令人流连。不久之后，这种风格蜕变为流行的广告时尚，人们抛弃过往那种精雕细琢的广告插图，转而追逐粗糙但是充满动感的照片。在十年不到的时间中，格切尔公司的年营业额就达到了1 000万美元。

鲁斯夫—瑞安（Ruthrauff & Ryann）广告公司将邮购广告中所惯用的手法直接应用于非邮购产品之上，引领了这时期的另一种广告流行趋势。"症状—治愈"式的证言广告是特许药广告的惯用手法。瑞安公司将插图和证言相结合，成功推销了"润泽"（Rinso）香皂，并将护生公司（Lifebuoy's）的销售口号从"呵护肌肤"转变为"解决体臭问题"，在通俗的喜剧故事场景中，通过恐惧诉求，告诉人们解决体臭的妙方。瑞安式的方法在业界影响深远。这一时期，道奇（Dodge）汽车广告就采用了小报形式，利用了大量的照片和粗黑的大标题。这种风格的广告一经刊出，道奇汽车的销售量就直线攀升。此外，瑞安还把可可麦芽（Cocomalt）的广告从优雅的艺术风格转变为有对白、照片的情景剧。20世纪30年代早期，这些广告通过戏剧性的故事，讲述孩子营养不良，但还是不肯喝妈妈为他们准备的牛奶，使得母亲们愧疚、自责。耀眼的大标题详细、清楚地将恐惧感传递给家长："孩子们体质羸弱该怨谁"或者"我的孩子太单薄，令人怜悯"。这些生活情节剧广告启发了其他广告业同行，他们以大萧条时期忧心忡忡的父母为对象，为各种产品开发情景剧。大量广告表现疲倦、无精打采、考试不及格、被人歧视的学生形象。究其原因，是由于父母未能让孩子吃上和用上各种好东西，如贵格麦片、科罗纳打字机、雄鹰铅笔或者通用公司的电灯泡和联邦人寿保险等。通用食品公司在他的波士吞（Postum）谷物饮品广告上描述耸人听闻的故事："因为咖啡被耽误了……这个孩子一直没有得到公平竞争的机会。这个考试不及格，被课后留下的学生，本不应该受到责备，人们叫他笨蛋……懒汉。"通用食品公司的马格特卫生纸也采用了同样的手法："玛丽坐立不安，无法认真听讲，原来她是使用劣质的卫生纸。劣质卫生纸会引起严重的发炎，尤其是女人，由于他们特殊的生理需求，要用柔软。"解决这一问题的唯一方法是改用马格特卫生纸。一些广告中，甚至让满脸歉疚的母亲出来，为自己没有给孩子购买广告中要求购买的商品而悔恨不已。通过激起父母的愧疚心理，广告商成功地榨出了人们口袋中那点可怜的钱财。

大萧条时期，虽然广告业基本上处于边缘、昏暗的局面，但是，在萧条之中，也有一些别具一格的广告作品涌现，至今还历历在目。其中，杨·卢比凯公司的一系列优秀广告就是这个时期的代表作。杨·卢比凯偏爱格调高雅、制作精良并具幽默元素的广告。20世纪30年代杨·卢比凯公司所作的优秀广告案例中，箭牌衬衫的广告堪称经典（图5-26）。这篇广告中图案和正文一样，匪夷所思。画面上，一人正与一匹马说话，标题这样写道："我的朋友乔·赫马斯，现在变成了一匹马。"广告正文中说："我的朋友乔·姆斯，他现在是一匹马了。乔常常说，有一天他死了，希望能变成一匹马。有一天，乔真的死了。5月初，我看见一匹马，它看起来很像我的朋友乔，正拉着一辆送牛奶的车。我悄悄凑上去耳语：'你是乔吗？'他说：'是我，我现在很快乐！'我问：'为什么？'他说：'我现在穿着一件舒服的衣领，这是我有生以来的第一次。我的衬衫的领子经常收缩，简直在谋杀我。事实上有一件把我窒息死了，那是致死的原因！''天哪！乔，'我惊讶失声，'你为什么不把你衬衫的事早点告诉我？我就会告诉你关于箭牌衬衫的事，他们永远合身而不收缩，甚至织得最紧的深灰色棉布做的也不收缩。'乔无力地说：'哎！深灰色棉布的最会收缩的了！'我回答说：'可能是，但我知道戈登标的箭牌衬衫是不会缩水的，我正穿着一件。它经过机械放缩处理，收缩率连1%都不到！此外，还有箭牌所独有的迷淘戛特适领！''戈登标每件只卖2美元！'我说得情绪达到了高潮。乔说：'真棒，我的老板正需要一种那样子的衬衫，我来告诉他戈登标的事，也许他会多给我一夸脱燕麦。天啊，我真爱吃燕麦啊！''

杨·卢比凯为"四朵玫瑰"威士忌所做的广告也一直是酒类广告难以逾越的高峰。画面之上，四朵玫瑰被封在冰块中，画面下方，写着"凉爽的感觉"。年复一年，每年夏天，这条广告都会被拿出来重新发布。

此外，为了使广告有效，广告商们开始用各种各样的手法来探究消费者的内心世界。其中，市场调研观念在广告商中影响深远。纽约的AC尼尔森公司提供《食品与药品纵览》报告，按产品种类和流通渠道，对食品和药品的购买情况进行统计。丹尼尔·斯达奇公司则通过一系列手法，调查消费者对杂志广告的反应和认知。杨·卢比凯公司聘请了乔治·盖洛普（George Gallup），开发了报刊阅读率、注目率和广播收听率这一系列评估广告有效性的概念，通过研究发现斜体、黑体和大标题下的子标题和周日漫画版上的连环画很受读者欢迎。

此后，动机心理学、视线跟踪法、店面访谈、试点区域研究等一系列方法纷纷被广告公司采用。香皂、食品、药品、剃须刀、钢笔和打字机等各种各样的商品，都通过市场调查来为后续销售"探路"。

（3）消费者运动的兴起

大萧条时期，为了售出更多的商品，各种言过其实的虚假广告流行开来。消费者花钱更为谨慎，也开始利用各种手段来保护自己的利益。消费者开始要求政府对广告业进行监督，与此同时，各类监督批评广告业的刊物也纷纷出现。1931年，《吹牛大王》（Ballyhoo）创刊，以专门揭露臭名昭著的虚假广告而一举成名。文案撰稿人海伦·伍德沃特（Helen Woodward）的《多面透视镜》（Through Many Windows，1926），对广告公司的内幕进行了揭露。经济学家斯图尔特·蔡斯（Stuard Chase）和全国标准局的一位工程师弗雷德·施林克（Frederick Schlink）在其合著的《你的钱值多少》（Your Money Worth，1927）一书中，也对广告业进行了广泛揭露，对假冒商品和低劣的促销手段给予了抨击。他们还在书中建议联邦政府对消费品进行标准检测，并将结果公布于众，以便消费者作出明智的选择。此后，施林克又在另一部畅销书《贪婪成性》中告诫读者，商店货架上到处都是危险的食品、药品和化妆品，并详细列举了因假商标、伪劣商品、虚假广告而引起消费者伤残、死亡的例子。这些杂志和书籍的出现，标志着盛极一时的消费者运动拉开了序幕。

随着消费者运动的发展，施林克把设在纽约的"消费者俱乐部"扩展成为全国性的公众产品检测机构——"消费者调查公司"。这家新公司聘请了技术专家，建立了实验室，定期出版业务通讯，后来变为一本月刊杂志。同时，一些消费者协作组织也相继出现。1936年，消费者联合会创办了旨在帮助消费者的杂志《消费者报告》（*Consumer Reoports*）。从创办开始，该杂志就对从麦片到汽车的各种商品发表意见，抨击虚假广告，揭露各种产品的恶劣生产环境。这份杂志渐渐成为美国消费者最受欢迎的刊物之一。

消费者组织日渐强大，联邦政府不得不开始重视他们提出的问题。大萧条时期，议会通过了一系列保护消费者权益的法案。1934年，食品和药品管理局权力扩大，增加了对化妆品的管理，同时兼管广告和商标。四年后，科普兰法案（Copeland Bill）授权食品与药品管理局管理药品的生产和销售。同年，联邦贸易委员会宣布"商业活动中的欺骗行为"为非法，并加大了对虚假广告行为的管理力度。此后两年中，联邦贸易委员会在一段时间勒令弗莱希曼酵母、护生香皂、力士香皂及爱坡娜牙膏取消自己的广告宣传活动。这些管理措施出来后，广告客户和广告公司不得不有所节制，广告业界不再对消费者运动的政治影响不予理会，他们不得不采取一些自律措施来缓解矛盾。

（4）广播广告走向成熟

虽受到大萧条的影响，但是，广播很快就恢复了元气。更多的广播电台应运而生，到1934年，美国已经建立起97座电台。全国无线电广播网的形成，使广播成为最大众化的娱乐方式，人们只需要花15美元就能购到一台收音机。1937年，已有四分之三的美国家庭拥有收音机，无线电广播已经成为美国生活中不可或缺的一部分。研究广播的历史学家埃里克·巴诺瓦（Erick Barnouw）描述了当时的情形："穷困潦倒的家庭，宁可放弃冰箱、家具、被褥，也要抱着收音机，以显示过着像样一点儿的生活。"[①]

早期的广播不介绍具体的产品，多用广告来提高公司的知名度，电台只负责播出广告客户或广告公司的内容。当时，由于广播广告有条不成文的规定：不准在广告中提及产品价格。那么此时，知名人士的证言和重复便成为两种最有效的形式。

---

① Sydney W. Head, Christopher H. *Sterling. Broadcasting in America A survey of Electronic Media*［M］. Boston: Houghtor Mifflin, 1987: 67.

这时的广告公司还负责制作由广告主提供赞助的节目。罗德·托马斯和智威汤逊等公司都曾在广播广告上特别活跃。20世纪30—40年代的广播黄金时期，广告公司提供的由广告赞助的广播节目成了当时最有效的广告载体。广告公司也制作了很多轰动一时的广播节目，如《弗莱希曼的酵母时光》《蔡思和桑伯恩时光》和《克拉夫特音乐厅》。

广播广告的发展与一大批杰出的广告人密不可分。威廉·本顿（William Benton）就是其中一位，作为本顿—鲍尔斯（Benton & Bowles）广告公司的创始人之一，商业广播20世纪30年代的飞跃性发展与他的贡献密不可分。为了效果显著，广播广告必须脱离印刷媒介的文案风格，并设法弥补视觉形象上的不足。在《麦斯威尔演艺船》节目里，本顿巧妙地把咖啡杯清脆的碰撞和饮咖啡时抿嘴的声响加入广告。不仅如此，他还开发了记录听众反应的消费者调查方法，使得音乐广告开始流行开来。

此时，一系列以家庭妇女为受众的广播肥皂剧也开始流行开来。1922年开始，芝加哥的布莱克—桑普尔—赫墨特广告公司（Blackett-Sample-Hummert）开始制作肥皂剧。同时，一系列厂家纷纷赞助节目，以求宣传。如，里诺斯（Lolynos）牙膏赞助了《平凡的比尔》，金牌面粉（Gold Medal）赞助了《贝蒂与鲍勃》。这时期的肥皂剧也变相为厂家广告，如，《奥克谢多尔的玛·帕金斯》为麦德士（Wheaties）宣传"赢家的早餐"，由连环漫画改编的《小孤儿安尼》则为奥威泰（Ovaltine）促销。

此时，广告已经在民众生活中造成了巨大的影响。其中，典型的例子便是《美国墨丘利剧院》所播出的由奥逊·威尔斯（Orson Wells）导演的科幻传奇故事《火星人攻击地球》。这个节目把想象中的"火星人进攻"改编成为广播剧，以广播新闻报道的形式播出。尽管广播中早已声明这是为了庆祝万圣节前夜而做的广播剧，但还是引起了听众的极大恐慌。许多人甚至开始逃亡，以躲避假想中的火星人。另外，现场直播的体育节目以及各种音乐节目也很受民众喜爱。20世纪30年代中期，广播中有一半以上的节目都是音乐。1938年，广播第一次超过杂志而成为广告业收入的第一大来源。

5.3.4 第二次世界大战时期的广告

第二次世界大战高度刺激了美国经济的发展，给美国带来了前所未有的机遇。美国经济完全摆脱了大萧条的阴影。几十万的失业大军烟消云散，美国成为"民主国家的兵工厂"，经济出现了空前繁荣。国家除了投资建立了许多兵工厂之外，对经济的调节和管理也更加深入地渗透进所有经济部门。美国国家垄断资本主义得到了进一步发展和巩固。

广告作为战时宣传的主要部分，为美国战时动员做出了重要的贡献。战争期间，第一次世界大战时期的广告中表现出来的爱国主义精神重新被激发出来，广告中心任务迅速转移到战争服务之上。1942年，美国战争情报署组建了战争广告委员会。该委员会成立后，立即发起了有史以来规模最大、影响最大的广告活动，鼓励人们购买国债，保护家园，节约物资，团结合作，不惜一切代价支援战争。战时海报在鼓舞士气的同时，还鼓励女性们加入劳动大军，号召妇女去做以前只有男人们做的工作。如"我们能行"（We can do it）"去完成他留下的工作"（Do the job he left behind）这种鼓励妇女为战争作贡献的口号。广告毫不隐讳地描绘士兵战死沙场的情景，指出他们是在"为你而战"，战争期间，共有百余个公共服务主题的宣传任务，广告界人士承担了几乎所有广告文案的撰写和美术工作。

在政府的战争广告进行得如火如荼之时，广告商们也没有闲着，他们将自己的产品跟战争扯上关系，利用战争为自己的产品做宣传，竞相说明自己的产品对战争来讲是多么重要，希望通过战争中高涨的爱国主义热潮来提升自己的企业形象。比如，福特公司说他们开发的汽车部件新材料（塑料）能为战争节约金属这样重要的战略资源，"纽黑文铁路"（New Haven Railroad）制作的《睡在4号上铺的男孩》（The kid in Upper 4），是另一幅经典的战时海报，该广告利用爱国主义诉求激发消费者的品牌忠诚，巩固客源。另外，由于战争物资短缺，鼓励人们厉行节约成为当时广告的又一特征。例如，天鹅香皂（Swan

图5-27　1942年可口可乐的战时广告。

图5-28　1945年可口可乐的战时广告。

Soap）教授人们在战争期间节约使用香皂的方法：建议把天鹅香皂碎头用热水化开，制成皂液当洗涤剂和洗发精使用，等等。卷式窗帘研究所建议市民放下窗帘，以节约10%的取暖燃料费。随着美国大兵的足迹遍布世界，广告商们也不失时机地让自己的产品走向世界每个角落。比如，可口可乐公司就借助战争，在世界各地的美军驻地附近建起了生产线，不露痕迹地进行商业扩张（图5-27、图5-28）。

5.4　"战后狂飙时代"的美国广告（第二次世界大战之后）

5.4.1　突飞猛进时期的广告（1945—1960）

美国本土远离硝烟，在第二次世界大战中不但没有遭受战争的创伤，反而通过战争消耗品生意大发其财，刺激了本国经济的发展，美国经济由此进入迅猛发展的时期。

战争胜利后，几乎一夜之间，战争期间高效的军工企业就变成了民用企业，战时高效的生产性经济转变为强劲的消费型经济。制造商们从制造吉普车、坦克、飞机和军服，转向生产汽车、冰箱、时装等消费品，一时间，数不清的各种消费品火山般被大批量生产出来，报纸和杂志开始对各种新产品的广告宣传，人们不再担心消费品过剩，而是担心工业生产满足不了市场的需求。战后迅速富起来的美国人的消费热情开始比以往任何时候都高涨。经济繁荣使美国人收入水平达到了不敢想象的水平。以前，大多数人想都不敢想的奢侈品，现在也开始走入普通人的家庭。房子销售得很快，而拥有汽车也从梦想变成了现实。经济繁荣也促进了城市化的进程，每年大约有五分之一的家庭都要进行搬迁，大批农民开始涌入城市寻求新的发展。1940年，还有25%的人居住在农场，到1964年，这一数字下降到不足7%。经济的稳定和发展增强了人们的家庭观念，美国人口第一次迎来了强劲的增长。20世纪30年代中期呈现下降趋势的出生率在战后迅速增长了25%，并一直保持到了50年代末。这一段时间人口的自然增长被称为"婴儿潮"，和平给了人们重新构筑梦想、享受美好生活的机会。在繁荣发展的经济推动之下，广告业爆发出了前所未有的活力，反过来有力地推动了消费经济的高速发展。从1945年到1960年期间，美国每年的广告费支出增长了3倍。

（1）"新"消费

在战后经济空前繁荣的经济背景之下，人们有了更多的钱来消费，而且乐于消费，人们甚至相信消费可以买到一种生活方式。大萧条时期通过以价格低廉吸引消费者的广告策略已逐渐为人们淡忘。广告商们创造出一系列关于

扫描二维码，了解更多案例（图片）。

"新"的概念：无论是用了两年的车或者住了五年的房子或其他什么，只要是用过的就不是新的，因此，就不是最好的。

而新东西是必备的，因此新的产品不断被推出。"新"概念的另一层含义是"计划中的过时"，正如《流行》一书的作者托马斯·海恩（Thomas Hine）所阐释的："所谓'新'的，就是赋予我们熟悉的东西以新的外表及品质，使每一件商品只有一个有限的生命，就像时装一样。"广告商们推出的五彩缤纷、更新换代的商品引领着时尚的消费潮流。消费者在广告的牵引之下不断"升级"，可能仅仅是因为色彩改变和款式更新，就可以成为消费者淘汰刚刚用了不久的商品最充分的理由。在这种消费潮流带动之下，美国国内消费被充分调动起来，消费经济出现了空前的繁荣。

战后，人们有了更多的闲钱用于消费，而信用卡的出现使得这一过程更加方便。1950年，第一张信用卡——戴那斯（Diners）俱乐部卡出现，持卡人可以在28家加盟店用刷卡的方式进行结算。八年之后，美国运通公司推出信用卡服务，当年年底用户数就突破了50万。各个银行也相机而动，推出分期付款政策，消费者可以随心所欲地购买商品，不用担心手头没有现金或者账上没有那么多钱。在所有的商品中，没有什么能比汽车更能代表战后消费经济的繁荣程度。战前还是奢侈品的汽车已经成为住在豪华郊区的人们基本的代步工具，几乎每个家庭都有一辆汽车。制造商们加快汽车改朝换代的速度，旨在创造更大的经济利润。制造商们如是说："我们的工作就是加速过时的速度，1934年的平均汽车使用寿命为5年，而现在是2年。如果我们能够把他变为1年，我们就大获全胜了。"

仅次于汽车，电冰箱也是"计划中的过时"中的主要消费品，每年都有新款、新功能、新式样甚至新颜色的产品鱼贯而出。广告中这样说道："只有西屋冰箱才能给您50种颜色的组合！"并承诺"您的厨房不用重新装修就能焕然一新"。装修设计顾问克里斯托弗·皮尔斯（Christopher Pearce）说："（消费者）乐意丢弃一台仅用了两年且完好的冰箱，而去购买最新款。这不仅是因为他们买得起，而且也因为这是时代的风尚，这些冰箱有最新的豪华设计，他们无疑是最好的。"[①]这种"计划中的过时"风潮，被消费者们迅速地适应。电视节目和广告倡导通过消费"升级"来享受生活，报纸和杂志每年都推出"本年度色彩"和"本年度流行"，这意味着任何东西都要更换得更加频繁。广告开始贩卖"新"的理想。

---

① 尤利安·斯沃卡. 美国广告文化（英文版）［M］. 大连: 东北财经大学出版社, 1998: 246.

（2）回归传统家庭观念

社会的繁荣稳定和经济高速发展，使得美国人的情感逐渐向传统的家庭观念回归转移。人们乐意回归到理想的传统式家庭中去享受家庭的幸福和温馨。这种表现随处可见：婴儿出生率激增，购房创下新纪录，去教堂的人数增多，对服饰与举止的社会规范更加严格。为了满足人们的心理需求，广告也开始重视和强调传统的家庭观念，渲染战后美国社会备受推崇的理想生活方式。大量广告通常把父亲描绘成一个在家里和办公室里都坚强果断的魅力男人，妇女则被塑造为满足家庭生活，温柔贤惠的母亲和妻子形象。这些广告中描绘的理想中的母亲、父亲、孩子和兄弟姐妹角色，引发美国大众紧随、效仿。

一般情况之下，广告主题总是围绕着帮助家庭主妇减轻家务以及创造美好生活展开。广告商们总是围绕着这些广告设计出许多令女性们羡慕的形象，如优雅、美丽的女模特衣着入时，常戴着白色手套摁动新家电的按钮，以此表现新科技如何有效地帮助家庭主妇解除家务负担。还有些广告通过刻画"小女人"形象，来反映美国中产阶级的典型生活场景。广告从现实生活中提取原型，塑造为人们熟知的女性形象，如羞涩的纯情少女，喜气洋洋的新娘，饶舌的女邻居等。其中，最典型和模式化的就是家庭主妇，如她们牺牲个人理想，擦地板，迁就丈夫，教育孩子等。这种广告主题至今仍被广泛运用。

尽管家庭观念一直被强调，但是，这个时期，性观念比以前更加开放了。1953年，《花花公子》杂志的创刊是这一思潮的集中表现。广告开始更多地采用性诉求来推销商品，把性感的形象与商品的卖点结合起来，注意使用暗示和双关手法。在这个时期，贤妻良母的形象和性感女郎的形象开始"同居一室"。

（3）青少年市场的形成

20世纪50年代中期，战后出生的婴儿开始成长起来。战后成长起来的"婴儿潮"一代很难理解他们的父辈与祖父辈在大萧条及第二次世界大战困难时期所承受的一切，他们有了更多的时间和金钱，更能享受生活，因此，一个有潜力的青少年市场开始形成。这个时期，传统的价值观念逐渐被整个社会所遗忘，年青一代积极寻求表现自我的途径，接受个性鲜明的时尚。而同样崛起的摇滚乐为年轻人提供了节拍。1955年，比尔·哈雷（Bill Harley）与彗星乐队（Comets）以一曲《时钟摇滚》引发了一场音乐革命。1956年，艾维斯·普雷斯利（Elvis Presley，即猫王）真正震撼了整个美国民族，他用俊朗的外表、出位的服装和晃动的臀部，成为有史以来的第一位摇滚巨星。

同时，广告业第一次为购买力日益旺盛的青少年培育了独立的市场。在广告的大肆宣传之下，收音机、唱片、电唱机、青少年杂志、化妆品和服装等

图5-29 百事可乐广告。

商品的销量猛增，因为这些商品是青少年表现自我的必需品。此时，饮料也将目标锁定在了青少年消费者的身上。"七喜"（Seven-Up）推出了"清凉、纯净的口味令你平步青云"的口号，从而确立了"平步青云"的广告主题。可口可乐在广告中也着力强调青春活力，百事可乐也将目标对准了青少年市场，声称"百事，是为了思想永远年轻的人"（Pepsi, for those who think young）。这些广告把消费者的购物年龄提前，以诱导青少年购买属于自己的商品（图5-29）。

（4）动机调查的兴起

这个时期，随着美国广告业的繁荣，广告行业的竞争也日趋激烈，广告公司的专业服务领域不断拓展，客户在市场调查、销售分析、包装设计以及促销方面不断提出新的要求，如此一来，就需要广告公司深入地对消费者个体和消费方式进行研究。自从盖洛普在20世纪20年代开始民意调查之后，市场调查与广告调查的调查方式也不断改进，越来越多的广告公司开始设立了市场调查部门。50年代，这些调查研究在白热化的广告市场得到广泛的应用。在这个时期，"生活方式营销"热潮在美国风起云涌，广告科学化取得了重大的进步。这种营销方式以消费群体的生活方式为基准对市场进行划分，广告不再广泛针对所有的购买人群，而是按照收入水平、生活方式和兴趣爱好来细分购买人群。这个时期，杂志已经完全细分，汽车、冲浪、家庭装潢、饮食、美容等各种杂志都找到了自己独特的市场定位。

动机调查结合20年代的广告心理学风潮，于40年代末50年代初开始普及开来，它是推动广告科学化发展的关键因素。研究者们认为，过去采用的"原因追究"调查模式在经济繁荣的新时代已经不再适用，让消费者做出选择的关键是那些无法被人察觉的潜意识。这种新的动机调查采用心理学和心理分析的一些手段，不再运用以往简单的频次统计法，而是探求潜意识如何支配人们做出购买决定，这是广告成功的关键。

著名动机专家克里斯勒通过动机调查，发现许多男人虽然被敞篷汽车所吸引，但在采购的时候仍然多选择厢式小轿车。原因在于，男人在潜意识中，都习惯将适用的轿车和妻子联系起来，而时髦的敞篷车却与情人联系在一起。动机调查把人们的需要归结为人性的两个根本动机：性和安全感。在此理论的支持下，心理附加价值被大量使用。比如，1955年，"骆驼"女士香烟广告就如此说道："这是一个心理学上的事实，感官的满足能够缓解你的情绪。"

这种利用消费者潜意识推销商品的动机调查，在当时广告界得到了广泛的运用。动机调查显示，女性有喜欢炫耀、爱幻想的倾向。根据此番特点，梅登佛姆（Maidenform）胸衣做了一系列梦想系列广告，其中一条广告中，一位身着晚宴盛装，但上身只穿着一件胸衣的女人眉目紧闭似乎在遐想，广告的标题是："我梦想，当我穿上梅登胸衣时，我是大使夫人。"另一条广告则是一个同样身穿梅登佛姆胸罩的女性骄傲地站在了火车头，标题是："我梦想，当我穿上梅登胸衣时，我让他们听命于我。"此外，梅登佛姆公司还提供1万美金，用来为广告征集梦想场景。

动机调查还能帮助广告主了解消费者回避使用一些产品的深层原因。雀巢速溶咖啡方便省事，但是，销售情况却一直不好。原因何在？在做常规调查时，大部分人都回答说是因为口味不好。但是，通过动机调查却发现了另外一个原因。在消费者的潜意识中，煮咖啡是主妇们应该从事的基本工作，他们把速溶咖啡与持家无方、懒惰邋遢的形象联系在一起。于是，广告商及时调整了广告策略，提出"100%纯正的咖啡""您可以自豪地用它来款待客人"等口号。雀巢咖啡成功地打消了主妇们的顾虑，一炮打响，成为咖啡界的知名品牌。茶叶局在推广茶叶方面也遇到了类似的情况，在人们的潜意识中，茶是一个人在痛苦、疲惫或生病时喝的。为了改变这一错误的认知，茶叶局推出了新的系列广告："让我们更加强壮、健硕，充满活力。"

这一时期，心理学的研究成果在商业上进一步得到了运用，厂家们在包装上更多地使用彩色印刷，赋予产品醒目的形象。许多新包装在设计之后总是要通过购买测试才能够摆上货架。第二次世界大战中英国用来训练反空袭炮手时使用的"视线跟踪法"在这一时期开始被广泛运用于探测消费者在看货架之上的商品包装时视线移动的轨迹，从中推断出包装设计是否成功。此外，厂家已意识到色彩搭配会影响消费者的情绪，左右他们的购买决定。于是，他们大量改进包装配色。比如，蓝色和白色搭配，使产品看起来更加现代、更加清爽，在包装中加入暖暖的金黄色，再配上手纺方格桌布，引发人们"祖母家的厨房"的联想，使人倍感亲切。广告还开始强调产品的个性。产品鲜明的个性使产品迅速成为某种象征，成为豪华、时尚等概念的隐喻载体。例如，象牙香皂广告通过对母亲和孩子的描述，使得产品的纯洁概念附加了拟人化含义。大卫·奥格威（David Ogilvy）选用了一位戴眼罩的贵族形象来销售海赛威（Hathway）衬衫，李奥·贝纳（Leo Burnett）为万宝路香烟塑造了一位个性鲜明的男子汉形象。其他产品也开始为那些幻想挤进上流社会的人们制造新的象征含义。

（5）新兴电视媒体的出现

电视在正式成为大众传媒的一员之前，已经存在了数十年。1927年，美国电话电报公司（AT&T）首先向公众推出了电视这种时下的新兴媒体。1939年，纽约国家广播公司（NBC）试验电视台WZXBS首次发射出电视信号，但是，当时只有400台电视能够接收到节目信号。

两年之后，电视制造商们达成了电视技术全行业一致协议，此举大大推动了电视业的发展。1948年起，美国全国已经拥有108家电视台。20世纪50年代，电视在媒体市场上的地位已举足轻重。1952年，电视机已经在1 500万个即占美国家庭总户数34%的美国家庭中普及开来，到了50年代末，这一数字上涨到86%，电视已经成为美国最主要的广告宣传媒介。

随着电视媒体商业化进程的不断推进，电视广告也在40年代应运而生。美国的第一条电视广告是1941年纽约WNBT电视台在棒球节目播出的布洛瓦手表广告。此后，大批由广告主赞助的电视节目纷纷涌现，比如，飞利浦·莫里斯（Philip Morris）烟草公司赞助了50年代收视率最高的电视节目《我爱露西》（I love Lucy）。为了配合广告主的广告播出行为，一些专业的市场调查公司也开始研究如何才能在收视率最高的电视节目中投放电视广告。此外，赞助商也希望借电视节目为自己的产品树立良好的形象，吸引更多的顾客。此时，受受众的需求推动，电视节目也很快丰富起来。新增加的节目花样繁多，有新闻评论、电影、情景喜剧、儿童节目、有奖竞猜等，观众选择的余地大大增多。到1950年，电视广告收入已经达到1亿美元（是上一年收入的4倍）。不久之后，电视广告收入很快超过了广播，赢得了首屈一指的地位。

名人广告是早期电视广告中最常用的一种形式。各种名人纷纷出马，代言广告。如丹尼尔·舒尔（Dinah Shore）为雪弗莱汽车、保罗·柏根（Polly Bergen）为百事可乐、奥兹（Ozzie）和哈瑞特·尼尔森（Harriet Nelson）为可口可乐代言广告。但是，这种热潮并未持续太长时间，消费者产生的审美疲劳成为热潮退去的主要原因。1948年，阿加西（Ajax）洗洁剂首次推出了卡通形象代言人——阿加西·皮克西（Ajax Pixies），此举打破名人代言一统天下的局面。此后，卡通明星形象大受欢迎，并在20世纪50年代末达到顶峰。随着广告业的发展，更富有创造力的广告开始出现。雪弗莱汽车的广告更是凭借着其独特创意，至今流传。例如，一条广告中，一对男女在高速公路上驾车行驶，但是观众却看不到车；另一条广告中，豪华敞篷车呼啸而过，但是，车上却没有司机。另外，孩子也是广告主们急于占领的市场。在尚未对广告进行监管的时候，一些儿童食品广告会刻画孩子们吃了某种谷物早餐之后，便获得了强大的超人力量。在电视节目中，主持人也不失时机地在节目中间推销玩具、糖果和早餐食品。

这个时期中，抽奖竞猜节目很受民众的青睐。1955年，哥伦比亚的《64 000美元有奖竞猜》节目排名收视率榜首。但是到了1958年，该节目被查明存在着严重的舞弊行为，全美国有20个有奖竞猜比赛因此遭到停播，电视业的信誉受到了损害。但是此时此类竞猜节目已经赚足了钱，如格瑞特（Geritol）、露华浓（Revlon）、比瑞斯·梅尔（Bristol- Meyers）等。在竞猜节目遭到起诉的过程中，电视网借机回收了被广告公司控制的厂家赞助娱乐节目的制作权。接着，此前电视广告的最基本形式，即由广告赞助商制作节目并安排广告播出的方式逐渐消失。60年代以后，电视台开始负责制作节目。出现在节目中的广告商被称为"赞助商"，大部分广告以插播广告的形式播出。

（6）"四个创造性哲学"

经过一两百年的积累，20世纪60年代以后，美国广告开始进入了创新的时代，并开始转向科学化的发展道路。来源于艺术、灵感的个性化表达方式被更好地融入广告之中。产品定位、品牌意识、独特营销计划等全新的广告理念在这场科学化的浪潮中独领风骚，将美国广告推向了一个新的高度。在这场重要的转变中，罗瑟·瑞夫斯（Rosser Reeves）、李奥·贝纳（Leo Burnett）、大卫·奥格威（David Ogilvy）和威廉·伯恩巴克（William Bernbach）四位广告大师横空出世，开风气之先，对后世广告业发展产生重要影响，被赞誉为"四个创造性哲学"。

罗瑟·瑞夫斯来自纽约达比斯广告公司。他的思想是硬推销广告思潮的时下延续。他认为广告主要目的是为了赢得大众的关注，而不是取悦他们，因为他们中的一部分人根本不会去购买产品。广告的中心任务是从产品中找到一个独特的主题，并通过简单的重复方式将这个主题推销出去，告诉消费者购买这个产品可以得到的实惠。他的理念归结一点，就是"独特的销售主张"。他在1961年出版的《广告的真相》一书中，对自己的基本原则做出了如下的解释："消费者只从一条广告中记取一件东西、一个强有力的许诺或是一个强有力的观念。"因此，只要对消费者说"购买这件产品，你会得到具体的好处"就行了，广告的卖点必须是竞争对手没有的或者没法复制的。

瑞夫斯常引用科学证据来展示产品差异。在安那神（Anacin）的广告中，瑞夫斯在一个人的脑袋里画了三幅画，来表现头痛的感觉：一个是落下的大锤，一个是卷曲的弹簧，一个是锯齿状的闪电（图5-30），广告口号是："安那神，医生最为推荐的止痛药。"在总督牌香烟的广告中，他这样写道："只有总督牌香烟在每一支过滤嘴中给你两万颗过滤凝汽瓣。当你吸食丰盛的香烟味道时，它就过滤、过滤、再过滤。"而M&M巧克力的"只溶在口，不溶在手"，高露洁牙膏的"请清洁您的牙齿，也清新你的口气"等脍炙人口的广告语，都来源于瑞夫斯之手。

与瑞夫斯相比，李奥·贝纳更加强调广告的艺术性。1935年，他在芝加哥开办了自己的广告公司。贝纳注重产品本身的特质，通过良好的艺术品位和准确的信息表达来吸引人们的眼球。他一直强调广告要表现产品"与生俱来的戏剧性"，他说，他的工作就是辨别"产品本身所具有的能使其在市场上长期生存的东西……要抓住这种东西，无论他是什么，并使它引起人们的注意"。在"绿巨人"豌豆的广告中，他使用颇具浪漫气息的标题"在月光下收割"，并配之戏剧性的文案："无论是白天或夜晚，绿巨人豌豆都在最短的时间内选妥，风味绝佳……从产地到装罐不超过3个小时。"以此来强调豌豆的新鲜（图5-31）。

李奥·贝纳在广告史上做出的壮举还要数他为万宝路香烟创造的万宝路牛仔。过滤嘴香烟传统上是女性香烟，20世纪20年代，万宝路推出了白色香烟，用红色过滤嘴包装以掩饰唇印。但贝纳对这一传统提出了挑战，他在1955年推出的万宝路广告中，引入了骑着马，叼着万宝路香烟的粗犷牛仔形象，这些牛仔，骑着马，赶着牲畜或在篝火旁边休息，成为男性阳刚之气的象征。此后，贝纳又一直使用比如橄榄球运动员、拳击手、划艇赛手、赛车手、潜泳者等一系列在户外运动的男子形象作为广告主角。这些广告在广告史上经久不衰，同时也使得万宝路成为全球销路最好的香烟品牌之一（图5-32）。

有"广告界教父"之称的大卫·奥格威是品牌形象理念的主要倡导者。他十分重视广告调查研究，并且秉承了霍普金斯的"科学证言派"和卢比凯的"社会形象传统"理论。他认为，人们购买某种商品并不是商品本身的原因，而是他们往往习惯将产品与某种独特产品形象联系在一起。因此，他认为广告的关键任务是要为产品建立起一种独具个性的产品形象。他说："给每个广告一种与之相称的风格，创造出最适合于它的个性，这才是最伟大的广告成功奥秘之所在。"1955年，他为海赛威衬衫所做的广告，至今仍让人津津乐道。在这一系列的广告中，身着海赛威衬衫的蒙眼男人以或在绘画或在吹双簧管的不同方式出现。其后四年中，海赛威衬衫广告只刊登在《纽约人》杂志之上。模特高贵倨傲的气质和高品位的杂志使海赛威衬衫对消费者产生了新的吸引力（图5-33）。

　　奥格威所创造的这种品牌形象风格多表现在一些奢侈品上。与普通产品相比，人们更看重奢侈品的品牌形象。其中，最知名的广告是为劳斯莱斯轿车所做的广告。他将劳斯莱斯轿车放置于高贵场景之中，人物均为上流社会的达官显贵，车的身份、地位一览无余。他为劳斯莱斯所做广告词更加令人拍案叫绝："这辆新型劳斯莱斯在时速60英里时，最大的噪声来自车内那个电子钟。"这条广告中，奥格威风格彰显无遗，漂亮的画面、直截了当而不张扬的文案，独特的视觉文字效果突出了品牌的整体形象。

图5-30　瑞夫斯为安那神（Anacin）做的广告。

图5-31　"绿巨人"豌豆广告。

图5-32　李奥·贝纳为万宝路做的香烟广告。

图5-33　大卫·奥格威为海赛威衬衫做的广告。

图5-34 "带您的太太"系列广告。

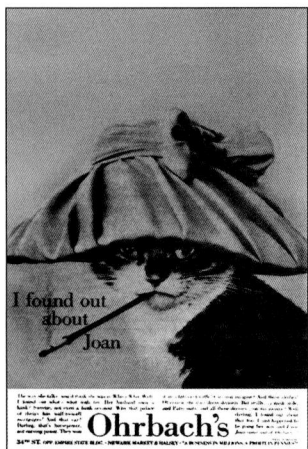

图5-35 "我发现了琼的秘密"广告。

四位广告大师中，威廉·伯恩巴克的广告风格最具有创意色彩和幽默意境。在谈及他的创作理念时，他表示："我认为广告最重要的东西就是要有独创性和新奇性。你知不知道广告有85%是没人看的？……所以我们关注的最重要事情就是要新奇，要有独创性。这样广告才有力量和今日世界上一切惊天动地的新闻事件以及一切暴乱竞争。因为你虽然能够把一切事情都放在广告里面，可是如果没有人听你的，那就白费了。"

伯恩巴克屡次上演变废为宝的好戏，他最擅长将二流身份变成为一种优势，为许多业界排行榜第二的销售、服务和汽车等行业成功地制作了广告。比如，艾维斯（Avis）是一家汽车租赁公司，在业内排名第二，赫茨公司是它不可逾越的对手。艾维斯在广告史中史无前例地声称自己甘居第二："艾维斯在出租车行业中仅排名第二。那为什么还要跟我们一起干呢？答案是因为我们做得更努力……我们无法忍受那么脏的烟灰缸、半空的汽油桶、破旧的雨刷、瘪瘪的轮胎，还有该调整却不能调整的座位调整器、该加热却不能加热的热气机、该除霜却不能除霜的除霜机。"广告一遍又一遍地重复着"当你处于第二位时，你就必须努力，否则的话……我们就会被吞并"这样的句子。伯恩巴克这个别出心裁的点子，使这条广告在一夜之间成为街头巷尾议论的焦点。"我们做得更努力"的广告语也成为人们的口头禅，赢得了人们的好感。此后不到两年时间，艾维斯的市场份额就增加了28%。

伯恩巴克最得意的作品是他为奥尔巴克（Ohrbach's）百货公司制作的广告。接手广告后，伯恩巴克对商场进行了全方位的形象包装，用夸张、幽默的手法为奥尔巴克公司附加上了充满朝气、富有生活气息的特征，彻底地改变了其"廉价服装店"的形象。在其中一条流传至今的广告中，伯恩巴克塑造了一个兴高采烈、腋间夹住一个同样兴奋的女人健步疾走的男人形象（图5-34）。其广告词至今让人津津乐道："慷慨的旧货换新。带您的太太来，只要几块钱…… 我们将给你一位全新的女人。"1958年发布的"我发现了琼的秘密"的广告中，塑造了一个穿着考究、叼着香烟的猫女郎形象。猫女郎告诉人们，她的朋友琼衣着考究的原因，就是到奥尔巴克百货公司购买低价但品位高的时装（图5-35）。伯恩巴克也为奥尔巴克公司创作了朗朗上口的口号："做千百万的生意，赚几分钱的利润。"

在传统意识中，广告的目的就是引起注意并引发兴趣。在广告界的"四个创造性哲学"这里，尽管他们对广告的理解各执一词，但是，他们着眼点却惊人的一致：只有产品才是广告创意的中心。

5.4.2　成熟发展时期的广告（1960—1975）

20世纪60年代，执政的肯尼迪和约翰逊两届民主党总统继承了"新政"传统，在社会经济政策上实行改革。美国经济进一步进入了高度繁荣阶段。约翰逊在任期内将"新政"以来的社会经济改革推进到了新的顶点。为了缓解社会矛盾和发展科技，联邦政府加强了建立福利社会的力度。在"向贫困宣战"和"伟大社会"的旗号之下，美国"福利国家"涉及的范围迅速扩大。在阿波罗登月计划的推动下，美国科技事业在60年代取得了重大突破，对美国社会产生了深远的影响。

但是，不和谐的因素依然存在。由于越南战争的扩大和赤字的长期发展，美国社会通货膨胀日益严重，经济增长速度减缓。60年代末70年代初，还一度出现了"滞胀"危机。与此同时，美国政府机构恶性膨胀，社会不满情绪增长。60年代，黑人民权运动随着马丁·路德·金被刺身亡开始，在70年代进行得如火如荼。同时，反战运动、女性运动、新左派运动、反正统文化运动和工人运动等一系列反传统、反社会的青年运动风起云涌，一场深刻的社会变革势在必行。

信息革命是这场社会变革的另一个推动因素。多种多样的新型媒体，以史无前例的速度进入千家万户。新一代的年轻人是在电视和电影的"摇篮"中长大的，他们已经很少像他们的父辈一样接触书籍、报刊。50年代初，只有10%的美国家庭拥有电视，到了60年代中期，占总户数90%的美国家庭都拥有了电视这一新兴的媒介形式。"信息传递的速度令人难以置信"（罗伯特·罗森布），信息的快速传播对人们生活产生了深远的影响，"文学文化"（literary culture）转变为了"视觉文化"（visual culture）。"许多人不再去阅读，不再花时间参加任何需要思考的高尚文化活动。人们在20世纪末的专注力将非常、非常有限，人们会很快地'移情别恋'，只顾瞬间的满足。"[1]

这个时期，战后"婴儿潮"时期出生的一代已经成长起来。此时，几乎一半的美国人年龄都低于25岁。他们在安定繁荣的环境中长大，多受过良好的教育，头脑灵活，观念开放。市场营销人员发现，年过30就会发现"太老了"。

---

[1] Fox Stephen. *The Mirror Makers: A History of American Advertising & Its Creators* [M]. Illin: Books, 1997: 272.

生活节俭的清教徒思想越来越不被年轻人所接受，取而代之的是对舒适生活的追求。个性解放思想大受欢迎，人们不再生那么多孩子，转而重视自己的生活品质。广告人千方百计地研究他们的消费特征，探索迎合他们的广告风格。

（1）创意至上的潮流

从传统上来讲，广告的目的是引起大众的注意，激发他们的购买欲望。这个时代，老规则和旧手法已经不适应时代的变化，广告人将关注焦点越来越转移到产品之上，设法用独特的广告创意来表现产品一种不可被模仿的特征。传统广告业承受着越来越大的压力，一些新型的、更有创造性的广告公司诞生了。广告业发生了重大变化。

创新革命席卷了传统行规，充满活力的年轻艺术总监和文案撰写人员开始结成团队，携手而战，以前他们却各自为敌。广告公司开始突破陈规，聘用意大利裔、犹太裔、希腊裔等非主流社会成员，才华变成了其中唯一被看重的东西。广告公司上班不再穿西装打领带。传统观念开始改变，如奥美公司统一按照订单收取服务费，而不再是传统的15%佣金。两年之后，以PKL（Papert Koening Lois）为始，众多广告公司开始上市，广告公司开始朝公众公司和大型公司的方向迈进。广告公司在大型化的同时，创意能力也大大提高。如DDB突破了传统比较类广告的禁忌，将大众汽车的诉求精练为："想想小的好处"，以一种东方的空灵文化特质和表达，成为红极一时的广告新星（图5-36）。

这个时期，一些老牌广告公司，如麦肯、智威汤逊、BBDO、杨·卢比凯，仍然继续保持领先地位，但是，在业界领军者中，也出现了李奥·贝纳、奥美、DDB等后起之秀。他们将关注焦点集中到广告制作本身，认为销售量倚重的不是市场调查、媒介分析或其他广告公司提供的服务。广告主也开始把业务从一些老牌广告公司转移到有创意的小广告公司。企业投入大笔资金聘请市场方面的专家，建立起包装研究实验室。小公司中也涌现出如乔治·路易斯（George Lois）、朱丽安·柯恩（Julian Koening）、玛丽·威尔斯（Mary Wells）、卡尔·艾利（Carl Ally）、杰瑞·戴拉·费米纳（Jerry Della Femina）和霍华德·乔斯（Howard

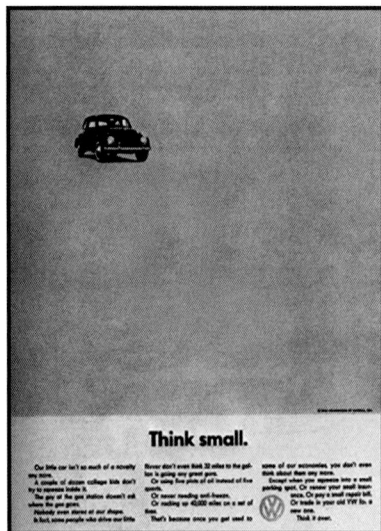

图5-36　DDB为大众汽车所作的"想想小的好处"广告。

Gossage）等杰出的新生代广告人。

1960年，乔治·路易斯和朱丽安·柯恩成立了PKL广告公司。路易斯在DDB工作的第一年中，在艺术领域已获得三项卓越大奖。他阐述了自己的广告哲学："广告是打破成规的艺术，而非建立定律的科学。"认为广告就是一项纯艺术的玩意儿："我常说，假如广告是一门科学，那我就是女人。科学和科技很明显会影响和塑造广告，但广告也应该是一门艺术，完全源自直觉、本能尤其是天分。""广告没有规则，是一种令人害怕的状况，它使得许多广告人绞尽脑汁，以寻求一种最安全的做法……每一次面对新的问题和挑战，广告人应该以全新的角度和开放的心胸为出发点，而不是紧张的借用别人泛泛的点子……依靠趋势职能成为劣等作品。"[1]

路易斯为施乐（Xerox）复印机所做的广告虽饱受争议，但却是这时期的经典。广告着重强调了复印机操作简便性，他以黑猩猩为模特，黑猩猩摇摇摆摆走到复印机前，把信放在机器的玻璃表面上，摁下了按钮。它抓起复印机吐出的复印件去父亲那儿求赏。父亲用夸张的声音问："哪一张才是原稿？"黑猩猩挠挠头，发出咕噜咕噜的声音。电视广告播出后，施乐公司收到一位女秘书一封气愤的信，希望公司不要再继续播出这条广告。原因是广告播出的第二天，当她要去复印文件时，竟发现机器上放着一根香蕉。虽有争议，但这条广告在仅仅播出六个月后，就使得施乐成为全美的知名品牌。

这场广告的创新革命风暴在60年代走向巅峰之后，便很快沉寂下去，走向低谷。1965年，美国推行高速路美化法案，明文规定任何利用联邦资金修建的高速路周围600英尺之内不得树立任何广告牌，户外广告的黄金时期（1920—1965）就此结束。另外，70年代，由于物价上涨，经济萧条，艺术气息浓厚的广告创意不得不让位于"硬销售"诉求的促销广告。1970年，电视广告也不再以分钟，而是以秒来计算，30秒的商业广告取代了过去1分钟或2分钟的广告。到了70年代末，那些灵活的小型"点子"公司开始停滞不前，面临既要扩大规模继续发展，又需要保持"创意火花"长盛不衰的困境，其中绝大部分公司后来都销声匿迹了。

（2）媒介细分化浪潮

20世纪60年代，美国媒介呈现出多元化发展的态势。新兴的电视媒体出现，搅乱了整个媒介的布局，以往的媒介开始出现细分化苗头。60年代末，美国杂志界的格局发生了重大变化，电视把大批读者从印刷媒介上拉走，尽管一些大型杂志在流通发行上投入了百万资金，但是广告收入仍然无法保证发行与

---

[1] 乔治·路易斯. 蔚蓝诡计: 颠覆市场的广告创意智库［M］. 刘家驯, 译. 海口: 海南出版社, 1996: 23.

维持运转的费用。出版商也曾试图降低定价来吸引读者，并且也希望借此使广告费保持在一定的水平之上。但是，却找不到什么措施来达到预期的效果，数十家杂志社倒闭。其中包括1957年创刊的《科利尔》（Colliers）和《妇女之友》（Women's Home Comapanion），1969年的《周六晚邮报》（Saturday Evening Post），1971年的《瞭望》（Look）以及1972年的《生活》（Life）。为了挺过这一难关，一系列针对细分化特定群体的专业杂志纷纷创办，从而引发了一场媒体的细分化浪潮。《航海世界》（Sailing World，1962）、《运动员世界》（Runner's World，1966）、《体重观察》（Weight Watchers，1968）和《滚石》（Rolling Stone，1967）等专业性杂志应运而生。广告客户通过这些杂志有效地到达一些特殊年龄和特殊爱好的目标消费者。这样，杂志巨人倒下之后，杂志的读者群走向小众和细分。尽管规模不大，但是杂志业仍旧繁荣如昔。

（3）广告中的社会问题

20世纪60年代的美国，社会变革风起云涌，深刻影响了民众的道德观念和价值观念。广告真实地反映了这一变革。"在权力的顶峰时期——20世纪20年代，广告在塑造美国的文化和道德方面就已经是一支重要而独立的力量"（史蒂芬·福克斯）。从此以后，"广告就越来越像一面镜子，不仅塑造而且全面反映美国的文化"①。社会变革中，广告逐渐表现出一种新的社会意识，其中，少数民族问题和女权主义尤为突出。

①广告中的少数民族问题

美国作为移民大国，种族歧视和民族问题一直是其难以治愈的顽疾。非洲裔黑人、土著印第安人、墨西哥裔、西班牙裔、拉美裔、亚裔等族群一直处在被歧视的地位。之前的平面媒体和电视广告中，黑人和其他少数民族裔的形象几乎看不到，或者成为调侃对象。海洛德·卡萨杰恩（Harold Kassarjian）对1946年至1965年的杂志广告做了一项研究，发现黑人在广告中出现的频次不超过1%；纽约人权委员会对1966年至1967年的广播电视广告进行了调查，发现黑人的出现率只有4%。杨·卢比凯公司1959年的获奖作品"中国宝宝"中，一个有中国口音的旁白对一个不能用筷子夹起果冻的孩子说："不过，啊哈！妈妈给你带来了伟大的西方发明，勺子！发明勺子就是为了让宝宝吃到杰利奥（Jell O）果冻，中国宝宝太幸福了。"中国人被描绘成头脑简单的形象。另

---

① Fox Stephen. *The Mirror Makers: A History of American Advertising & Its Creators* [M]. Illin: Books, 1997: 272.

一条博达大桥公司的广告中，一个得意扬扬、笑容满面的墨西哥人总是荷枪实弹出现在超市，寻觅自己的美味快餐，像是在恐吓抢劫。

60年代以来，随着民权运动的高涨，少数民族问题日益受到了人们的关注。许多广告公司开始平等地招募、对待其他族群的雇员。据数据显示，1966年，在被调查的64家纽约广告公司中，黑人雇员仅占2.5%，1969年，对纽约最大的15家广告公司所做调查显示，这个比例已经超过了10%。与此同时，在少数民族族群的民权运动冲击之下，他们要求改变原有模式化的广告形象。DDB给莱文（Levy's）面包所做的广告成为当时的典范，该系列广告使用了非洲裔美国人、亚裔美国人、美国土著居民等多个种族来表达广告主题。此后，在一条洗涤剂广告中出现了这样的场景：阿特·林克莱特（Art Linkletter）与一位黑人主妇谈论洗衣服时所遇到的问题。1968年，联邦平等雇用机会委员会（Equal Employment Opportunity Commisiom）举行了听证会，调查广告中少数民族族裔出现的情况。此时，有些广告主为了争取黑人消费者，开始在以黑人读者为主的杂志广告中使用黑人做模特。广告不再模式化地把黑人刻画成社会地位低下的人，而是让他们出现在常规职业中。本大叔的厨师形象消失了，杰米娜的"胖妈咪"也扔掉了绑在头上的手帕，戴上了珍珠耳环。同时，黑人名人也开始充当各种产品的代言人。

广告公司中，黑人雇员比例逐步增加，一些黑人广告公司开始成立。到70年代，大概已有12家专门面向黑人群体的广告公司。但是，黑人的民权运动阻力依然很大，非裔美国人的广告很难得到客户的支持。比如1968年，克莱斯勒（Chrysler）公司就公开对自己赞助的广告片"潘多拉"（Pentula）表示了不满。因为，在广告片中，潘多拉·克拉克挽着嘉宾——黑人歌手哈里·贝拉福（Harry Belafonte）的胳膊，克莱斯勒公司认为两个人在镜头前不该太亲近。

②广告中的女性问题

女权运动在20世纪60年代风起云涌。1966年，全国妇女组织（National Organization for Women）成立，他们宣称要打破妇女的传统习俗，为妇女争取政治和经济上的平等权利。女权主义运动在各行各业广泛兴起。女性代表着一种新的形象，他们再也不是男人的附属物，他们受过良好的教育，社会意识和政治意识更加强烈。尽管多数女性从事的职业还是护士、教师、秘书等传统女性职业，到60年代，女性飞行员、女性消防员、女性建筑工人纷纷出现，更多女性进入工程师、医生、律师、金融等专业技术领域。越来越多的女性加入了广告业。李奥·贝纳、DDB公司、奥美和本顿·鲍尔斯公司旗下已有很多女性文案人员。

日益高涨的女权运动对当时广告发展产生了重大影响。女性们不满被男人们塑造为训练有素的家庭主妇、妖冶风韵的摩登女郎、自怨自艾的小妇人等形象。他们通过各种途径和方式强烈抨击把女性作为性对象的偏见。他们号召扔掉迷你裙、紧身衣等男人强加给她们的枷锁。但多数广告仍然延续使用模式化的女性形象，广告主认为这样才能打动女性消费者。现实情况与广告幻想之间的鸿沟越来越深。广告中的女性，头发都是刚刚洗过，皮肤都是光滑细嫩，都在甜美地微笑着；结婚后，则身穿长袍，不停地唠叨着、赞美着冰箱和洗衣机的优点，仿佛家务总是女人的事情。

　　这种现象遭到了女权主义者不屈不挠的抗议。女权主义运动的倡导者葛洛尼亚·斯蒂南（Gloria Steinem）指出，"广告是一种非常重要的教育形式"，"据估计，我们的亚文化中的40%来自广告"。女权组织直接向广告公司提出了抗议，并为那些制作了公正反映女性生活的广告公司和广告主颁奖，给那些损害女性形象的广告公司送去"塑料猪"等表示侮辱。同时，关于广告中女性形象问题的研究论文相继发表，对广告中的各类女性形象进行深入分析，认为"广告常常表现男人是一家之长，把女人描写为隶属于男人的附庸。这种关系在视觉上表现为女性'采用跪拜的姿势，在身体上降低自己'"[1]。广告中出现的女性，不是在擦地板就是擦浴盆，说明他们的地位是次要和从属的。女权主义者们的行为很快奏效。20世纪70年代，广告行业开始关注女性问题。有些广告商们把可能引起争议的问题列成单子，在广告制作时加以参照。70年代中期，女强人形象开始在广告中出现，妇女开始以商人的形象出现在电视广告中。

　　③电视广告对儿童的影响

　　这一时期，电视广告对儿童的影响也引起了社会的广泛关注。20世纪70年代初，广告主每年大约花40亿美元在儿童节目上做广告。在1977年一年，平均每个孩子可以看到2万条广告。但是，从心理学角度上来讲，孩子们还不具备对铺天盖地的电视广告信息"去伪存真"的能力，他们甚至分辨不出广告中出现的小精灵、女巫以及其他吸引他们注意的卡通人物是真是假。1965年1月，一个早间儿童节目中，主持人索菲建议小观众从正在睡觉的爸爸身上取下钱包，然后把那些花花绿绿的钞票放到信封中，寄到纽约WNEW的老朋友索菲那里。结果，真的奏效了，儿童纷纷效仿。据报道说，这是"继布里克抢劫案最大的一次抢劫"。

　　面对这一问题，1972年，联邦贸易委员会（FTC）颁布了新规定，不允许

---

① Erving Goffman. *Gender Advertisements* [M]. New York : Harper & Row, 1976: 32.

对儿童播放"蒙蔽性的"和隐蔽的广告。五年之后，商业促进局建立了儿童审查部门，规定了广告播出的一些相关条例，比如，减少星期六早晨商业广告的数量，禁止主持人或明星使用混淆广告和节目的方法推销商品，不得夸大玩具的相关功能，不得鼓励孩子们"某种玩具将会带来某种特殊技能"的非理性理念，不得怂恿孩子指定父母购买某产品等。

随着公众对广告的批评和不信任感日益加剧，广告业内部也进行了更加严格的行业自律。1971年，美国国家广告监督局成立，旨在监督不良广告和打击虚假广告。这个时期，美国广告业内部已经形成了一个较为完善的由行业组织、政府部门等相关机构组成的监管体系。

5.4.3　兴盛繁荣时期的广告（1975—1990）

20世纪70年代中期，美国经济出现了大滑坡的迹象。严重的经济衰退和双倍的通货膨胀拖累了经济的发展。为了解决这一问题，里根政府推出了"里根经济策略"，通过削减政府预算，实施污染控制，降低个人所得税，鼓励投资，加强军队建设等社会改革，使经济状况得以全面回升，同时也使企业利润从上层社会流向下层阶层，社会矛盾得以缓和，整个经济重新出现飞速发展的势头。

这个时期，科学技术的进步开始推动美国进入"信息时代"。美国在医药、计算机及自动化等许多领域都取得了长足的进展，高科技成果屡见不鲜。科技领域的进步，尤其是高科技自动化的长足进步，极大地推动了生产力的发展。硅芯片微处理器的诞生，使计算机体积变得越来越小，功能越来越健全，售价越来越低廉。人们拥有家庭计算机不再是梦想，计算机、移动电话和传真机使得大范围的信息处理成为现实。广告公司开始应用计算机进行管理、设计和制作。计算机代替了过去的手工绘画和制作方法，艺术总监只需要看下设计提案的大致轮廓就可用电脑制作出模型或色彩鲜明的样图。客户们可以事先了解制作出来的广告情况。字形、字体可以随意更改，颜色也可根据客户的意见进行调整，一切只需点一点鼠标就可以实现。一旦客户同意制作，图像信号马上可以存入软盘或者输送到打印机上，计算机同时完成电子排版和分色。

20世纪70年代和80年代，大量亚洲和西班牙移民涌入美国，填补了新兴的服装业、零售业、轻工业以及神职工作的空缺。在1983年到1992年间，美国经历了历史上最大的一次移民浪潮，约有870万移民来到了这个国家定居（另外还有500万偷渡者不在统计之内）。西欧和亚洲企业生产出来的家用电器、汽车以及机械工具凭借着其低成本、低价格的有力竞争优势打入了美国市场。美国企业为了转移成本，不得不将工厂由消费较高的"锈色地带"转移到地处

"阳光地带"的各州，其范围从弗吉尼亚向南延伸至佛罗里达，向西到加利福尼亚。另一些企业则将自己的生产基地迁往国外，如拉美和东南亚等国。服装、电子、钢铁和印刷等行业则每况愈下。

20世纪80年代，美国经济开始出现新一轮的腾飞。对银行和股票市场的投资掀起了新的一轮投资热潮，投资热潮造就了许多年轻的银行家、律师、证券经纪人等高薪阶层。据统计数据，1984年，全美个人收入23%属于25～35岁的年轻人。这些在"婴儿潮"中出生的年轻人已经在美国社会中脱颖而出，这些人具有年轻化、城市化、专业化的特点，这种现象被称为"雅皮现象"。追求时尚的"雅皮士"们，给城市注入了新的活力。在城市发展的过程中，富丽堂皇的美食店、美轮美奂的酒店等商店应运而生，替代了古旧尘俗的商业形式。1986年，精信（Grey）广告公司将这群特殊的社会族群称为"超级消费者"，这些年轻的中产阶级对产品的购买欲望无穷无尽。

（1）产品定位

20世纪70年代，美国经济开始出现萧条，工业生产成本呈现出迅猛上涨的态势。人们收入虽然较之过去有所上涨，但是与严重的通货膨胀相抵，人们不得不开始紧缩开支，削减开销。为了熬过这场经济危机，许多机构开始裁减职员。据调查数据，1976年，当时一个雇员的工资是六年前的6倍。一些大型广告公司如智威汤逊、杨·卢比凯和麦肯尚能维持，但多数广告公司都不得不面临着亏损甚至倒闭的命运。70年代末，那些小型的点子公司虽已变得规模庞大，但仍然停滞不前。纽约的广告人杰瑞·戴拉·弗米纳在当时谈及广告发展趋势时，曾悲观地表示："广告已经索然无味，所有的方法都已尝试过了。通常是一些小城市而不是大市场缩减广告费。"广告业迎来了继20年代大衰退以来的"第二冬"。在这种严峻的形势之下，广告公司更加小心翼翼地对待客户。从50年代末期兴起的那种重视创意、灵感的艺术性广告风格已经不再受欢迎。他们在确定广告方案之时，更加看重销售量数据的增长。许多广告公司开始雇佣懂得定价策略、铺货和包装的工商管理硕士。他们在广告的创作过程中，坚持做大量的市场调查，用以分析消费者的购买行为。这时，常有的方法有动机调查、脑波测试、排汗率和瞳孔扩张测试等。

此外，随着信息时代的到来，消费者开始生活在信息过程甚至信息爆炸的环境中。

在那个时代，美国已经有98%的家庭拥有一台电视机，三分之一的家庭拥有两台甚至更多。在拥有电视机的家庭中，96%能收到4个以上的电视网节目，三分之一能够收到10个以上。美国家庭平均每天看7小时22分钟的电视，相当于每周51小时之上。大量琳琅满目的信息纷至沓来，创意再也不是"治病良药"。这时一种类似19世纪硬销售风格的"定位"哲学开始流行开来。

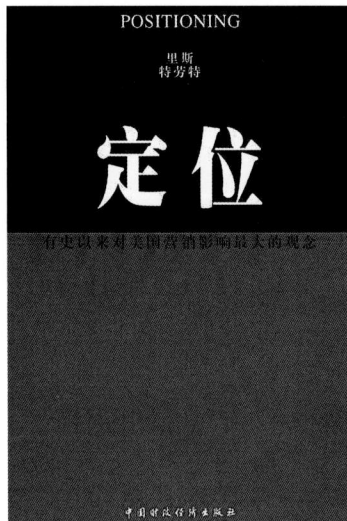

图5-37　《定位》中文版书影。

"定位"一词源自1972年，阿尔·里斯（Al Ries）和杰克·特劳特（Jack Trout）为《广告时代》（*Advertising Age*）撰写的系列文章（后编辑成书）。他们称："现在创意已死，麦迪逊大街的新名词是'定位'""我们的社会已经变成一个传播过度的社会。如今在美国，每年的广告消费大约为人均200美元。……在这个传播过度的丛林里，获得大成功的唯一希望是要有选择性，缩小目标，分门别类。简言之，就是'定位'"（图5-37）。

推崇定位法的广告人认为，所谓艺术广告会分散消费者的注意力，现实主义广告是最佳广告策略。广告应该以消费者为中心，广告的目标是使产品在消费者头脑中占有一席之地，而这种占位不一定非得是产品具体功能差异所致，而是通过差异性的传播策略让其在消费者心里占据一个位置。在履行传播策略中，要使品牌成为"第一说法，第一事件，第一位置"，只有创造第一，才能在消费者心中造成先入为主的印象。定位一旦确定，就要始终如一，数十年如一日。营销学专家菲利普·科特勒（Philip Kotler）对定位法的提出做出了如下评价："营销并非是一门静止的科学，相反，它变化着存在。定位就是最有革命性变化之一。正因为有了定位，营销界才成为一个生动、有趣，令人兴奋和吸引人的竞技场。"[①]

定位法最典型的成功案例是"七喜"饮料。"七喜"于1929年问世，最早称为"比拉莉柠檬酸苏打水"，早期以"解酒饮料"为广告诉求点。20世纪60年代，"七喜"力图转变诉求，完成从"近似药品的特殊功能和鸡尾酒混合饮料"向"真正的软饮料"的转换。1968年，广告公司将"七喜"重新定位为"非可乐饮料"，作为一种可以替代可乐的软饮料推出，这一做法取得了极大的成功。1968年启动"非可乐"宣传之后，七喜的年净销售额从8 870万元增

---

① 阿尔·里斯, 杰克·特劳特. 定位［M］. 王恩冕, 余少蔚, 译. 北京: 中国财政经济出版社, 2003: 6.

加到了1.9亿美元以上。

（2）可乐之战

一直以来，广告都是尽量避免提及竞争品牌的优缺点，广告公司和广告主都拒绝直接"指名道姓"的比较广告。1981年，美国政府认定比较广告的合法性。联邦贸易委员会也作出声明，认为比较广告可以间接促进产品质量，降低产品价格，但是广告制作必须遵守真实、科学、合理的原则。自此，比较广告数量便逐渐多了起来。广告界普遍认为，比较广告通过建立对比关系形成差异，也是一种有效的产品定位方法，至少在短期内是件有效的战略武器。其中，70年代开始的可口可乐和百事可乐的市场份额之战，充分体现了对比定位的市场营销观念，引人注目。

可口可乐和百事可乐是软饮料市场上的绝代双娇，两者都把口味作为自己企业宣传的重点。但是，对于同样是二氧化碳、水、糖以及柠檬酸为主要成分的碳酸饮料，这一诉求发挥余地十分有限。可口可乐公司曾将自己的产品与阳光、活力联系起来，提出了"可口可乐给你一个真实的世界"的口号。百事可乐公司则瞄准了年轻一代的市场，标榜自己是"百事一代"，迎合"婴儿潮"的新思想和生活观念。由于起步较早，在两家公司的竞争中，可口可乐一直占据上风。

为了压倒可口可乐，百事可乐在1975年展开了一系列冒险性的广告策略。他们邀请消费者对可口可乐和百事可乐进行盲测，比较哪一个口味更好，结果表明，大多数测试对象喜爱百事可乐。百事可乐找到了击败可口可乐的有力武器，以"喝百事可乐的人远远超过喝可口可乐的人""人们一次又一次地选择了百事可乐"之类为标题的广告铺天盖地席卷美国（图5-38）。面对百事可乐的广告攻势，可口可乐反击相当巧妙。1983年，可口可乐邀请著名喜剧作家比尔·柯斯对百事可乐进行调侃和讽刺。广告中，柯斯拿着望远镜，不屑地说道："我在寻找那些从不被百事可乐搬上电视的喝可口可乐的人。"百事可乐的广告攻势自此土崩瓦解，销声匿迹。除了反

图5-38 百事可乐早期广告。

击百事可乐攻势之外，可口可乐公司还制作了大量的广告来宣传品牌形象。其中，最著名的是1979年麦肯广告公司为其所做的《匹兹堡男孩》系列广告。广告中，匹兹堡杰出的棒球队员米·乔·格林（Mean Joe Greene）用自己的针织毛衣和球迷交换了一杯可口可乐，然后以一个漂亮的投球动作收场。随后，他出现在大量可口可乐的广告中，担当其代言人。1982年，可口可乐公司还在这条广告的基础之上，拍摄了一部名为《铁人和匹兹堡男孩》的电影。

1985年，可口可乐公司作出前所未有的大胆决定，试图改变自己流行半世纪之久的配方，使其口味变得更加香甜。这一举措引起了消费者的强烈不满，投诉电话一天达1 500多次，他们态度强烈："只要原来的可乐。"三个月后，可口可乐公司不得不恢复最初的配方，公司总裁唐纳·科夫（Donald Keough）也专门在电视上向消费者致歉。恢复配方之后的可乐被取了新名字——"经典的可口可乐"，试图挽回可口可乐形象上的损失。这次致命的决策失误，给百事可乐的进攻带来了可乘之机。百事可乐当仁不让地对其进行铺天盖地的嘲讽。其中一条标题更是落井下石地说道："旧可乐？新可乐？旧的新可乐？永远不变的是百事可乐。新一代的选择！"在可口可乐自身整顿之际，百事可乐随即找到了当下明星迈克·杰克逊（Michael Jackson）、莱昂内尔·里奇（Lionel Ritchie）和麦当娜（Madonna）做他们的形象代言人。两家可乐大量对比广告、调侃广告层出不穷，更加针锋相对，妙趣横生。

（3）活动赞助

20世纪80年代开始，企业赞助作为一种大的商业运作模式，一直持续发展到今日。美国民众对运动、旅游、节日以及艺术等活动的热情，为商业广告进入提供了绝佳机会。活动赞助不仅能够增强人们对企业的好感，还能为企业提供宣传自己形象的机会。最初，由于当时体育相关组织和协会无法通过数据来证明体育赞助的价值，许多企业不清楚自己能够在赞助中得到什么回报，不了解赞助的意义所在，所以体育活动相关赞助行为发展缓慢。直到20世纪70年代，大多数企业还是以赞助慈善事业为主。80年代，越来越多的企业开始注意到企业形象和产品销售之间密不可分的关系，开始增加在企业形象方面的投入。在诸多体育比赛赞助商中，米勒酿酒公司（Miller Brewing Company）最为活跃。因为通过相关调查显示，体育迷多为啤酒消费者，所以，米勒公司加大了对体育比赛的赞助，以期更能贴近啤酒消费群体，树立企业形象，增加品牌的知名度。1950年以来，米勒公司已经赞助过篮球、橄榄球和汽车越野等多项赛事。80年代，米勒公司大力赞助刚刚兴起的沙滩排球项目，使得这一运动迅速由区域性发展为全国性的运动。目前，米勒公司还在赞助冰球、足球、高尔夫球、网球以及其他一些体育比赛项目。

图5-39　1988年查理香水广告。

众多体育活动之中，汽车越野赛对赞助商的回报率最高。据相关调查，车迷似乎更加忠实于赞助商。车手在赛服、赛鞋、头盔还有比赛用车的装饰上面的选择，都明显影响到了现场观众和电视观众的购物决策。汽车、汽油或轮胎公司大量在车手上所做的广告，对消费者的购买决策产生了深远的影响。同时，烟草公司由于被禁止在电视上播出广告，也将目光投向了体育赛事。万宝路拉力赛就是成功的案例之一。体育赞助的形式一般包括赛事冠名、赛场广告以及通过赞助某项运动，取得在相关饮料、食品包装以及运动员服装上标明品牌名称或企业标识的"特权"等。体育赞助从某种角度来讲，对现场观众也大有裨益，他们能够以低廉的票价观看喜爱的体育节目。

（4）性感诉求

20世纪80年代，随着职业女性人数的增加以及女权运动的深入进行，广告开始展现独立、健康的女性形象。性诉求不再"犹抱琵琶半遮面"，两性话题更多地出现在广告之中。1988年，露华浓在推广查理（Charlie）香水广告时，塑造了一位信心十足、独立自主的新女性形象。这条广告中，手提公文包的女主角和男友并肩而行，而她的手则不经意地轻轻放在了男友的臀部（图5-39）。强尼·沃克（Johnnie Walker）广告则表现了两个身着比基尼慢跑的女士，标题为"他爱的是我的思想，喝的是强尼·沃克"。广告通过表示一种生活体验，去引导人们幻想这项产品可能带来的美妙感觉。

在采用性诉求的广告中，香水广告居于首位。迪奥的迷幻（Obsession）香水系列广告以性爱幻想为诉求，广告播出的当月，就使一款原来毫无名气的香水跃居市场销售量第一（图5-40）。在花了1 700万美元用于推广迷幻香水之后，迪奥公司一年之内就赚到了4 000万美元利润。其中一条广告，蓝色游泳池

图5-40　迪奥Obsession香水系列广告。

边，一位女郎脱掉长袍坐下来。当她躺下之时，一位神秘的男人突然从幻境中现身，女郎迎了上去。与此同时，画外音现出："我是蓝天和金色阳光做成的，我将永远拥有这份感觉。"这种大胆尝试的性暗示手法，在其他香水广告中也频频出现。1981年，奥美公司为帕克·瑞本（Paco Rubanan）所做的广告，通篇不沾性感，但却每字性感。广告中，女友早起匆忙上班，留下男人一人躺在床上。此时，电话响起，男人从睡梦中醒来，满含倦意。"你打喷嚏了。"传来一位女子的声音，"因为你把被子抢走了。"他玩笑似的回答。整个广告中，女友始终没有出现。广告播出之后，帕克·瑞本的销售额上涨了25%。该广告被评为当年的最佳杂志广告。

尽管引发争议，但是此时，以青少年为诉求对象的性诉求广告也广泛流行开来。1981年，卡文·克莱（Calvin Klein）的牛仔裤广告引发了一场关于广告中的性问题争论。广告中，年轻的波姬·小斯（Brooke Shields）以挑逗的口吻说："你知道我和我的卡文之间有什么吗？什么也没有。"为此，纽约的三家电视台拒绝播放这条广告（图5-41）。在乔达奇（Jordache）的牛仔裤广告中，一个未穿上衣的年轻女孩斜跨在同样未穿上衣的男孩背上。此广告引起了很多民众的反感和抵制（图5-42）。可是，不久之后，他们却花大价钱去购买这种充盈着性感和时髦的乔达奇牛仔裤。但有些性感广告走向极端，也引发了不小风波。如1981年，芝加哥的邦乔（Bon Jour）广告画面上，女模特穿着牛仔裤但是没有拉上拉链，老远都能够看到她没有穿内裤。当地居民怨声载道，交通管理局不得不撤掉了几百个公共汽车广告牌。

图5-41　卡文·克莱的牛仔裤广告。

图5-42　乔达奇的牛仔裤广告。

6 日本广告发展概况

日本的现代广告业高度发达，其规模仅次于美国居于世界第二位。但是，在古代传统社会中，由于商业发展缓慢，日本的广告业发展却相对滞后。明治维新之前，日本的商业活动类似于其他前工业社会国家，通常也分为"行商坐贾"两种方式：一种是在市场上固定的店铺兜售商品，另一种则是走街串巷地吆喝。行商们通过敲打乐器和扬声叫卖来出售商品。例如，日本歌舞伎剧《卖艾草》："艾草，艾草，正法艾草。一个接一个，一定要买呀。弓矢八幡大菩萨。呵呵，给您行礼了。"坐贾们则通过招牌和暖帘来招募生意。16世纪之后，这类广告大量出现。

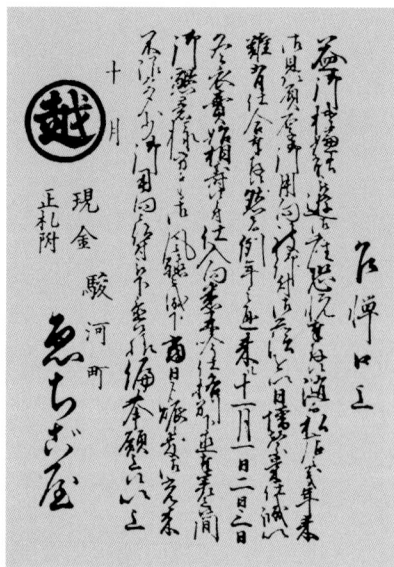

图6-1 19世纪初的日本宣传海报。

江户时代，商人们热衷于用传单作为广告传播工具。这种被称为"口头书""报贴"和"天红"的广告形式，传播范围广，传播速度快，在当时红极一时，深受欢迎。早期广告撰稿人也应运而生，平贺源内、山东京传等文学家都曾涉足传单广告的文案写作。由于受经济和社会发展水平的制约，传统广告在日本还无法实现对自身的突破，但是，却为现代广告在日本的发展奠定了基础（图6-1）。

6.1 日本广告的"黄金时代"Ⅰ（明治维新 — 第二次世界大战）

扫描二维码，了解更多案例（图片）。

1868年，在内外交困之下，为了振兴国家，摆脱困境，明治天皇颁布了一系列变法条例，如开展邮政事业、建立国家银行、进行地税改革、修建铁路等，还推行维新变法，史称"明治维新"。交通、邮政、货币、商品的生产和流通实现了自由化，国内市场逐渐形成，日本由此进入了近代化社会。借助维新契机，日本广告迎来了划时代的发展机遇，日本现代广告在新的社会和经济土壤中萌芽并成长起来，日本广告进入了现代广告的发展阶段。从"明治维新"到第二次世界大战，是日本广告发展的第一个"黄金时期"，各种新兴广告传播形式如雨后春笋般涌现。

6.1.1　现代广告萌芽时期（明治维新—甲午战争）

（1）报刊广告的萌芽

现代报纸事业的发展对日本现代广告影响深远。早在明治维新之前，在横滨、长崎等外国人聚居的港口，日本近代报纸开始出现。1861年，日本最早的英文报纸《长崎航运和广告商》在长崎创刊。1863年，在另一份外文报纸《日本贸易新闻》上，刊登了日本最早的商业广告。此后，一大批日文报纸也相继创刊。1867年，英国人所办的《万国新闻报》，是日本最早报道国内新闻，并插入广告的日文报纸。从此，报纸逐渐成为最主要的广告媒体。明治初期，随着教育的普及，识字的人越来越多，印刷机的传入使印刷报纸更加容易，全国性的邮政系统的建立使报纸发行更加便捷，报纸的读者越来越多。

1871年，《横滨每日新闻》（后发展为《每日新闻》）在日本创刊，它是日本最早的近代日报。此后，1872年，《东京日日新闻》（后被《每日新闻》合并）、《日新真事志》创刊。1873年《邮便报知新闻》，1874年《读卖新闻》，1879年《朝日新闻》，1882年《时事新报》以及1888年《大阪日报》等日本主要媒体相继创刊。福泽谕吉创办的《时事新报》，首开廉价报纸之先河。从此，各种廉价报纸进入大街小巷，成为百姓的必读之物。报纸逐渐成长为第一大广告媒体，这些报纸在早期主要以登载书籍广告和药商广告为主。1878年，福泽谕吉在《民间杂志》上发表《卖药论》，批判当时普遍流行的广告："看看各报纸上的广告，可以发现卖药广告最多，越是这种广告，文案越是特别，或是加上图，或是配上画，不管怎样就是要吸引人们的注意。如果深入了解报社的内幕，就会知道是报社收了药商的钱登出的广告。原也是无妨的事，但是如前所述，日本的报纸对下层社会有着非常重要的影响，因此下层人民很可能不问所卖药品的好坏，只是相信报纸，认为报纸上登的药就肯定没错，从而心怀感激地服用这种药。如果是这样，报纸岂不是成了药商的'托儿'了吗？"

（2）其他形式的广告

除报纸广告之外，其他形式的广告在此时也蓬勃发展开来，日本广告呈现出一派丰富多彩的繁荣景象。明治维新初期，马车是市内交通的主要工具之一，也是当时流行的广告媒体，许多马车车厢内外都悬挂着广告招摇过市。后来，一些大城市出现了电车，电车车厢广告随即出现。与马车车厢广告相比，电车车厢的广告面积更大，也更加醒目。除了交通广告之外，形形色色的电杆广告也是此时城市中的一道亮丽风景。电杆上部灯光明亮，通常是旅馆和餐馆的广告招牌。电杆下部，灯光较暗，一般只简单地书写店名或者商店名称。据统计，当时的东京，仅仁丹电杆广告就有4 000个左右。

此时，石版印刷术被引进，印刷术较之以往有了重大进步，海报迅速代替传单成为主要广告媒体。此类广告中，最光彩夺目的是大型彩色海报。其凭借着艳丽的色彩、精美的造型在当时社会上引发了一定的轰动效应。其中，三越百货公司的美人海报是这种广告形式的代表作。在东京劝业博览会上，这张海报"到东京没有不看博览会的，看博览会没有不看三越"的口号，使三越百货公司一炮走红。此后，三越百货公司还制作了其他形式的美人海报。受其影响，白木屋、松坂屋也相继印刷美人海报，一时间，美人海报铺天盖地，成为当时最受人们关注的广告形式。

除这些广告形式之外，其他广告形式也层出不穷。幕府末期，江户的药店老板为了吸引顾客假扮小丑，在腰上系上天鹅绒长巾，头上系红色头巾，穿梭在大街小巷，推销商品。1870 年，"明治屋"雇用数十名彪形大汉，身穿啤酒瓶图形服装，脚踩鼓点，载歌载舞，轰动一时。这种广告形式被称为"锵咚屋"，也称"东西屋""广目屋"，主要通过肢体语言来做广告，弥补了报纸等印刷媒体的不足。

（3）早期的广告代理

19 世纪末，由于印刷技术的进步，套色印刷的报刊广告如雨后春笋般出现，报纸广告变得更加精美，促进了报纸广告事业的繁荣。这个时期，报纸广告收入不断增加，各大报社之间的业务竞争更加激烈。广告主、广告经营者和职业广告人开始出现，现代广告代理制度基本形成。1880 年，日本第一家现代专业广告代理公司——空气堂组在东京成立，揭开了日本现代广告的新篇章。此后，大批广告公司蜂拥而出。1886 年，江藤直纯创立了"弘报堂"。1888 年，汤泽精司创立了广告社，这是日本第二次世界大战之前最重要的广告代理公司。同年，三宅真一郎成立了"三成社"。1890 年，高木贞卫创办了"万年社"，1895 年，濑木博尚创办了"博报堂"。早期的业务主要是代理博文馆的各种杂志、新生社（后更名为新潮社）的杂志《新声》的广告以及报纸上的图书出版广告。1901 年，电通公司的前身，日本株式会社成立，这是日本广告业中的第一家股份公司。1906 年，社长光永星郎收购电报通信社并创办了日本电报通信社。并于 1907 年 9 月和日本广告株式会社合并，成立了新的电报通信社（即后来的电通公司）。同时，各大报业在设立自己的广告机构的同时，也聘用了大量从事广告业务的专业人员。广告业作为一种独立的现代社会行业正式诞生。

这些广告公司在开业之时，多在报纸上为自己做广告，以引起人们的注意。其中，以刊登在《读卖新闻》中的"广目屋"广告最具特色："报纸广告、市内广告、其他任何广告，广告一事只有京桥广目屋。一、是，我是 126 号，是大家熟悉的广目屋。二、是，报纸广告以特别折扣提供服务。三、市内广告是敝公司独有的妙计。如果想要是、是、广告方法的话，不论任何问题，均请面洽……屡蒙惠顾十分感谢。如有所委，专人驱车往访，敬请面洽。是、再见。"此则广告重复使用"是"字，既风趣新颖，又亲切可信、令人难忘。

6.1.2 现代广告发展时期（甲午战争—第二次世界大战）

甲午战争后，日本把朝鲜半岛划入自己的势力范围。同时，开辟了经贸自由出入中国的道路，同时，清政府的2亿两白银的战争赔款为日本的经济腾飞提供了绝好的基础。随后爆发的日俄战争，使日本彻底摆脱了弱国地位，跻身于世界列强之林。此时开始的产业革命，使日本国内工业完成了由棉纺织业向重工业的转向，资本主义经济在19世纪末开始确立。

由于银行等近代企业迅速发展，日本城市化浪潮开始出现。1888年至1913年间，人口超过10万的城市由6个猛涨到111个，1925年至1935年间，日本的城市人口占全国人口的比例由20.5%增至30.8%。城市生活文化逐步形成，大中城市的商品经济发展迎来初步繁荣，大众消费时代也随之到来。乐器、自行车等耐用消费品生产、消费蓬勃发展，人们的生活方式日趋西化，服装由和服变为西服，面包、西餐、咖啡、红茶成为时尚。百货商店的数量增加了近8倍。同时，随着高扬的民粹主义思想、城市化浪潮以及不断提高的教育水平，日本新闻业也不断发展。1911年，《报知新闻》的发行量达到15万份，是甲午战争时期的10倍，《东京朝日新闻》的发行量达到10万份，是甲午战争时期的4倍。据1904年出版的《广告大福账》记载，当时，每天有63家发行量超过5 000份以上的日报，全国报纸的总发行量达到163万份。1924年，这一数字达到625万份，1934年，第一次突破1 000万份。《报知新闻》和《东京日日新闻》的发行量都超过了30万份。同时，杂志作为新的大众媒体的地位得到确立。1914年至1937年间，杂志种类和发行量显著增长，大众娱乐杂志和妇女杂志增长了约2倍。与之相应，报纸广告也保持迅猛发展的势头。1898年，《报知新闻》在日本首次提出职业介绍分类广告。1904年，《大阪朝日》每星期天刊登创意广告，每三个月评选一次。1907年，《时事新报》的纪念创刊号中，广告数量多达580条。

（1）广告代理业的发展

随着日本新闻业的发展，衍生于报业的广告代理业也不断向前发展。当时的报纸主要集中在东京和大阪。明治中期，随着商业的发展，商业城市大阪对商业活动报道和消息的需求大为增加，报纸的政党颜色逐渐褪去，报纸的经营收入转而主要依赖销售广告版面。在大阪，有广告宣传需求的商家众多，阅读报纸的商人和市民人数增加。一时间，关西地区的报纸数量急剧增加。其中，

《朝日新闻》和《大阪每日新闻》是最有影响力的两家报纸，他们的广告代理公司大广和万年社，也随之成为关西地区最有实力的广告代理公司之一。

与此同时，在日本的政治中心东京，报纸的政治意味仍然浓厚，他们接受着政府或者党派的资助，为他们代言。但是，由于追求发行量和利润的需要，报纸开始出现不偏不倚的公正报道。当时，由于报社没有实力向各地派驻通信员，因此出现了专门向报社出售新闻的通信社。各个报纸的代理公司采用通信社和广告代理公司兼营的形式，其中，日本电报通信社（"电通"广告公司的前身）最为典型。甲午战争到1900年期间，日本广告代理公司的数量激增，仅东京就有约150家。弘报堂、正路喜社、博报堂、三成社、广告社和广目屋等广告公司纷纷粉墨登场。

（2）三大广告主行业

这个时期的日本广告在内容上以药品、化妆品、图书出版为主（图6-2至图6-4）。据日本电报通信社统计，1908年，药品、化妆品、图书出版三大行

图6-2 化妆品广告。

图6-3 化妆品广告。

图6-4 药品广告。

业的广告费用占到了广告总量的37.7%，到20世纪初，这一比例提高到近一半。三大行业之中，化妆品在大部分时刻都高居于"第一大广告客户"之位。明治末期以后，日本民众的家庭生活逐渐西化，牙膏、香皂等代表欧美新生活方式的日用品普遍流行开来。生产企业从传统的手工作坊转变为机械化的批量生产。企业间竞争不断加剧，企业为拓展消费市场不得不积极增大对广告的投入。

当时的药品广告中，仁丹广告最具时代特色。仁丹本来作为一种口含凉爽剂被使用，明治末期，广告商赋予其"消化和解毒"的功用，并配之"八字胡和大礼服"作为标记，这个极具日本民族特色的形象，具有极强的视觉冲击力和文化象征性，不仅深受日本人的喜爱，而且作为日本的象征还对其他国家的人民留下了深刻的印象。后期的仁丹广告，还利用格言警句、圣贤哲语，宣扬修身养性、服务社会、实现理想等价值观念和道德主张。此时，南洋堂的森下

图 6-5　日本早期仁丹广告。

图6-6　日本早期"金生丹"广告。

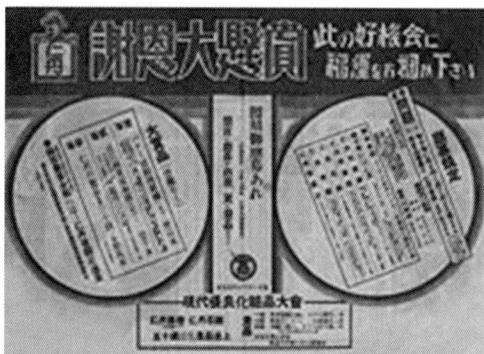

图6-7　仁丹谢恩大悬赏广告。

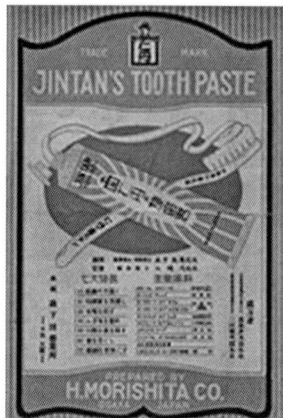

图6-8　日本早期仁丹牙膏广告。

图6-9 日本三得利啤酒商标。

博的"仁丹"还积极参加公益事业以及对世界各国受灾地区的捐赠活动，这可以被视为日本最早的公共关系广告（图6-5至图6-8）。

啤酒广告也是当时最具特色的广告。1894年，日本开始生产啤酒，当时的啤酒品牌名目繁多，市场竞争十分激烈。1919年，日本政府开始对啤酒厂征收重税，一些实力较弱、经营无方的啤酒企业难以为继，日本啤酒市场开始"洗牌"。

昭和时代初期，啤酒市场三分天下，"大日本""麒麟"和"日本麦酒矿泉"一统天下。但是，此时，作为新军的"三得利"啤酒（图6-9）以"Clean & Mild"的概念横空出世，开始与三大企业一较高下。当时，居市场份额首位的"麒麟"啤酒以"就因为是夫妇"的系列感性广告取得了惊人的效果。为了应对"麒麟"广告，"三得利"确立了以年轻人为诉求对象的广告策略，率先启用广告歌曲等新颖的广告形式，激起青少年的共鸣。"三得利"这一广告诉求十分成功，它通过持续在电视、报纸、杂志、电台、户外、POP和海报等多种广告媒体上刊登广告，取得了巨大的成功，成为日本啤酒市场的最具影响力的品牌之一。

（3）广告管理制度的建立

随着广告数量增加，广告内容增多，夸张广告、虚假广告随之泛滥。为了加强对广告的管理，一方面，政府开始制订各项法律来净化广告市场；另一方面，各家报社和相关广告行业组织也积极地开展自律活动。

甲午战争之前，日本只有零星的法规来管理广告活动。1882年，《街路取缔规则》颁布，禁止招牌妨碍道路交通。1895年，《贷座敷殷手茶屋娼妓取缔规则》颁布，禁止特殊行业进行广告。1908年，《警察犯处罚令》颁布，其中有对虚假广告、夸张广告以及强买强卖行为进行制裁的内容。1911年4月，日本颁布了《广告物取缔法》，规定政府有权力对广告发布行为进行管理，这是日本历史上第一部广告管理法规。此后，日本的相关广告法规进一步完善。1919年，《道路法》颁布，规定对广告塔和招牌等户外广告进行管理。1921年，政府当局颁布了《实用新案法》《特许法》《商标法》等一系列法律法规，广告管理制度逐渐健全。

同时，报纸行业也逐步开展自律活动。1905年，《东京朝日》刊发社告《急告广告主》，说明将对广告内容进行甄别检查。1908 年，《报知新闻》也发表社论，声明该报将拒绝刊登有害社会风俗和被认定为欺诈嫌疑的广告。

大正时代到昭和初年，广告相关的各种行业组织陆续成立。1913 年，以日本电报通信社为核心，由报纸、通信社、广告公司组成的广告组织——新闻协会成立，该组织为日本报纸和通信社的全国性组织。1914 年，东京最有实力的五家广告代理公司（日本电报通信社、帝国通信社、正路喜社、弘报堂、博报堂）成立了协同会，1916 年，广告社也加入其中。协同会是当时最有实力的广告组织。

1916 年，大阪地区最有实力的万年社等九家广告代理公司一起成立了水耀会，讨论广告界共同面对的问题，决定广告的折扣率问题。1923 年，东京电通、博报堂等五大广告公司组成了一水会，协商讨论广告主、报社和广告代理相关问题。次年，东京地区的骨干广告代理公司组织成立了东京新闻广告协会。1935 年，以山元新光社（后来的读卖新闻社）为核心的代理分类广告的代理公司，成立了十日会。这些全国和地域性的广告组织的建立，极大推动了广告业的健康发展。

（4）广告研究的起步

随着广告业的发展，广告研究开始在大学中备受关注。1913 年，早稻田大学的学生们为了庆祝 30 周年校庆，举办了一个广告展览。1914 年 1 月，以策划广告展览会的教授和学生为核心成立了"早稻田大学广告研究会"，这是日本的第一个广告研究团体。

与此同时，庆应大学、日本大学、大仓高商等高等院校也纷纷成立广告研究会。与此同时，广告课程也开始进入日本的高等院校。1921 年，神户高等商业学校（现神户大学）开始设立广告课程，这是日本首次在大学中开设广告课程。1922 年，明治大学开设了广告课程，聘请了《实业界》社长井关十二郎为讲师。

广告业界的研究活动也十分活跃。电通、博报堂等资深广告公司大力推进了广告研究和广告教育的开展。1923 年，万年社推出专业刊物《广告论丛》，1927 年，开设了广告研究讲座。1934 年，电通和正路喜社开设了夏季广告讲习会。1930 年，日本第一届广告节由正路喜社主办。与此同时，大量广告专业书籍和广告专业杂志也纷纷出版创刊，广告书籍中绝大多数都是广告理论的翻译版，其中，重要的有《广告学概论》（1924）、《广告与宣传》（1924）、《报纸广告十七讲》（1928）等，广告杂志有《广告论丛》（1923）、《广告界》（1925）等。这些广告研究活动，为日本广告的科学化发展打下了坚实的基础，为第二次世界大战后的日本广告全面繁荣局面的到来做好了准备。

（5）战时的日本广告业

1937 年，以卢沟桥事件为开端，中国的抗日战争全面爆发，日本全面进入战时状态。1938 年，日本政府颁布《国家总动员法》，出台和修订了各种管制条例。日本广告业开始进入战时时期。在接下来的几年中，报纸广告、霓虹广告、气球广告、夸张的化妆品广告等广告都遭到不同程度的削减和限制。1940 年，日本政府规定资本超过 100 亿日元的企业，其广告费预算必须得到相关部门许可。1941 年，日本开始合并各种报纸和杂志。同期，广告公司也在相关机构的指导之下，进行合并。1942 年，为了维持军费，日本政府设立了广告税，对报纸和杂志广告征收 10% 的广告税。

此时，为了制订纸张供给制的标准，政府开始对各报纸的发行量进行调查。1941 年，日本政府实施了统一的价格管制令，对报纸广告费标准和广告公司的代理费作出了规定：普通广告栏的广告收取 15%，新闻报纸报道栏的广告收取 25% 的佣金。1941 年，《朝日新闻》研制出了扁平活字，这种字体迅速被其他报纸采用。随着活字的应用，报纸的规格得到了统一，由于字体不同导致的广告的收费标准出现差异的情况不再出现。

为了侵略战争的需要，日本政府内阁新设情报部负责战时宣传。1940 年，该部门扩编为情报局，用来指导舆论。他们发行了《写真周报》等系列报纸，

图6-10 日本战时广告。

图6-11 东芝战时广告。

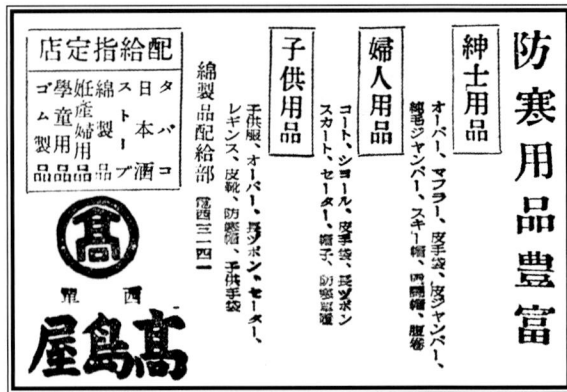

图6-12 高岛屋战时广告。

主办了一系列新发明展览会等活动，下设大政翼赞会负责国内宣传。1939 年，报道技术研究会成立，他们主要从事展览与描绘展示会的画板、海报和墙报等工作。在情报局的指导之下，日本工房（后更名为国际报道工艺）负责对外宣传。该机构创办《日本》《上海》和《广东》等刊物，为日军侵略中国粉饰和辩护。此外，进行宣传的机构还有东方社和田中商会。东方社成立于 1939 年，主要制作传单和图画杂志 Front，田中商会汇集了以漫画家太田天桥为首的大批画家，这些画家针对亚洲地区制作了大量漫画传单（图 6-10 至图 6-12）。

6.2　日本广告的"黄金时代" Ⅱ（第二次世界大战之后）

6.2.1　战后经济的恢复和发展

持续的战争使日本满目疮痍、经济萧条。第二次世界大战后，日本被联合国接管，以美国为首的西方国家对日本进行民主化改革，并开始帮助日本恢复经济。在经历短暂的低迷之后，1950 年爆发的朝鲜战争和 1955 年爆发的越南战争成为日本经济复兴的转机。

这两次战争中，日本成为美军的军需品基地，大批军需品订单流向日本。1950 年至 1955 年期间，朝鲜战争产生的特别需求多达 35.6 亿美元，是战后重建援助的约 2 倍。借助两次战争，日本经济迅速复苏，1956 年至 1965 年，国民生产总值上涨了 147%，是同期英、美等国增长率的五倍。1965 年至 1970 年，日本的 GNP 从 41 兆日元上升至 72.1 兆日元，增长了约 0.7 倍。70 年代至 80 年代，日本的 GNP 增长了约 13 倍，由 1970 年的 2 031 亿美元上涨到 1989 年的 28 337 亿美元。日本成长为世界超级经济大国之一。

日本经济高速增长，人民的生活水平有显著提高。日本社会逐渐步入消费时代，各式各样的商品大量增加，销售量急剧上升。1953 年之后，家电产品迅速普及。"三种神器"的黑白电视、电冰箱和洗衣机深受家庭妇女的欢迎。60 年代，彩色电视、空调和汽车也逐渐进入一般民众家庭，成为销售量最高的商品。此外，分期付款也在此时流行开来，极大激发了人们的购买热情。超市、零售店和百货商店急速发展，使得人们购买商品更加方便快捷。大众娱乐业的发展、旅游观光区的开发以及海外旅游业务的拓展，进一步刺激了人们的消费需求，个体消费市场进一步扩大。

6.2.2　广告媒体的繁荣

日本战后经济的腾飞推动了大众媒体事业的繁荣。报纸、杂志行业很快复苏，并且报刊之间还展开了激烈的竞争。在这个过程之中，民营广播电台的开

扫描二维码，了解更多案例（图片）。

办和电视媒体的普及，推动了现代广告的迅速发展。

民营广播电台是战后媒体民主化改革的产物。第二次世界大战之前，日本政府不允许开播民营广播电台，当时的电台多有官方背景。1926年，日本政府成立了日本放送协会（NHK），主要由国家垄断经营，不允许做广告。直到1950年，日本政府根据占领军司令部的方针，颁布了《放送法》《电波法》和《电波监理委员会法》，通称"三法"，规定商业电台不能收取视听费，但可以通过收取广告费的方式来经营，从而为民营广播电视的发展铺平了道路。1951年，中部日本电台、Radio东京（后来的东京电台）、新日本电台等电台开播。两年后，民营电台日本TV开播。从此，日本进入了民营广播电视时代。

借助日本经济崛起的东风，日本民营广播电台迅猛发展。"民营广播电台的出现不仅有助于提升广告公司的社会地位，而且也为日本广告业走向现代化提供了一次机会"（吉田秀雄）。广播媒介的传播速度和广度都是以往任何媒体不可比拟的。1952年，日本广播广告费总金额超过了杂志广告，成为第二大媒体。

电视的开播较广播电台较晚。1950年，日本放送协会（NHK）的技术研究所设立了东京电视定期试验局。1955年，Radio东京TV（后为"东京放送"）开播，日本进入了民营电视时代。在从1956年到1964年的短短八年时间中，日本电视台总数由4家猛增至48家。东京奥运会、日本皇太子结婚等事件促进了日本国内电视的普及，人们电视的持有量呈几何级数增长。1965年，日本电视机已达到了1 822万台，是1956年的43倍多。随着电视的普及，电视广告发挥的作用得到进一步提升，电视成为最富魅力的广告媒体。

其他媒体也迎来了迅猛的发展势头。1955年至1965年期间，日本的户外广告等非大众媒体的广告经营额从130亿日元上涨至655亿日元，增长了4倍。霓虹灯、招牌、广告塔等户外广告取得了飞跃性发展。与此同时，氢气球广告也更加普遍，赠送氢气球成为商务交往的程式，有造型或者夜间有照明设施的氢气球广告尤其受到用户欢迎。

1957年之后，大众交通广告的使用率明显增多。地铁吊环广告、车站广告、出租车车门广告和坐垫广告等这些新型交通媒体纷纷出现，成为人们话题中的焦点。此外，电影院的片前广告、直邮广告、宣传手册等广告形式也越来越受到人们的重视。

6.2.3 广告行业的腾飞

消费经济的空前繁荣推动了广告业的快速发展。1955 — 1965年的短短十年中，广告费总额由609亿日元上涨到3 340亿日元，增长了5倍多。广告代理业迎来了新的"黄金时代"。20 世纪 60 年代之后，日本的广告费一直维持在国民总产值的 1% 左右。1972 年，日本的广告费总额超过了当时的联邦德国，名列世界第二。至此之后，日本广告一直维持在世界第二的地位。

20 世纪 50 年代是日本广告腾飞的起点。在日本广告业走向繁荣的过程中，向美国等西方国家"取经"，为日本广告业的迅猛发展起了重要作用。1958 年，日本生产性本部组织赴美广告考察团，这个考察团由大广告主、广告组织、电通等大型广告公司高层 11 人组成。他们带回了美国的全新营销观念，使日本企业的广告宣传理念、方法以及组织机构发生了变化，同时还引进了 AE 制（Account Executive，即客户代表制），推动了日本广告业进一步向科学合理的方向发展。AE 制的引入，"从某种意义上说，是日本广告界的革命，是广告代理业的革命"（吉田秀雄）。与此同时，市场调查、广告效果调查、广告动机调查也迅速在日本流行开来。1960 年，日本已经有 8 家企业设立了专门的调查机构——日本调查中心，开始消费者研究。

20 世纪 60 年代，美国广告公司大举进入日本，日本广告界开始出现国际化趋向。1960 年，麦肯广告公司和博报堂公司合作，建立了"麦肯—博报堂"公司。此后，精信（Grey）、BBDO、智威汤逊等外资广告公司纷纷进入日本市场。外资广告公司的进入，一方面，带来了新的广告技法，使日本广告界大开眼界；另一方面，也带来了自己的广告主（比如麦肯带来了可口可乐），极大地促进了日本广告业的发展（图 6-13）。日本广告"青出于蓝"，成为一股同美国广告在世界上抗衡并具有巨大影响的力量。

广告业的飞速发展，促使广告公司的运作更加科学化和专业化。这场广告科学化和专业化进程是由上至下，从大中型广告公司开始的。1968 年，电通设立了市场营销部门，开发出 DMAP（Dentsu Marketing & Advertising Planning）和 DMP（Dentsu Media Planning）模型。1976 年，博报堂也开发出类似的 HMES（Hakuhodo Media Evaluation System）模型，对媒介进行评估。由此，日本大型广告公司和中小广告公司之间的差距进一步扩大，日本广告业的

扫描二维码，了解更多案例（视频）。

图6-13　麦肯广告公司为日本一家床上用品商制作的户外广告，请真人"睡"在墙面上。

市场份额基本上由前 5 位的广告公司把持。据统计数据，排名业界第一的电通公司，其营业额基本上占了日本广告总额的 25% 左右。

6.2.4　广告管理和研究

随着广告业的迅速发展，为了防止不正当竞争的局面，日本对广告业的管理也逐渐规范和完善。虽然日本没有专业性的广告法，但是，广告相关的法律法规数量众多，形成了一个庞大的广告法制网络。日本政府通过此网络来规范广告行为，调节广告活动中的各种社会关系。日本有关的广告法律主要有：1968 年颁布的《消费者保护基本法》，1975 年颁布的《不正当竞争法》，此外，《家庭用品质量表示法》《屋外广告物法》《不当赠品及不当表示法》和《防止不正当竞争法》等相关法律，也分别对相关广告宣传做了明确的规定。

除了政府通过法规进行管理之外，日本广告行业内部也有着非常严格的管理体系。1953 年，"全日本广告联盟"在东京成立，这是日本最大的全国性广告行业自律组织，该联盟由 35 个地方广告协会联合建立。1954 年，该联盟颁布《广告伦理纲领》，该纲领是全日本广告界广告制作的最高标准。纲领反对广告中虚假和夸大的表示，强调应将商品和服务的信息正确真实地告诉给消费者。

全日本广告协会（以下简称"全广协"）和日本广告主协会、全日本广告联盟一样，也是全国性的广告协会组织。1962 年，全广协成立，其下有日本新闻协会、日本民间放送联盟、全日本广告联盟、全日本放送协会等 9 个组织。第二次世界大战之前，东京有实力的大广告主组成的弥生会在 1957 年成立了日本广告主协会，该协会意在维护广告主的利益，其会员主要是大型企业，他们支出的广告费占全国的 65% 以上。此外，全日本新闻社广告会（1957年）、全日本放送广告会（1957 年）、CM 合同研究会（1960 年）、日本青年设计师协会（1960 年）、日本包装设计协会（1960 年）等一系列组织也纷纷成立，他们制定了相关的广告行业自律性规章制度，对广告行业进行相关的管理。

广告业繁荣发展的同时，广告理论研究也逐渐深入。虽然当时在日本的大学中并没有开设独立的广告专业，但是，作为一门新兴的学科，广告学已经得到社会各界越来越多的重视。电通等广告机构成立了专门的研究机构，从事广告研究工作。同时，《调查与技术》（电通公司，1955 年）、《市场营销与广告》（1956 年）、《协和广告评论》（协和广告，1960 年）、《产经广告月刊》（产经新闻，1964 年）等一大批广告专业刊物纷纷涌现。广告相关研究工作和教育工作的开展，为日本广告业的腾飞做出了重要贡献。

7 欧洲广告发展概况

7.1 英国广告发展概况

英国广告业拥有悠久的历史。15世纪，英国出版商威廉·坎克斯发布了欧洲第一张印刷广告，告知市民如何以廉价取得宗教仪式的书籍。据相关资料显示，世界上最早的报纸广告来源于英国。

17、18世纪，资本主义制度率先在英国确立起来，这为英国广告业的发展创造了条件，报纸广告开始在英国萌芽和发展。19世纪，工业革命在英国萌芽并发展。机器的使用推动了纺织、冶金、机械等制造业的发展，提高了生产社会化程度。新兴的工业城市如雨后春笋般涌现，推动着消费者市场的形成。广告业迅猛发展，英国逐渐成为世界的广告中心，伦敦被称为"广告之都"。虽然，19世纪末美国广告兴起之后，世界广告中心从英国转移。但是，英国广告同样也是目前世界广告格局中一支不可小觑的力量（图7-1至图7-3）。

扫描二维码，了解更多案例（图片）。

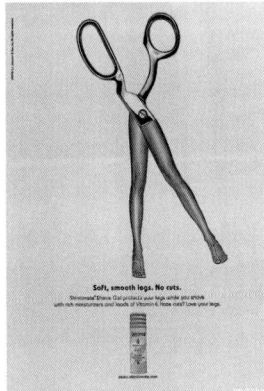

7.1.1 广告媒介

随着科学技术和资本主义制度突飞猛进的发展，英国的广告媒介如遍地开花，层出不穷。1922年10月，英国广播公司（BBC）正式成立，并于次年正式开始播音。1930年，英国开始进行电视试播。1936年，英国广播公司（BBC）电视节目开始在亚历山大宫开播，这是英国媒介史上的一件大事。BBC的建立，为英国媒介事业的发展做出了重要的贡献。

与BBC同为英国广播事业主体的独立广播局（IBA），是半官方性质的媒体，他的经费来源主要是广告收入和买卖电视节目。按照广播局规定，某地区的广告只能够在该地区发布，但是，广告商可以互相交换各自所制作的广

图7-1　英国广告。　　图7-2　英国广告。　　图7-3　英国广告。

图7-4 英国20世纪30年代的报纸广告。

图7-5 英国20世纪30年代的报纸广告。

告。由于BBC一家独大，在20世纪50年代，一些人士发起"压力运动"，强烈呼吁建立商业广播电视机构。1955年，第一家靠广告和节目收入经营的商业性广播公司，独立广播公司开播。1972年，英国议会决定放开商业广播。1973年，一家私营电台伦敦广播公司开播，打破了BBC垄断广播的局面。

与此同时，报刊在英国的发展也十分迅速。据官方统计数据，20世纪80年代全英报刊总发行量为每周工作日1.5亿份，周末发行量1.72亿份。英国报纸的针对性较强，《世界新闻》《每日邮报》针对一般性读者；《泰晤士报》针对中产阶级白领人士；《每日镜报》一贯反政府，是最大众化的报纸，针对蓝领读者；《太阳报》是纯娱乐的大众报纸，内容轻松，报道全面。

英国的杂志数量众多，分类定位较细，以街头零售的发行方式为主，固定的订阅量很小。英国杂志一般在封三刊登广告索引，注明本期杂志全部广告所在的页码，方便读者查找广告（图7-4、图7-5）。

英国的报刊十分自由，即使王室贵族、党派领袖、明星艺人、国家领导，只要有不光彩的事情发生，必定能在各大报纸的头条寻得踪影。在英国，揭露欺骗行为和丑闻是报纸的职责之一。

21世纪，英国广告业保持飞速发展的势头。据统计，2014年英国广告收入全年增长6%，总收入已创新高达到49.1亿英镑。目前，英国大约有1 500多家广告公司，其中一些公司居于世界领先的地位，比如WPP集团和萨奇·萨奇广告公司。随着数字媒体的影响力越来越大，广告商们在诸如Amazon、Google及Netflix等这类在线品牌和业务方面的投资越来越多，到2015年，英国的网络广告金额达到80亿英镑，同比增长9.5%，而传统广告的增速仅为1.6%。网络广告超过广告市场的50%，这在广告行业的历史上是一个重要节点。

7.1.2 广告业和广告管理

广告业发展迅速，与英国成功的广告管理密不可分。在欧洲各国中，英国的广告法律法规相对健全。政府设立了专门管理广告的机构"英国广告标准管理局"（ASA），负责广告事务。早在1907年，英国政府就颁布了《广告法》和《药物治疗广告标准法》等，明确规定禁止在娱乐场所公开刊登性病、百日咳以及减肥药物等药品广告。

除了政府通过相关法律禁止在公园、风景区等具有历史价值的建筑物之上做广告外，政府还制定了《消费者保护法》《商标法》《公平贸易法》等相关法规，规定不能刊播不正当和有欺骗性的广告，不得使用虚假或恶毒的攻击性广告，不得刊播影响交通的移动广告。除用法规对广告进行管理之外，英国广告界内部还有一个比较完善的自律管理系统。这个系统由代表不同利益的团体组成，如代表广告主的英国广告人联合会（ISBA），代表广告公司的广告商协会（IPA），代表电视界的独立电视公司协会（ITCA），代表印刷媒介的报纸出版者协会（NPA）、期刊出版者协会（PPA）等20多个团体。此外，发行量统计局（ABC）也是广告业的一个自律性管理机构，该机构由报刊发行者、广告主和广告公司的代表们构成，负责审核会员单位报刊的发行量，其统计数据较为准确，在英国报刊中享有较高声誉。1955年，电视研究联合委员会成立，负责审查电视广告的收费情况。正是这些完善的自律系统，才使英国的广告业得到迅猛而稳健的发展。

7.2 法国广告发展概况

法国是欧洲广告业比较发达的国家之一，它的广告业起步较早。1910年，霓虹灯广告第一次在法国巴黎出现。在"新艺术运动"时期，巴黎已是当之无愧的世界艺术中心，现代招贴广告也最早起源于此（图7-6、图7-7）。1927年，法国创立了第一所广告学院，开始培养广告人才。

虽然如此，但法国国内经济发展缓慢，广告发展也步履蹒跚。第一次世界大战之前，法国农业在国内生产总值中仍然占有较大比重，工业结构长期不合理，中小企业和手工业在工业部门中处于优势地位。直到20世纪20年代，法国才最终完成向工业国的过渡，比英国落后了一个世纪。第二次世界大战期间，法国的工业遭到了严重破坏，1944年的工业生产指数只相当于1938年的40%，市场物质匮乏。战后，政府积极干预经济，开创了延续数十年国家经济计划的先河，法国经济迅速得到恢复。1948年国内生产总值已经恢复至战前1935年的水平。

20世纪50年代末至70年代初，法国经济开始实现腾飞，一跃成为先进的工业国。同时，法国的服务业也十分发达，拥有全国65%的就业人口，实现70%的国内总产值（图7-8至图7-10）。

图7-6　1893年法国的招贴。

图7-7　1915年La Vie Parisienne杂志封面。

图7-8 法国招贴广告。

图7-9 法国招贴广告。

图7-10 法国招贴广告。

7.2.1 广告媒介

随着经济的快速发展，法国报刊广告业发展迅速，其广告篇幅越来越多，广告费在报刊的收入中，比重越来越大，有的已经超过了报纸销售收入。以法国当时发行量最大、最有影响的报纸——《世界报》为例，1963年，其报纸的广告收入占整个收入的比例超过了50%。1969年，这一比例大幅度上升至约70%。70年代以后，在整个法国报业的总收入中，广告收入年均超过50%。法国的报纸分为全国性和市场性报纸两类。在首都出版的全国性报纸有9家。其中，发行量较大的有《法兰西晚报》《世界报》和《费加罗报》等。地方性报纸中，《法兰西西部报》是最大的一种。法国报纸的发行量有一个特点，地方性日报的发行量一般都大于全国性报纸。

广播和电视是法国广告业腾飞的另一对翅膀。1932年，法国开始试播电视。1938年，法国开始正式播出电视节目。20世纪60年代，电视商业广告开始进入电视，从此之后，电视广告营业额就出现疯长的趋势。据相关统计数据，法国人平均每天收听3个多小时的节目，这个数字在全球排在丹麦和爱尔兰后面，居于第三位，法国广播广告业随之兴盛。法国广播电台是法国主要的公共广播机构。在20世纪，法国的广播电视事业迎来了迅猛发展的时期。

2008 — 2012年，法国互联网广告市场迅速发展，市场规模不断壮大，由20亿欧元扩大到27亿欧元，在4年的时间内增长了35%。2013年，法国在互联网广告领域的投资继续扩大，达到28.4亿欧元。

7.2.2 广告业和广告管理

随着经济的繁荣和媒介的发展，广告业也迎来了发展的春天。据相关统计

扫描二维码，了解更多案例（图片）。

数据，1995年，法国共有1 000多家广告公司，较大的有20多家，专职广告人员3万多人。1989年全球50家广告代理商中，法国有5家，并拥有当今全球十大广告与传播集团之一的阳狮集团。巴黎是世界艺术之都，法国的广告艺术性浓厚，各类广告设计精美，画面考究，体现了法国优秀的文化艺术传统。

为了提高广告水平，推动广告业的进步，法国举办了众多的广告艺术节，仅大型评奖活动甚至可达每月一次。其中，广告片凯撒奖、艺术指导俱乐部奖、商校大奖、夏纳奖、媒介金奖、户外招贴大奖较为著名。此外，每年春季在巴黎举行的"广告饕餮之夜"，更是一项颇具群众性的广告活动。活动现场会专门播放各国广告精品，时间长达6个小时之久，成为了解世界广告文化的一个窗口。

扫描二维码，了解更多案例（视频）。

法国广告业的管理体制也十分完善，政府十分重视广告法规的制定。1973年12月27日颁布的《商业、手工业引导法》第44条对"虚假广告罪"做了明确的规定："由于虚假广告对消费者造成的损失，消费者有权向检察官进行申述。或者向消费者机构说明，由该机构协助向检察官申述。如果消费者集体的利益受到了损害，也可以以民事当事人的身份向刑事法庭提出赔偿诉讼，要求相关责任人赔偿损失。"依据《关于欺诈及假冒产品或服务》的相关法律条文，相关责任人可被处以两年以下监禁和最高25万法郎的罚金。

不仅出台广告法，政府还通过各种具体的规定在各个领域中对广告进行管理。比如，禁止性爱和暴力广告，禁止在广告中出现对竞争商品的攻击性内容，禁止大众媒介做工业品相关广告，还对电台和电视台的广告时间也作出了规定。比如，广播广告每天不得超过20分钟，电视台每小时不能超过12分钟。国家电视台在播放电影时，不得插播广告，私人电视台在电影播放时，只能插播一次广告。

法国广告管理中实行事先审查制度：未经审查机构批准，任何媒体不得发布广告。而广告审查这项工作主要由电视、广播审查机构（RFP）和国家广告联盟的附属机构（BVP）来承担。其中，电视、广播审查机构是政府和3家国营电视台、法国消费者协会、广告公司等单位集资而成，其全部经费中，政府占51%。该机构成立于1968年，主席由政府指定，副主席从媒体、广告公司的成员中推选，其任务是审查全国所有广播、电视广告内容，以确保广告的真实性，该机构每年大约审查3 000个广告。BVP是消费者协会和广告经营者组织起来的民间广告审查组织，它站在消费者的立场上对全国各种广告媒介和广告内容进行审查。虽然其属于非官方组织，但是各个广告经营单位均能遵守它所规定的条款。在这套行之有效的广告管理机制之下，欺骗性广告很少在法国出现。法国广告业获得了一个有序的竞争环境，对广告业迅速稳定的发展非常有利。

7.3 俄罗斯广告发展概况

20世纪90年代初，苏联解体，其政治、经济体制都发生了深刻变化，市场经济体制在各个加盟共和国中确立起来。但是，由于矫枉过正，苏联经济发展出现严重倒退，几年内跌至谷底。当时的独联体国内生产总值（GDP）连续6年呈负增长，其中1992年下降26.7%，并连续几年负增长率在两位数以上。直到1999年，俄罗斯经济才迎来转机，当年，GDP总额增长6.3%。2000年，俄罗斯经济增长率达到了世界罕见的10%，其后一直保持较高的经济增长率。2003—2006年，俄罗斯的经济增长率始终保持在7%左右。

经济高速增长的同时，俄罗斯的出口规模也出现了迅速扩张的势头，外汇储备迅速增加。

2003年以前，俄罗斯每年出口始终在1 000亿美元左右徘徊，还不如一个出口能力强的中等国家。2003年，俄罗斯的出口跃至1 300亿美元，2006年前11个月则已超过2 700亿美元，几乎每年都以30%左右的速度递增，其速度已经和中国的出口增长差不多。2006年，俄罗斯的外汇储备突破3 000亿美元大关，是世界上外汇储备最多的国家之一。2007年，世界媒体聚焦俄罗斯：俄罗斯正在重返世界大国行列，不仅是政治和外交大国，而且也正在以经济强国的形象展现于世界（图7-11）。

图7-11 俄罗斯广告。

7.3.1　广告媒介

随着国民经济的发展和人民生活水平的提高，俄罗斯媒体发展势头迅猛，并出现由纸质媒体向电子媒体转向的势头。据相关统计数据，2000年，俄罗斯的报纸总数已达5 758种。其中，《俄罗斯报》《俄罗斯消息报》由俄罗斯联邦政府创办并控制，它们享受国家的财政补贴，经济上无后顾之忧，发行相对稳定。《真理报》《苏维埃俄罗斯报》《公开性》《俄罗斯真理报》《斗争报》《俄罗斯秩序报》等是各政党报纸，各政党的资助是这类报刊的经费来源。《商人》《商业家周报》《实业世界》《经济与生活》等为商业报纸，是俄罗斯市场经济条件下出现的新型报刊，以提供商业信息、商务活动为宗旨，它们分属于不同的经济实体和股东集团，具有良好的经济条件。《工人论坛报》《莫斯科真理报》《文化报》等报纸是由新闻工作者同仁创办的、不受政府及任何党派资助、由某一社会团体独立经营，无固定的经费来源。

苏联解体以后，俄罗斯的广电格局有了很大变化。但是全俄国家电视和广播公司仍然是国有的官方机构。国家第一电视台（前身是苏联中央电视台）和俄罗斯国家电视广播公司（亦称俄罗斯电视台、国家电视台）先后在1990年和1991年建立，由国家控股。

1993年1月，私营的独立电视台建立起来，在俄、美、欧、中东、非洲等地播放俄语节目。

此外，第一广播电台（苏联中央广播电台）、俄罗斯之声（私营）、俄罗斯电台（国家控股）、莫斯科"回声"电台（私营）是俄罗斯境内有影响的主要广播电台。

7.3.2　广告业和广告管理

近年来，随着俄罗斯经济迅猛发展，其广告市场也急剧扩大。2005年，俄罗斯广告收入超过50亿美元，比2004年增长了30%，较之2000年，上涨幅度超过了48%，这一发展速度位居世界前列。据2005年的相关数据，占俄罗斯广告市场份额最大的仍然是电视广告，广告费支出达到23亿美元，同比增幅为37%。到2008年，电视广告的价格的上涨幅度超过30%。在广告市场上占第二位的是纸质媒体广告，广告费支出为14亿美元，同比增幅为16%。户外广告位居第三，广告费支出9.1亿美元，同比增长28%。网络广告的广告费支出已经达到6 000万美元。随着互联网的快速发展，互联网广告收入有望在未来几年超过电视广告收入。

俄罗斯广告业发展迅速，与国外企业的进入密切相关。来自韩国、日本、德国等著名的企业为了占领俄罗斯市场，充分利用俄国内各种媒体进行广告宣

传。德国奔驰公司的旋转标志广告在莫斯科市的建筑物上十分醒目。韩国LG、三星电器公司也从1997年起在莫斯科市的主要建筑物、立交桥、街道、商业中心、电视媒体上树立起了广告牌。

俄罗斯的广告代理机构有三种类型：一种扮演着媒介和广告主的联系人的角色；一种自己拥有媒介，能够为客户提供代理服务，如电视台、报刊等媒体的广告机构；还有一种是以一种媒介为依托的广告公司，他们只为该种媒体代理广告。

为了对迅速发展的广告业进行管理，俄罗斯政府制定了一系列法律法规用以规范广告市场。1992年，莫斯科政府公布了《关于计算和支付广告税方法的条例》，规定了广告税的缴纳主体和广告税率。同年，俄财政部颁布了第94号令，规范广告主在俄罗斯境内的经营活动，规定广告开支只能占产品成本的2%。次年，莫斯科政府规定，所有招牌和指南都必须使用俄语。

2005年，俄罗斯国家杜马批准了关于广告的法律修正案。2006年，该新法案开始生效。电视、广播、电影院以及报纸和杂志的头版、封面，所有的教育、文化和健康机构被禁止进行烟草产品的广告。俄罗斯将不再允许烟草广告牌的存在，所有的卷烟广告都要附带上不少于广告版面10%的健康警告语。啤酒从此不能作为大型运动赛事的赞助商出现在俄罗斯体育场内，即使是体育节目转播，啤酒广告也须在晚间十点以后才可插播。烈性酒和烟草不允许做电视及户外广告，并被禁止在杂志封面和封底或者利用交通工具做广告。新广告法的另一个要点是缩短了电视广告时间。截至2008年，每小时广告时间不应超过12分钟。此外，广告时间的计算方法也发生了变化，以前是用总的广告时间除以节目播出时间，这样就可在黄金时间集中播放广告，而新广告法则要求统计具体节目播出段的广告时间，如此一来，预计整个电视广告的插播数量将平均缩水20%~25%。

8　中国现代广告的发展与演变

　　1840年，拉开我国近代史序幕的鸦片战争爆发之后，外国企业在中国迅猛发展，中国近代民族工商业如雨后春笋般涌现。随着中外企业竞争的日益加剧，我国广告业的发展也步入了一个新的阶段。报纸广告和杂志广告等广告形式随着国外资本的涌入而被引进，其中，报纸广告的出现是现代广告萌芽的最显著标志。中国的民族工商业者受外国公司和商行的影响，改变了过去不重视广告宣传的旧观念，逐渐仿效使用新的媒介。20世纪20年代，广播广告开始在中国出现，这是中国现代广告史上的一个新的里程碑。但是，全国一直笼罩在战争的硝烟之中，国民经济总体处于崩溃的边缘，中国广告业发展陷入低谷。

　　1949年，中华人民共和国的成立结束了中国国内军阀混战、硝烟弥漫的时代，我国进入了全新的历史时期。但是，由于特殊的国际、国内形势，我国广告业经历了一个曲折发展的过程。1978年，中共第十一届三中全会召开，确定了以经济建设为中心的路线，大力发展商品经济，为广告业的迅猛发展奠定了坚实的基础。我国广告业从率先开放的沿海城市开始，很快在全国范围内蓬勃发展起来。从1981年开始，我国广告业营业额以惊人的速度逐年增加。同时，广告从业者开始自觉学习和借鉴西方现代广告理论，全方位地开展广告实践活动。广告相关管理制度建立起来，并逐渐趋于合理和完善。目前中国已经成为全球第二大广告市场。据全球大型媒体机构阳狮集团（Publicis）旗下的实力传播（Zenith Optimedia）统计，2014年中国的广告开支总额达454亿美元，成为仅次于美国的第二大市场，在2017年则达到805亿美元。

8.1　现代广告的萌芽与发展（清朝末期 — 民国时期）

8.1.1　清朝末期的广告

　　19世纪上半叶，在西方主要的资本主义国家中，工业革命正如火如荼地进行。急速扩大、高速发展的生产，使资本家们感到了巨大的市场压力。为了猎取更丰厚的资本利润，获得更廉价的原材料和更广阔的商品倾销市场，满足资本主义经济发展的需要，必须寻找和开辟更大的市场。而此时中国，封建制度日益僵化，晚清统治日益腐朽。这样，地大物博、人口众多的中国，成为西方资本主义国家对外扩张的重点目标。

　　鸦片战争中，西方列强以其船坚炮利轰开了中国市场。这场战争是中国近代史上一个巨大的转折点，是中西之间特别是中英之间长期思想、政治、经济

扫描二维码，
了解更多案例
（图片）。

等力量对比冲撞之后的一次总爆发。18世纪的英国资产阶级统治地位和资本主义制度已在国内完全确立，工业革命也已完成，机器工业逐渐取代了工场手工业，工业生产突飞猛进。在当时，英国已是世界上最先进、最强大的资本主义国家，于是便在全球拓展贸易，寻求殖民地、商品市场和原料市场。此时，中国则在对外交往中采取闭关自守的政策，于海外贸易中禁海锁国。鸦片战争后，广州、厦门、福州、宁波和上海五地被辟为"五口通商"口岸，帝国主义逐渐侵入，中国社会性质发生了极大变化，逐步沦为半殖民地半封建社会。西方各国终于敲开了中国市场的大门，取得了在中国经商建厂的权利。从此，外国商人纷纷在华创办工厂，设立商号、银行，大量倾销洋货。倾销洋货的同时，西方各国也将他们的报纸、杂志、路牌以及橱窗等一系列新型广告形式搬到了中国。过去一直不大重视广告宣传的民族资本家受到外国商人的影响，也开始模仿使用那些新式的广告媒介和广告形式。近代广告业得到飞速发展，宣传范围不断扩大，内容更加广泛，西方刚刚诞生不久的现代广告，也不知不觉开始向中国移植。鸦片战争以来，与西方各国交往中的一系列失败敲醒了中华的千年迷梦，统治阶级中的一些开明分子开始认识到"师夷长技"的重要性，纷纷开始兴办洋务。洋务运动虽然以"中体西用"为指导，最终还是为清朝统治者服务。但是，在客观上毕竟加速了西方工业文明在中国的传播，为近代中国经济形态的转型创造了条件，为导源于西方工业文明中的现代广告文化在中国的生根发芽培植了合适的土壤。[①]

现代报纸事业的发展，极大促进了我国现代广告事业的发展。我国报纸的发展历史久远，唐代初期已诞生了由官方主办的报纸《邸报》，主要内容是发布皇室的动态，以及王府官员的升迁罢黜、任免、赏罚方面的消息。到了宋代，开始定期发行。明朝开始使用活字排版印刷，阅读对象主要是朝廷官员。至清朝，《邸报》改为《京报》，阅读对象主要是朝廷官员，发行量非常小，只在宫廷、官邸中流传，不允许刊登商业信息和广告。从形式、内容、宗旨和阅读对象来讲，《邸报》都与近代报纸不甚相同。

我国近代史上第一份报纸是英国商人马地臣于1827年在广州创办的《广州纪录报》。该报主要目的是向中国倾销商品，为外商提供商业信息服务，创办伊始就带有明显的广告性质。1833年，普鲁士传教士郭士立在广州创办《东西洋考每月统计传》，该月刊的宗旨为"为在广州和澳门的外国公众的权益进行辩护"，内容主要以宣传基督教义，介绍西方科学文化知识为主，同时还刊

登一些"商品行情物价表"之类的商业信息，该月刊采用雕版技术和中国线装书款式出版发行，从1834年出版的第八期开始增设《市价篇》专栏，专门登载在广州的各国商人买卖货物的现时市价，并把商品的价格分为出口货价格和入口货价格两大部分，分类刊出，为我国境内出版的第一份中文杂志。但是，真正开启中文报纸广告先河的则是1853年创刊的《遐迩贯珍》（图8-1）。

1853年，英国传教士在香港出版了第一份中文杂志《遐迩贯珍》，该刊由伦敦布道会对华文教机关英华书院和马礼逊教育会出版，每期

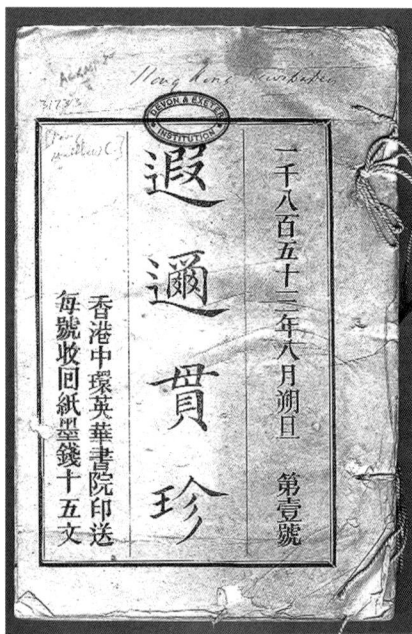

图8-1　《遐迩贯珍》封面。

印3 000册，除香港外，还在广州、福州、厦门、宁波、上海发行，是第一份用铅活字印刷的中文报刊，刊有中英文对照的目录，与鸦片战争前传教士所办中文报刊比较，它的内容主要是时事新闻和评论，宗教宣传比重很少。刊登如下内容："中国除邸抄载上谕奏折，仅得朝廷活动大略外，向无日报之类"；"吾每念及此，思于每月一次，纂辑贯珍一帙，诚为善举。其内有我邦之善端，可以述之于中土，而中国之美行，亦可达之于我邦，俾两家日臻于洽习，中外均得其稗也"；等等。1854年11月，该刊登载了一篇招揽广告的启事："若行商租船者等，得借此书以表白事款，较之遍贴街衢，传闻更远，则获益至多。今于本月起《遐迩贯珍》各号，将有数帙附之卷尾，以载报贴。"次年起，其增出附刊《布告篇》，刊登各类广告并开始收费，这是在我国的中文报刊首次出现的收费广告。

随着商品经济发展，英国商人要在中国推销自己的货物，中国商人要贩卖进口的商品，都必须借助信息传媒。因此，中文商业报刊业务获得了极大发展，中文报刊的风潮席卷港沪等地，一大批中文报纸蜂拥而出，这些报纸的出现极大推动了报纸广告事业的发展。1861年，英商字林洋行在上海创办《上海新报》，该报在发刊词《本刊谨启》中宣称："开店铺者，每以货物不销，费用多金刷印招贴，一经风雨吹残或被闲人破坏，即属无用……"劝读者做报纸广告。该报除少量新闻报道之外，大部分版面都用来刊登广告，而且还为风琴、铁柜（即保险柜）、火轮车等产品的广告"各绘一图，附以说明"，名

之为"机器图说"，图文并茂，提高了广告的艺术感染力，取得了很好的广告效果。1858年，《中外新报》在香港创刊，每日只发行一张四开报纸，广告却占到报纸版面的三分之二。1868年，英美传教士在上海创办了《万国公报》，在其第二期，就刊登了汇丰、贾立费等洋行，以及华英大药房、大英火轮船公司等英商企业的通栏广告。1872年，中国历史最久的中文报纸《申报》在上海创刊，该报创立伊始就确立了重视广告的办报方针，广告版面所占比例逐年上升，一般都在50%以上，其中多是外商广告。当时，在《申报》上刊登广告叫作"买告白"，广告费也相对低廉。广告刊例规定："以50字为式，买一天者，取利资250文；倘字数多者，每加10字照加钱50文。买二天者取钱150文；字数多者，每加10字照加钱30文起算。如有愿买三四天者，该价与第二天同。"此处"利资"，便是广告刊例费用（图8-2）。

19世纪中后期，中国民族资产阶级逐渐成长起来，在与洋人的商业竞争中，他们开始意识到刊登报纸广告的重要性，一大批华人纷纷投身报业，开始创办自己的报纸。国内一部分希冀变革的士大夫和知识分子从外国报刊中接受了西方资产阶级的新文化、新思想，认识到报纸在传播信息、促进贸易、普及知识、上下沟通和内外交流等方面的功能，也开始投身办报行业。仅1895—1898年三年时间，全国就创办了32家主要中文报纸。这些报纸和外国人所办报纸不同，多登国货广告，广告也排在不显著位置。同时，在维新思潮下，资产阶级改良派也创办了一大批报纸，这些报纸虽旨在宣传改良思想，但是也非常重视发展报纸广告事业。总体而言，清末华人报刊广告水平相对低下，广告手法古板，排版简单，形式简陋，以文字广告为主，多数广告都没有图饰。

20世纪初，各地办报活动日增。甲午战争之后，外资报纸发展迅速，民办报业逐渐兴起。在全国性的经济中心，如上海，工商业发达，交通便利，印刷业发展迅速，资产阶级相对集中，党派活动十分活跃，上海成为全国报刊事业的中心，仅1901—1905年，就有五六十种报纸创刊发行。沪上两大报业巨头"申新两报"，在广告方面激烈竞争，一定程度上促进了现代广告的发展。《新闻报》于1893年创立于上海，该报以经济新闻为重点，打开了报纸的市场。在报刊创立初期，苦于经费紧张，免费登载各戏院的演出戏目，希望讨好戏院老板。而戏院老板们早期多将这些戏目广告刊登于《申报》之上，因此并不领情，不让他们抄戏目刊登。《新闻报》老板得知此事，非常愤怒，命令排字工人任意乱排戏目，搅乱戏院生意。各戏院老板迫于无奈，只得在其报上出钱刊登。激烈的竞争已经在中国报业广告中初见端倪（图8-3）。

随着报业蓬勃发展，广告主与广告经营者以及广告媒介之间的关系逐渐清晰，广告代理商逐渐出现。广告代理商最早以报馆代理人和版面买卖人的形式出

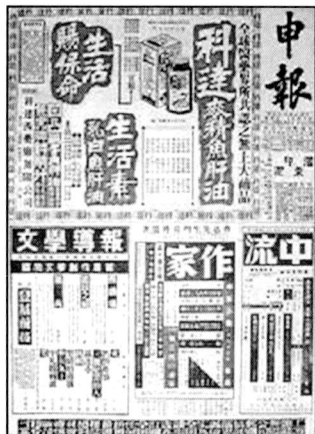　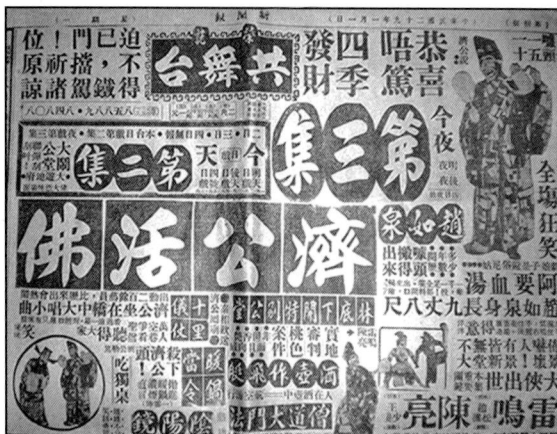　

图8-2　《申报》。　　图8-3　《新闻报》。

现，后来转变为专营广告制作业务的"广告公司"和"广告社"。由于商品竞争日
益激烈，客户不满于在本地报纸上作广告，为了适应这一局势，广告代理人的出现
成为必然。

《申报》在创刊上特意申明，外地广告由卖报人代理："苏杭等处有欲刊
告白者，即向该卖报店司人说明……并须作速寄来该价，另加一半为卖报人饭
资。""卖报人"即为报馆广告代理人，"饭资"即为广告代理费。广告代理
前身即为此处广告代理人，他代表大众媒介从事推销工作，给报纸推销广告并
从中获得酬金。广告文字、设计工作仍由报社承担。后来，随着报纸的广告业
务不断壮大，报馆纷纷设立广告部，广告代理人有的成为报馆广告部的雇员，
有的则独立经营广告社和广告公司。这些广告中介的诞生，反映了当时社会对
广告的需求在不断增加，同时也逐步形成了一个新兴的行业。那些规模较大的
企业在报纸等媒介刊登广告较多，旗下一般设有广告部，专门负责设计广告。
例如，1902年成立的英美烟草公司是广告大户，连续几年在《申报》等报纸上
刊登广告。1905年创办于香港的南洋兄弟烟草公司旗下也设有广告部。进入20
世纪，很多独立于媒体和企业的专业广告公司鳞次栉比地出现。

鸦片战争之后，中国社会的大门开始向西方打开，外国资本家开始向中国
输出资本，洋商洋货不断涌进中国，外国商人和中国民族资产阶级的竞争日趋
激烈。为了宣传自己的商品，外国商人们带来了很多印有外国人物及风景、静
物的画片，以此作为广告。为了弥补东西方文化差异，他们还借用中国传统木
版年画形式，把中国的吉祥图案、民间传说制作成广告小纸片，作为赠品，广
泛宣传。这些小纸片，随着布匹、香烟和石油等外来商品一道分发到消费者手
中。这种招贴，对比强烈，层次鲜明，风格独特，商人往往附加阴阳历书和四

图8-4 清代上海洋行的保险公司发行的美女月份牌。

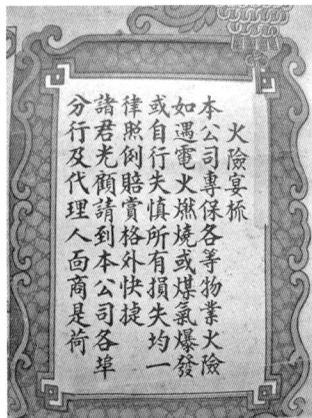

图8-5 清代上海洋行的保险公司发行的月份牌。

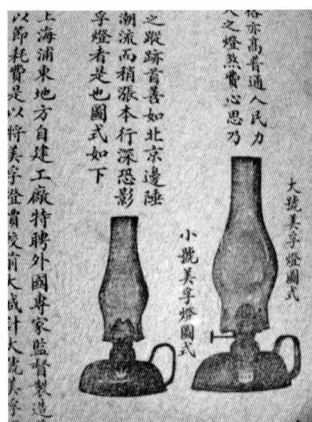

图8-6 "美孚灯"介绍。

季节气于其上，因而得名"月份牌"，以表其特征。民众们往往将其悬于家中墙壁之上，画面上不仅有他们熟悉喜爱的通俗绘画，还有全年年历，具有实用价值。"月份牌"一经诞生，就迅速发展流行，成为当时一种时尚潮流（图8-4、图8-5）。

洋商们不仅在商品广告上做文章，还利用各种活动，吸引眼球，宣传产品。1894年，美孚石油公司开始进入中国市场，他们不仅制作了大量的文字广告，还特别制作了铁皮座玻璃罩的油灯，俗称"美孚灯"。上写"请用美孚石油"的广告字样，以买二斤油送灯一盏来促销商品（图8-6）。这一系列的促销活动，使美孚公司仅用了十年时间就垄断了中国煤油市场的半壁江山。1902年某日，上海几乎所有的人力车夫都穿上了绣有"烤"字的背心，车夫们的这一举动引起了过往百姓的极大好奇，街头巷尾，人们议论纷纷。事后得知，原来这是一家英国烟草公司新推出的"翠鸟"牌香烟广告。因为该品牌香烟的烟叶是烤制的，所以广告商在背心上印了"烤"字来诱发人们的好奇心。这种新的广告方式很快就被中国商人学会，而且利用报纸广告做得更加巧妙。1918年某日，上海各报头版同时刊印一个红色大鸡蛋，这则没有文字说明的广告一出，顿时成为人们关注的焦点。待到真相大白之日，才知道这原来是福昌烟草公司新产品"小囡"牌香烟即将上市，公司请大家吃"喜蛋"。此广告一出，"小囡"香烟一举成名，与英美香烟分庭抗礼于烟草市场。

晚清时期，一方面是刚刚诞生于西方的现代广告业随着现代报业的发展，进入了中国市场并取得了一定程度的发展；另一方面，中国传统的广告形式在西风东渐中，也逐渐维新变革，附上了几分国外广告的影子。但是，当西方资本主义国家迅猛发展之际，中国社会仍然止步不前。洋务运动和维新变法失败之后，中国陷入了更为深重的危机。中国现代广告的发展与中国现代化发展历程相似，呈现出发展不充分和地区之间的巨大差异的特点。沿海地区，如上海、广州等城市，是西方资本进入中国的桥头堡，是当时中国经济最发达，也是受西方文化影响较大的城市，这些地区的现代广告业发展较快。但是，在中国其他地区，除了原始的叫卖吆喝和招牌之外，几乎看不到现代广告的影子。

现代广告业在晚清的起源推动了广告学相关著作的出现。1903年，商务印书馆出版了日本学者松本君平的《欧美新闻事业》一书，该书是中国第一部新闻学译著。1913年，商务印书馆出版了美国人休曼的《实用新闻学》一书，书中有两章专门论述广告（时称"告白"），介绍广告刊登和写作的方法。相关学者表示，该书为西洋传至我国的第一部广告学相关著作。

中国古代广告在漫长的发展过程中，对于广告管理只是局限在道德规范的制约中，这与现代意义上以法律为主要手段的广告管理有着本质的区别。鸦片战争以后报刊广告的出现，以及20世纪20年代广告公司的产生，大大推动了广告行业的发展，对广告的管理工作开始提到议事日程上来。1904年，清朝政府颁布了中国最早的商标法《商标注册试办章程》，也为中国广告管理之滥觞。

8.1.2　民国时期的广告

1912年，孙中山宣誓就职中华民国临时大总统，中国历史上第一个资产阶级共和国政府诞生，持续千年的中国封建社会走到了历史的尽头，近代资本主义制度得以确立起来。制度以《临时约法》的形式确立起来，使民族资产阶级受到很大鼓舞，他们尽相组织各种团体，筹办各种实业，开辟了中国资本主义发展的道路。同时，帝国主义忙于"一战"，减少了对中国的资本输出和商品倾销，客观上为中国民族工业发展带来了有利的时机。

但是，民国政府统治下的中国，内忧外患，国势危殆。连续的战事使国内甚至上海这样的国际大都市经济面临崩溃的边缘，加之以蒋介石、宋子文、孔祥熙等国民党政要凭借政治特权，操纵出口贸易，控制国民经济命脉，极大地阻碍了民族资本主义的发展。至1937年前，四大家族垄断了国民经济的主要部门。至1940年，"四行"存款额占全国银行存款总额的80%～90%。抗战胜利后，1946年的统计数据表明，四大家族控制的官营银行已占国民党统治区银行总数的70%，属下工矿企业已占全国产业资本总数的80%以上。

由于以上诸多因素作用，我国社会发展始终无法进入正常的轨道，广告也呈现出一种畸形的发展状态。同晚清类似，民国时期的广告发展情况也极端不平衡。不过，较之晚清广告，民国广告无论是在影响力、波及范围还是发展水平方面都远远超过了晚清时代，取得了长足进步。在西南四川，《国民公报》《四川群众》等报纸大量刊登广告，使版面面目大变。第一版广告最多时可占版面的三分之二，第四版和第八版也全是企业和商品广告。

较之晚清，民国广告最明显的进步是广告媒体的多元发展和广告表现形式的精彩纷呈（图8-7至图8-11）。报刊媒体在民国时期进步最快，影响最大。因为，"商家已经认识到，在发行量较大的报纸上刊登广告，其作用和影响更为突出。一纸风行，不胫而走。故报纸所到之区，即广告势力所及之地。且茶

图8-7 《新闻报》封面巨幅广告。

图8-8 "仁丹"广告。

图8-9 红狮香烟广告。

图8-10 生化"涕滴滴"系列悬念广告。

图8-11 司麦脱系列悬念广告。

图8-12 《东方杂志》封面 。

图8-13 《申报》广告中马占山将军照片。

坊酒肆，每借报纸为谈资"。华人报业在与西方报业的竞争中取得了绝对优势，很多像《申报》这种由洋人所创报纸逐渐被华人接管。1934年，《申报》固定资产已达200万银圆，在同样200万银圆的年营业额中，广告收入份额高达150万银圆。在报纸广告内容方面，"广告之地位，已较新闻之篇幅为多"。据《中国报学史》记载，广告种类已从商务广告扩展到社会、文化、交通等其他用途的广告。据相关学者的研究，1933年12月1日，《申报》30版中，29版均登有广告，总共多达540条。不仅如此，此时还出现了"四面靠水"式的报纸广告，"有时会把新闻地位挤成一小块，或者夹成一条小弄堂。而且花样翻新，广告千奇百怪。有的在版面中央登一块广告，而四面补上新闻。被称为'四面靠水'"。与报纸相比，我国杂志的发行量也不相上下。1923年，邹韬奋主编的《生活周刊》每周发行量高达15万份，其广告量也非常巨大。民国时期，《东方杂志》《妇女杂志》等杂志非常热衷刊登各类图画广告，为杂志增添色彩（图8-12）。

民国时期的报纸广告，除了传播商业信息和市民信息之外，还常常带有浓厚的政治宣传特征，广告常常被用来作为政治斗争、维护民族利益和民族尊严的工具。1931年10月5日，"美丽"牌香烟将东北三省地图及铁路干线大幅画面刊登在《申报》头版，提醒国人"国人爱国，请用国货"。同日，冠生园食品公司以"冠生园在抗日运动中"为标题，打出"打倒日本帝国主义"口号。1931年12月，福昌烟草公司在《申报》广告中放置马占山将军照片，倡导国人一致对外，将爱国精神和产品完美结合起来（图8-13）。此时，民国政府对报界的这种爱国行为，也给予支持。1931年，国民党上海特别执行委员会在《民国日报》头版刊登"同胞们，日本已占据沈阳了！团结起来！一致对外！"的公益广告。据1930年出版的《浙江新闻史》记载："自'五四'运动及'五卅'案发生，对日英货广告，均曾相继拒登。最近浙江省党部宣传部奉中执会宣传部训令，又有优待国货广告减少外货广告之令知，外货广告，益见锐减。"

中国共产党在其初创时期，创办革命刊物之时也非常重视广告的作用。毛泽东在长沙创办《湘江评论》，创刊号中，明确登出了广告价格："封面首期每字大洋二分，二期至五期一分半，六期至十期一分二。中缝首期每字一分半，二期至五期一分一，六期至十期一分。均以五号字计算，长登另议。"李大钊和陈独秀在北京创办的另一革命刊物《每周评论》中，报头之下，刊登了"广告价格表"，向社会各界招揽广告。1923年，中国共产党的机关报《向导》杂志创刊，从第四期起就刊登介绍进步书刊的广告。抗战时期，中国共产党在延安、汉口等地创办的《解放日报》《新华日报》《人民日报》等机关报

图8-14 《解放日报》报头。

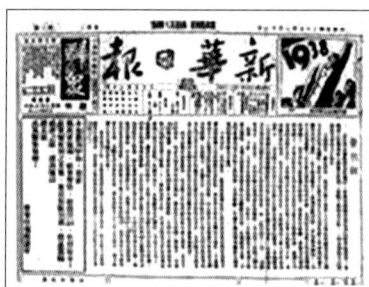

图8-15 《新华日报》创刊号。

上，也经常刊登各类广告信息。1944年，《解放日报》刊登了一则广告信息，称"本社承印各种表册、账簿、股单、商标、地图、画报、广告等石印品，如有印者请来本社接洽"。1945年，《新华日报》在第四版开辟大众广告专栏，仅四个半月，就刊登了500多条广告。内容包括寻人与代邮、征求与出让、声明与启事、征聘与特聘等（图8-14、图8-15）。

广播广告的出现是民国广告史上一件很有历史意义的事件。1920年，世界上第一家广播电台KDKA在美国匹兹堡市建立，广播广告随之诞生。我国广播事业发展几乎同步于西方。1922年，美国人奥斯邦在上海建立了中国第一家广播电台。该台每天60多分钟的播音，节目丰富多彩，除了有国内外新闻、演说、音乐等，中间还插播广告。不久，美商新孚洋行和开洛公司所办电台相继开播，节目中都插播广告。1926年10月1日，东北的哈尔滨广播电台开播，这是中国人自办的第一家广播电台。紧接着，由上海新新公司创办的第一家民办电台于1927年3月开播，每天播音6个小时。广播事业发展迅速，1923年，上海只有500多台收音机，5年后，上海市收音机拥有量较之前一数字增长了6倍。1937年，全国有民营广播电台55座，仅上海一地，就有44座。广播成为继报刊之后第二大广告媒介。当时的私营电台，主要靠广告收入来维持，竞争十分激烈，各种形式的广告节目不断涌现。广播广告分两种：一种是小报告，一日数次由播音员播报，广告之间穿插唱片；另一种是广告客户"买时间"承包节目，专为其做广告。广播电台的出现，标志着中国广告进入了电波广告时代。

民国时期，广告媒介形式的多元化还表现在橱窗广告、路牌霓虹灯等现代广告的出现上。1917年，上海先施百货公司开始使用橱窗广告。20世纪30年代，上海的永安、新新、大新新等百货公司，也在商店门前设置大型橱窗广告，这种风气很快在几乎所有稍具规模的商店中盛行起来。上海福州路商务印书馆的书橱窗，为了配合其朴素的书籍封面风格，使用屏风式的背景，赢得了同行们的赞誉。

霓虹灯广告属于电气广告的一种，其最早出现在法国的巴黎。1926年，上海南京路伊文斯图书公司在其橱窗内用霓虹灯安装了一幅"皇家牌打字机"英文吊灯，为我国最早的霓虹灯广告。1927年，上海湖北路旧中央大旅社门前安装了第一具霓虹灯招牌"中央大旅社"。当时上海最大的霓虹灯广告是1928年安装在西藏路大世界对面的"红锡包"香烟。其广告中间是一口大钟，四周除了"红锡包"三个大字之外，还有香烟一包，香烟从烟盒内一支支跳出，最后一支是燃烧的香烟，烟头上青烟袅袅，环绕大钟，非常生动逼真，引人注目。被誉为"四大公司"的先施、永安等四家著名的大型百货公司，地处上海最繁华的南京路，为了招徕顾客，也纷纷采用霓虹灯广告。先施公司屋顶的"先施"两字霓虹灯安装较早，以"始创不二价，统办环球货"为口号，率先实行商品标价制度；永安公司以"Customers are always right"（顾客永远正确）霓虹灯置于商场的最显眼之处，霓虹灯广告从此风靡一时。30年代的上海，除了闹市区大小商店都装有不同的霓虹灯招牌及广告之外，室内或橱窗还设置霓虹灯挂灯，一时间，整个十里洋场彻夜通明，如同白昼。

路牌广告最先出现在19世纪的美国。民国成立之前，我国铁路沿线的车站就出现了车站路牌广告，这是我国最早的路牌广告形式。20世纪20年代，路牌广告已经流行开来，从开始利用油漆刷墙的原始形式逐步向新的路牌广告形式转变。很多广告公司将五彩印制的招贴贴于墙面，其后又改用木架支撑、铅皮装置、油漆绘制。其画面设计新颖，内容主要是香烟、药品和影剧信息。使用招贴最多的是日本的仁丹、大学眼药以及英美香烟。路牌一般集中在大中城市繁华喧闹的街区。据1933年上海市公用局统计，在上海236处公共场所，广告牌已经接近4 000平方米，政府相关机构设立的布告牌仅占20多处，面积为123平方米，而民用商业类的广告牌则多达216处，面积为3 822平方米。此外，在人口流量较多的地段、交通要口、屋顶、铁路沿线和风景区，路牌广告的影子也随处可见。如英美烟草公司就在上海及其他大城市的马路、街头遍设广告牌。为了吸引消费者注目，各广告商家绞尽脑汁，想出了很多有创意的路牌广告形式。如电影《夜半歌声》的路牌广告被装成了舞台式，契合其电影背景；"蝶霜"路牌，尺幅不大，立体的"蝶霜"两字上被贴以金箔，蝴蝶须上配以弹簧，临风而动，栩栩如生；上海美灵登公司设计的"可的"牛奶路牌广告，用白铁皮、木架等材料制成，能闪闪发光，引人注目；"冠生园"公司在吴淞口岸设立的"冠生园陈皮梅"路牌广告，是老上海巨型路牌之一（图8-16）。

随着媒体技术和广告意识的不断发展完善，民国时期还出现了电影广告、摄影广告等新式广告手段。1935年，在第六届全国运动会上，《新闻报》首次采用氢气球做空中广告。1936年，中国航空公司用飞机喷雾在空中写下"中国

图8-16　上海街头霓虹灯。

图8-17　民国时期美女月份牌广告。

图8-18　民国时期美女月份牌广告。

图8-19　民国时期美女月份牌广告。

图8-20　民国时期美女月份牌广告。

图8-21　民国时期美女月份牌广告。

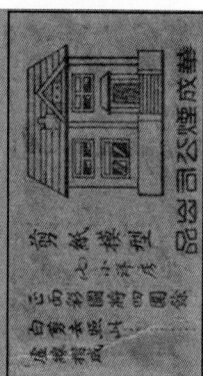

图8-22　民国时期香烟牌子广告。

航空公司"的英文缩写，这是中国最早的"书云广告"。

此外，其他传统的广告形式在民国也得到了一定的发展。"月份牌"广告画和香烟牌子是当时最具时代特色的新兴广告形式，其广告画雏形在晚清时期已经出现。1884年创刊的《点石斋画报》，每年都要送单色大年画，以飨读者。这种做法在当时报界中十分流行，各大报社向读者们赠送画报，用来为报社做宣传。这种广告形式由于将传统和现代完美地结合起来，符合中国人的审美观，随后得到了迅猛的发展，并在20世纪二三十年代流行开来，后期的"月份牌"逐渐去掉了年历，变成了纯粹的广告画。民国流行的广告画主要以美女题材为主，美女又分古装美女和时装美女两类。西施、貂蝉等古代美女和阮玲玉、蝴蝶等明星成为广告画的主角。早期广告画的画家主要集中于年画画家，如"桃花坞"高手周慕桥、赵藕生、李少章等人。1915年，郑曼陀发明擦笔水彩画，广告艺术技巧得到极大提高，广告画也进入一个全新的阶段。广告画从原来描绘传统美人到表现时尚女性，概括了近代的新生活图景，描绘了女性的娇媚芳容，其"嗲、甜、嫩、糯"的特色被画家们淋漓尽致表现出来，广告中的美女成为追逐时尚的女性们效仿的对象。20世纪30年代，涌现出李慕白等一大批广告画名家（图8-17至图8-21）。

香烟牌子是当时的另一种流行的广告形式，是从软包装香烟盒改置硬纸片转化而来，其内容丰富多彩，尺寸大小不一，是当时香烟公司进行宣传的一种主要方式。牌子一般正面绘有彩色画面，背后印有香烟公司名称、烟标、厂房、故事释义和诗文，等等。牌子内容广泛，其中以四大名著为题材的香烟牌子是各厂家竞争的重点。据相关统计，一共出过21种《三国演义》、15种《水浒传》、9种《西游记》、8种《红楼梦》的牌子，参与厂商多达35家。另外，还有一些厂商把流传的谜语、谚语、警句、风景等全搬上了香烟牌子，吸引消费者。此时，更有别出心裁的香烟公司，承诺消费者只要收集一整套其"出版"的香烟牌子，就能换取足赤金手镯等贵重物品。这些广告具有很强的吸引力，就连非烟民们都趋之若鹜，争相购买（图8-22）。

在现代广告媒介和现代广告经营制度不断发展和完善的同时，民国时期广告的创意水平和策划能力也有了较大提高。如鹤鸣店"天下第一厚皮"、梁新记牙刷"一毛不拔"等一大批脍炙人口的广告层出不穷（图8-23）。还有精明的广告商人借助各种社会焦点做相关广告策划，推销商品。其中，汉口"太平洋"肥皂的案例最为典型。

"太平洋"肥皂的前身是汉口一家默默无闻的小肥皂厂，由于厂子名声不响，产品长期滞销，生意很不景气。第一次世界大战爆发之后，报纸上"太平洋"字样一时间目不暇接，"太平洋"成为当时的流行词。受此启发，该厂老板将本厂生产的肥皂改名为"太平洋"牌肥皂，并开始大造广告声势，几百块广告牌同时出现在武汉三镇的街头巷尾，还修了一条叫作"太平洋"的马路。经过这番炒作，"太平洋"肥皂一时间家喻户晓，供不应求。

近代著名文学家茅盾主编的《中国一日》，为吸引读者，在封面书名上横题"现代中国的总面目"，中央竖排文字"这里有：富有者的荒淫与享乐，饥饿线上挣扎的大众，献身民族革命的志士，女性的被压迫与摧残，落后阶层的麻木，宗教迷信的猖獗，公务人员的腐化，土豪劣绅的横暴。"这种书刊包装方式直到今天仍然被广泛采用。

图8-23 梁新记牙刷"一毛不拔"广告。

民国时期，民国政府先后出台了一系列广告法律、法规，对广告市场加以管理。同时，在广告行业内部，也出现了一系列协调成员内部关系的组织。1919年，"中国广告公会"在上海成立，是我国广告业界最早的行业组织。但是，公会的成员多为报社、出版社、企业等性质的单位，所以严格来讲，他们还不是广告组织。1927年，维罗广告社等6家广告公司在上海发起成立的"中华广告公会"，才是我国纯粹意义上的第一个广告行业组织。广告民间组织的出现，标志着诞生于西方工业文明的这种广告形式，已经完全中国化，并且开始发展壮大。

现代广告在中国的发展不仅催生了中国广告民间组织，而且还推动了中国广告学研究的发展。民国初年，我国广告学研究活动开始起步。早期广告学只是作为应用新闻学中的一部分被介绍。以后，随着广告事业的发展，广告学才开始从新闻学中独立出来，成为一门独立的学科。广告研究和广告教育是把中国现代广告推向科学化的最大动力。

1913年，美国记者休曼所著《实用新闻学》的译文由上海广告学会出版。1919年，徐宝璜所著《新闻学》由北京大学新闻学研究会出版。1927年，戈公振所著《中国报学史》由商务印书馆出版。这些影响一时的书籍中，已有专门章节研究广告。我国最早出版的广告学研究专著出现在1918年，商务印书馆根据美国的《怎样做广告》（*How to Advertise*）编译了《广告须知》，该书多次再版，至1927年7月已出至第8版。1926年，商务印书馆出版了蒋裕泉所著《实用广告学》，该书为国人出版的第一部广告学专著。1928年，上海世界书局出版了删世勋的《广告学ABC》。1931年，上海新文化社出版了如来生所著《广告经济学》。此后多年，广告专业书籍陆续出版，如《广告学》《中国广告事业史》等。民国时期，报纸是广告的主要载体，广告收入是报纸媒体的主要经济命脉，不少报业经营管理专著都把广告作为一个非常重要的问题进行研究。1940年，陆梅僧著，商务印书馆出版的《广告》一书，对广告原理、广告制作、广告排列和印刷、广告登载、广告工作部分、广告道德等方面都做了详尽的学理阐释。

我国广告教育滥觞于北京大学。1918年10月14日，北京大学"新闻学研究会"成立，该会是中国历史上第一个新闻研究团体，徐宝璜为副会长。1920年9月，上海圣约翰大学成立报学系，系统介绍广告学相关知识。从1920—1933年，中国的新闻教育事业开始逐渐发展起来，全国不少学校开设新闻学相关课程，国立和私立学校开始筹办或成立报学系或新闻学系，职业新闻学校也纷纷成立，但广告学作为新闻学下设的相关课程，没有取得学科的独立地位。民国时期，广告学的教育和研究水平都还非常有限，广告人才相当匮乏。虽然在大学里设立了广告学这一科目，但由于并非主要科目，未能引起社会的重视。

8.2　大陆广告的边缘时代（1949 — 1979）

8.2.1　1949—1966 年的大陆广告业

在1949年到1979年的30年间里，由于受苏联社会主义模式影响，我国经济长期奉行单一的计划经济政策，采用计划手段进行资源配置，忽视了市场的作用，导致商品经济萎缩，使得现代广告的成长发展缺少了必要的土壤。但是，在20世纪50年代至60年代初期，随着生产的发展，我国广告还是获得了一定程度的发展。例如，广告管理制度不断健全，广告教育取得了一定程度的发展，广告宣传成为社会主义思想宣传和经济宣传的重要工具。可是，在接下来的"文化大革命"中，广告活动的正常发展受到了严重干扰，甚至一度被列为取缔对象。党的十一届三中全会召开以前，全国广告公司、报刊、电视台等很少经营广告业务，中国广告事业步履维艰。

中华人民共和国成立初期，我国广告业处于重建和整顿阶段。首先，各个城市纷纷解散私营广告社，将他们合并成具有一定规模的广告公司。如天津市在1951年把全市的广告业合并起来，成立广告总店。其次，政府大力整顿广告媒介，军事接管了国民党遗留下来的广播电台和报社，对私营商业电台和报社采取组织管理制度，审批查核，限制刊播内容。与此同时，在许多大城市又开办了一些专门的商业广播电台，这些电台大都开设了广告节目，这个时期的广

扫描二维码，
了解更多案例
（图片）。

告呈现出上升趋势。1951年，天津广播电台的经费已经能够全部自给，北京台的广告收入甚至每月还能够上缴国家利润。同时，政府还利用广告同业公会这一机构加强广告的行业管理。1951年上海市工商局规定，刊播商业性广告内容均应由电台、报刊负责人签名盖章，送同业公会初审，再由工商部门审核后方可发布。这样的做法，实际上是通过公会审核广告，限制不正当竞争。

除了以上这些手段之外，国家还颁布了一系列新的广告法规，加强对整个广告行业的引导。1949年10月至1952年底，天津、上海、西安、重庆、广州、武汉、沈阳等大城市先后出台《广告管理规则》《管理广告商规则》《关于印刷厂商管理暂行办法》《防止利用广告欺骗顾客的办法》等一系列法律法规。天津、上海、北京等地规定了广告商必须向有关政府部门申请登记办照。上海市颁布的《广告管理规则》规定，凡在上海市"经营广告业务之广告商，应有固定场所及经营业务，并应向公用局请领许可证，凭此向工商局请领工商登记证，方得营业"。这些法律对广告内容也进行了相应规定，强调广告内容必须以"纯正为主"，不得做不实的夸大。同时还规定了广告的发布范围、广告媒介、商品种类以及广告的表现形式和内容。这些规定，在很大程度上规范了广告市场，对广告发展有较好的促进作用。

此时，广告还要求体现"三为"方针，"广告为社会主义政治服务、为农业生产服务、为工农兵服务"。当时，广大城乡政治宣传工作如火如荼，如街道墙面书写革命标语，绘制宣传画廊，宣传新生政权、无产阶级领袖、工业生产成就等。为了配合抗美援朝战争，全国大街小巷以"抗美援朝，保家卫国"为主题的宣传画也随处可见。这个时期的广告业不仅为新中国广告事业的发展开了一个好头，也为建立和发展社会主义广告事业奠定了良好基础。

1953—1956年是我国的社会主义改造时期，私有经济的公有化改制在这个时候紧锣密鼓地开展起来，我国对资本主义工商业的改造进入了全行业公私合营的新阶段。全行业公私合营使得"商业广告没有用了"的论调甚嚣尘上，理论界也有人戴着"左倾"的有色眼镜来看广告，认为广告是"资本主义产物"，这些无疑对广告业的发展带来了不利的影响。

为了适应这种形势，各地广告公司进行了合并，组成一些较大的公私合营的广告公司。北京、上海、天津等城市先后将广告公司、广告美术公司分别划归市级行政部门分口管理指导。上海市经过这种改制，将全市所有的广告公司合并为上海市装潢公司和上海美术设计公司，分别由上海市商业局和上海市文化局领导。北京市的广告公司被合并重组为由市文化局领导的北京市美术公司。同时，政府还对广告从业人员进行思想政治教育和业务培训，消除旧社会商品广告的资本主义经营方式和旧的思想，加强为"一化三改造"服务，树立

"为工农业生产者服务""为消费者利益服务""为人民服务""为社会主义服务"的思想。

为了将广告业纳入国家计划经济和行政体制指导，各地还陆续出台了一系列法规。1954年，武汉市政府实行了《广告管理暂行办法》。同年，广州市政府颁发了《广州市广告管理暂行办法》和实施细则，规定广告管理工作由工商局负责管理。这一系列法规的出台，使各地广告审批业务、登记发布、收费等一系列工作进一步制度化、规范化。1952年，在国内的一些大城市召开了广告经验交流大会，会上总结了1949年以来的广告业成就，指出了不问政治、追求赢利、庸俗低级的广告倾向。1956年后，各地先后确立广告管理工作由市文化局、工商局领导的管理形式，为社会主义工业化、农业集体化做出了保证。

全行业公私合营之后，由于很多企业已不再需要广告进行宣传，广告业务全面萎缩。1956年，八大会议之后，刘少奇在视察中央广播事业局时，对当时所流行的轻视广告的思潮提出了批评："广播电台为什么不搞广告？人民是喜欢广告的。生活琐事和人民有切身关系，许多人很注意和自己有关的广告。过去北京有一些电台播广告，你们取消了，是不是怕搞广告？报纸也是要登广告的。我看有些城市电台可以播广告。"刘少奇对广告在经济建设中的积极作用进行了充分肯定，表明了国家对广告事业的关心，有力推动了广告事业的发展。这个时期广告公司的业务主要集中在两个方面：一方面是为对外宣传服务，包装宣传出口商品。1957年12月，13个社会主义国家在布拉格召开了国际广告工作会议，我国商业部派代表以观察员的身份出席。会议做出了题为"从人民利益出发，发展社会主义商业广告"的决议，提出了社会主义商业广告的基本任务，并认为社会主义广告的基本特征是"思想性、真实性和具体性"。该会议让我国广告工作者们大开眼界，获益匪浅。1958年，政府发布了《关于承办外商广告问题的联合通知》，确定了"外商广告由上海市广告公司、天津市广告美术公司、广州市美术广告装饰公司承办。在地方，由商业局、工商行政管理总局领导广告公司的业务活动。各报刊停止直接对外"。该通知为规范进出口商品的广告活动起到了积极的作用。

另一方面，广告还起到向人民群众宣传介绍商品、方便群众生活、为国家政治服务的作用。1959年，商业部发出了《关于加强广告宣传和商品陈列的通知》，要求"各种形式的广告都应该为政治、为生产、为消费者、为美化城市服务，以贯彻国家政策和真实、美观、经济、实用的原则，力求做到生动活泼、健康美观、鲜明乐观和通俗易懂"。同年，商业部又确立了"思想性、政策性、真实性、艺术性和民族风格"的原则，以后"四性一格"成为社会主义广告的基本特征。1958年5月1日，我国第一座电视台——北京电视台开始试验播出。从此，电视列入了我国广告媒体行列。

8.2.2　1966—1979 年的大陆广告业

1966年，"文化大革命"爆发。在这个独特的时代中，商品经济制度被从根本上否定，广告作为商品生产和交换的宣传工具也丧失了其生存下去的土壤。不仅如此，广告事业被当作"封、资、修"彻底批判，广告事业遭到了前所未有的打击，基本处于停滞的状态。

"文化大革命"时期，大量刊物被迫停刊，仅存的或新出的期刊只有21种。已经定性为"四性一格"的社会主义广告遭到空前浩劫，被斥责为"资本主义生意经""崇洋媚外的舶来品""资本主义腐朽和浪费的表现"和"封资修破烂货"。各地广告公司关门歇业，广告从业人员"上山下乡"，大量广告基本上被大批"大颂扬""红海洋"所代替。红卫兵的"破四旧"运动（即破除旧思想、旧文化、旧风俗、旧习惯）进一步"砸烂"了广告事业。"当时，凡是带有帝王将相、才子佳人、福禄寿喜、天女散花、鸳鸯戏水、长命百岁等图案或造型的商品均不得出售和宣传。商品名称是外语译音的，如咔叽、凡尔丁、阿司匹林、巧克力、威士忌、夹克、克郎棋等都必须改名，不得宣传。1966年8月，北京市百货大楼停售的'有问题'的商品就达6 800多种"。在这场浩劫中，许多百年老字号牌匾被红旗和标语占领，或者换成了如"红卫"等招牌。据当时《人民日报》报道，"在红卫兵'革命'精神的鼓舞下，王府井百货大楼的革命职工搬掉了门上的'王府井'3个大字，改名为'北京市百货商店'；'全聚德'的革命职工在红卫兵的鼓舞下砸了具有70年历史的'全聚德'牌匾，正式挂上了'北京烤鸭店'的新招牌，正厅的烤鸭店照片广告被换成了毛主席语录；'亨得利'钟表店的革命职工在1964年以来两次提出改掉老字号的要求，但没有实现，现在职工们在红卫兵的鼓舞下，经集体讨论，改名为'首都钟表店'；20日晚上，红卫兵把沿用资本家命名的'徐顺昌服装店'改名为'东风服装店'时，街道上一片掌声，人们齐声高呼'毛主席万岁''东风压倒西风'"。

8.3　大陆广告的发展时期（1979 年 — 20 世纪末）

8.3.1　大陆广告的复苏期（20 世纪 70 年代末—80 年代初）

（1）"打开新的一页"

中国广告的复兴得益于一个时代的政治思想变革与开明的政府决策。1976年粉碎"四人帮"，中国政局发生了重大变化。1978年底召开的中国共产党

扫描二维码，了解更多案例（图片）。

十一届三中全会纠正了"文化大革命"的错误路线，确立了全党全国人民将工作重心转移到经济工作和"四化"建设上来的基本方针，至此，中国经济进入了高速发展的时代，广告业也开始全面复苏。伴随着国内经济的蒸蒸日上，国外先进广告理念和广告文化不断渗入，中国现代广告终于赢来了蓬勃发展的黄金时代。

1949年后，随着计划经济的极端发展与政治意识形态的全面控制，尤其在"文化大革命"期间，全国广告业停滞不前，基本上遭到全面破坏。20世纪70年代末，上海广告公司全面恢复工作，被遣散的人员陆续调回，各项实际工作重新开始起来。1978年，上海广告公司与19个国家和地区共16家媒体取得了联系，并在停业多年之后第一次在这些媒体上发布中国出口产品广告。接下来的半年中，上海广告公司先后在荷兰、英国、加拿大等国的报纸上发布数百次广告，金额多达83万美元。但是，此时国内其他媒体仍然严禁刊登广告，广告在中国大陆的发展仍然举步维艰。1978年，上海广告公司通过《工人日报》向时任中宣部部长的胡耀邦提出恢复国内商业广告的建议，并得到了肯定。但是，首先发布广告的却是《天津日报》。1979年1月，《天津日报》率先刊登了天津牙膏厂的"蓝天"等五种牙膏产品的广告（图8-24），这是改革开放初期第一条报纸广告。随后，同月23日，《文汇报》刊发了第一条外商广告。3月20日，《工人日报》刊登出第一个整版外商广告——日本东京芝浦电气株式会社的广告。3月23日，日本两家公司分别在上海两家大报上刊登整版广告，精工牌石英表的广告刊登在《文汇报》上，美能达照相机的广告刊登在《解放日报》上。4月17日，《人民日报》也开始刊登地质仪器广告和商品广告。11月23日，《人民日报》又刊登了日本三菱汽车公司的汽车广告，这是改革开放以来的首例汽车广告。

京、津、沪地区的率先示范，也推动了其他地区广告业的恢复。1979年4月，《南方日报》刊登了瑞士雷达表广告，《浙江日报》《杭州日报》等媒体

图8-24 1979年1月4日，《天津日报》刊登的蓝天牙膏广告，这是中国改革开放后第一条报纸广告。

也分别刊登了大量的国内外商品广告。据相关统计,1979年,在全国工商行政机关登记的经营广告的报纸就有231户。

电视广告的出现几乎与报刊广告同步。1979年1月28日15:30,上海电视台播放了上海药材公司的"参桂补酒"广告,同时打出"上海电视台即日起受理广告业务"的字幕,该广告为我国第一条电视商业广告。3月15日,中央电视台率先发布了第一条外商来华商业广告——瑞士雷达表广告,并成立广告科开始受理广告业务。同步出现的还有广播广告。1979年3月15日,上海人民广播电台播出了全国首例电台广告——"春蕾"药性发乳广告。之后不久,广东人民广播电台播放了"乐都表"的外商广告。此时,路牌广告也同样发展起来(图8-25)。1979年2月,上海恢复路牌广告业务,在11个公交站点设立40多块广告路牌;3月10日,上海美术公司也开始办理户外广告。6月,北京市委同意恢复北京的户外广告,并委托北京市美术公司对其进行规划(图8-26)。

与此同时,我国一大批广告公司纷纷建立起来。据初步统计,1981年底,全国有广告公司60余家,至1982年,我国专业广告公司已达115家,共有广告经营单位1 623家,广告从业人员1.8万人,广告营业额达1.5亿元。1979年8月,主营外资来华广告的北京广告公司成立,并于次年5月与主营国内广告的北京市广告公司合并,改称为北京市广告公司。上海外贸系统恢复了上海广告公司,上海商业系统的上海市美术公司更名为上海市广告装潢公司,上海文化系统恢复了上海市美术设计公司。1979年下半年,全国各地广告公司纷纷建立。广东省广告公司、广州市广告公司及天津市广告公司先后成立。随后,沈阳、杭州、武汉、成都等地,广告公司也纷纷出现。1980年,第一家集体广告企业——唐山市美术公司成立。

图8-25 幸福可乐是改革开放之后的第一条路牌广告。

图8-26 改革开放初期北京路牌广告。

由于当时国家对广告的政策仍不明朗，这些广告活动颇受各方非议。1979年11月8日，中共中央宣传部发出了《关于报刊、广播、电视刊登和播放外国商品广告的通知》，要求"调动各方面的积极因素，更好地开展外商广告服务"，"广告外汇收入两年内暂不上交，以进口纸张和改善技术设备"。这是中国共产党首次发布的指导广告事业的文件。该通知的发布，使各方明确了党的广告政策，极大地推动了我国广告业的全面发展，揭开了我国现代广告发展新的一页。

（2）"为广告正名"

中华人民共和国成立初期，由于长期奉行高度集中的社会主义计划经济，广告在国民政治经济生活中的作用逐渐被淡化、消解，使本来就并不发达的现代广告事业逐渐走向停滞、衰落。"文化大革命"之中，广告被视为"资本主义的毒草"，是资本主义腐朽没落的标志，被彻底从人们日常生活中抹去。"文化大革命"之后，针对各种形式广告相继复苏的状况，我国社会从上到下，质疑声此起彼伏，不绝于耳。1981年，中央电视台播放了西铁城手表的广告，在全国引发不小争议。有人指责中央电视台播放外国手表的广告，崇洋媚外，长他人威风，灭自己志气。甚至一些官员要求中央电视台立即停播这则广告。与此同时，北京王府井大楼摆出的西铁城手表的橱窗广告，也受到了有关方面的干涉。百货大楼据理力争仍不完全奏效，最后不得不以妥协的方式从正面撤到了侧面。在广告活动恢复时期，中国广告发展举步维艰，为广告恢复名誉是广告业界亟待解决的问题。

最早为广告进行合法性辩护的人是上海广告人丁允朋。1979年1月14日，《文汇报》在第二版"杂谈"栏中发表了丁允朋的文章《为广告正名》。文章针对"广告是资本主义生意经，要它干什么"这种普遍的意识形态偏见，指出："对资本主义的生意经要一分为二，要善于吸收它有用的部分，广告就是其中之一。我们有必要把广告当作促进内外贸易，改善经营管理的一门学问对待。"文章认为："广告能指导商品的流向，促进销售。这一点，对于我们社会主义经济来说，也是可以用来促进产品质量，指导消费的。"除此之外，文章还进一步指出："有些国家广告的发展并不一定局限在做生意上，比如美国，香烟广告上注明'吸烟对健康有害'，同时，还在香烟包装上印有'吸烟危害身体健康'的字样。"

客观上讲，该文章为广告的合法性辩护并未提出什么强有力的学理理由，但是，这并未降低文章的实践意义。在那种"谈广告色变"的年代，仅仅"为广告正名"这一提法，已经足以产生巨大反响了。文章发表不久的2月21日，联邦德国的《明镜》周刊发表了一篇《开阔眼界》的报道，为此进行评论：

"1976年上海出版的《新闻系小辞典》中说，'广告在资本主义社会中有一种明显欺骗的特征'……打从去年起，复旦大学专家们的这种看法已经吃不开了……现在，他们又要给'广告重新恢复名誉'了——上海的《文汇报》中有一篇文章就是这样说的。"同时，日本等西方国家的报刊也纷纷回应，认为这是中国改革开放的标志。

《为广告正名》一文发出之后，在全国广告界迅速得到了广泛的回应，许多广告研究机构、广告组织和广告学家，纷纷从不同角度为广告合理性进行辩护。1981年4月，《中国广告》在创刊号上发表了钱慧德的《试论社会主义广告事业发展的客观依据及其作用》一文，文中表示，广告是商品经济的产物，商品经济并非资本主义的专利，社会主义也存在商品经济，因此，"社会主义商品经济的性质决定了社会主义广告事业的存在与发展……社会主义广告事业是国民经济中不可缺少的门类"。同年，傅汉章在《市场学的研究与运用》的演讲稿中指出："广告的作用正如其他商品宣传一样，是市场经济活动中公开宣传的工具，在生产者、商业经营者和消费者之间起沟通作用，是市场营销的组成部分。通过广告有利于促进生产、沟通产销、开展竞争、指导消费、促进销售、满足需要。"他认为，广告作为一种信息工具，本身并没有阶级性。1985年，《中国广告》登载了丁允朋的另一篇文章《我国社会主义广告特征刍议》，丁允朋将"四性一格"延伸发展为"五性一格"（思想性、情报性、真实性、科学性、艺术性和民族风格），"'五性一格'是同资本主义广告相比较而存在的，但又并非与之割裂开来、绝对对立起来的。他们在市场营销、信息传播、艺术创作等方面的规律性是相通的，有的甚至是一致的。为着实现我国广告的现代化，借鉴和吸取发达国家广告中一切有用的东西是必不可少的"。这些文章从学理上回答了当时所广泛讨论的"广告究竟姓社还是姓资"的问题，中国当代广告意识的关注点开始向非意识形态化的现代广告意识转换。

虽然广告理论家们以学理的方式来论证广告的重要性。但是，对绝大多数普通大众来讲，"眼见而实、耳听为虚"，理论界的争论对他们没有任何意义，最能说服他们接受广告的办法就是让广告自己"为广告正名"。20世纪80年代初的《中国广告》上，一个个"广告效果集锦"即为例证："徐州齿轮厂是生产汽车起重机齿轮配件的专业厂。由于任务不足，转产试制撕裂薄膜牵伸卷绕机组和花边剪刀等产品。但不能及时推销出去，虽然曾经采取'请进来和派出去'的办法，但收效甚微。有的同志建议在报上刊登广告，有的同志却认为登广告既不符合社会主义'正统'经营方式，又怕花钱收不到效果。抱着试试看的心情，接受徐州市美术广告公司的建议，于1981年6月下旬在《工人日报》上刊登了广告。不久，全国各地要求订购的竟达一百四十多家，形成了供不应求的局面。许多同志深有体会地说：'派人再多，跑不遍全国，广告一登，生产上升。'"所谓"广告一登，生产上升""一张广告救活了一个工厂"，这些活生生的事例，反映了80年代初期的广告狂潮。虽然这些事例只是特定历史条件下的特殊现象，并不具有普遍性。但是，该狂潮在恢复广告的名誉，让老百姓重新接受广告所起到的作用、所做出的贡献来讲，不可小觑。

（3）层出不穷的广告媒体形式

20世纪80年代初，随着国民经济逐步恢复和高速发展，我国广告业迎来了新的发展机遇。从1981年到1995年，全国广告营业额从1.18亿元增加到273.27亿元，广告经营单位从1 000多家增加到4.8万家，广告从业人员从1.6万人增加到47.74万人。1983年，全国广告专业公司已达181家，年经营额达4 870.9万元，占当年全国广告经营额的20.8%。1983年到1986年，广告经营单位、广告从业人员、广告营业额平均每年分别增长44.9%、47.8%、55.3%。

这一时期，虽然广告事业向前发展势头迅猛，但是由于国人的现代广告知识还很匮乏，广告运作和广告设计十分粗糙，谈不上策划和创意，大多数广告只是简单的信息告白，广告处在一个"温习传统广告做法"的时期。此处的"传统"，指广告只是停留在原始的简单信息传达阶段，并未从受众意识出发，考虑消费者的接受情况。此时报纸广告普遍采用简单文字加上图片艺术装饰的模式。在广告人和企业家的意识中，传递广告信息等同于客观地传达商品本身的物品信息，而且还认为"既然花了钱做了广告，那么在广告中说得越多，字写得越满，图片配得越多就越物有所值"。有些广告甚至跟新闻没有太大区别。这种告知性的"原始广告"，将产品的形象直接绘制出来，将产品的物性直接书写出来，谈不上艺术性和美感。

1979年11月12日，《文汇报》发布了一条由上海柴油机厂自行设计的产品广告，这则广告在显著位置注明该产品"荣获国家一等品奖"，声称该产品"历史悠久、质量可靠、配套便利、配件齐全、服务周到、实行三包、欢迎订购、代客改装、畅销全国、面向全球"。自此之后，以获奖来证明产品优良的四字打油诗形式的文字广告开始风靡全国，形成80年代中期的广告时尚。一种类似于"畅销海内外，誉满全球""畅销国内外，驰名中外"的浮夸八股形式广告开始盛行起来。

1986年，《中国广告》发表了《海外人士谈广告》一文，指出了这些现象的根源："国内近年来对广告已开始重视，不过对广告的要求仍只限于商品资料的传达，至于广告的另一功用——打动消费者的心，引起或加强消费者对商品的需求 —— 似乎未能掌握。……对广告认识不深的人，一般以为广告与其所用媒体传达的其他讯息相同，例如报章广告，作用与报章新闻消息并无二致，以为读者阅读时的心理状态与吸收过程完全一样，因此，广告亦追随新闻表达的方式，有多少说多少，不肯浪费篇幅，以免浪费金钱。由于这种误解，因此国内所见广告绝大多数只着重介绍商品名称，以最枯燥乏味的文字来说明商品的作用和好处，对于读者或消费者的反应，缺乏清楚预计及掌握。"

以上分析不无道理。但是，仍然忽略了中国大陆80年代特殊的"信息空缺""供不应求""购买力低下"这些历史背景。首先，80年代改革开放之初，我国市场商品极其短缺，属于卖方市场，消费者对商品没有多少选择余地。其次，由于长期封闭，国内信息流动滞缓，各行业之间缺乏有效的信息沟通渠道，还处于信息荒漠时代，虽然广告表现手段拙劣，但仍能满足人们了解信息的要求。最后，人们刚刚经历过"文化大革命"，还处在信息不公开、商品短缺、市场竞争不平等、购买力低下等情况下，消费只是他们用来满足最基本生存需要的手段。因此，人们对广告商品并不挑剔。

80年代初的广告虽然从总体上来讲十分粗糙，广告制作手段单一，广告水平十分低下，但是，也有一些广告人在改革开放的背景下，开始吸收西方的先进经验，积极地在广告之路上进行探索。

西方先进的广告经验进入中国与我国广告业对外交往不无关系。1979年，日本电通公司最早进入中国，与北京广告公司、上海广告公司合作，开展进出口业务，并于次年在北京、上海设立了电通事务所，开始进行广告调查、效果研究的探索。同年，由美国三大广告公司组成的"美中广告委员会"造访中国。不久后，麦肯、杨·卢比凯公司在京、沪两地举行广告讲座。上海李奥·贝纳广告公司在香港成立。日本博报堂广告公司也设置了中国部，开始探讨日本企业利用中国媒介进行广告宣传的可能性。1980年，北京广告公司派出考察团赴日参加"电通赏"，这是中国广告人第一次走出国门。1981年，日本广告协会第一次组团来华访问。1982年，国家工商行政管理局派多个代表团到中国香港广告界取经。同时，国外先进广告理论的引入也推动了西方广告经验在中国的传播。1981年，中国工商出版社出版了美国广告学者沃森的《广告与商业》，1982年，广西人民出版社出版了《国际广告400例》，与此同时，《中国广告》《国际广告》等杂志开始陆续刊登介绍国外广告的文章。

1979年，南京化妆品厂采用太湖出产的珍珠研粉配制出"芭蕾"珍珠膏在香港的推广是一个典型的对外成功整合营销案例。香港的化妆品市场历来被美、法、日等国商品垄断，在请专家对香港市场行情以及香港人的消费习惯和心理进行调查后，南京化妆品厂作出恰当、周密的整体广告计划。确定了"含珠量5%的新配方"的产品卖点，设计了白色为底色的包装纸盒，印上了双手托着一颗珍珠的金色商标，以突出商品的珍贵感和纯净感。他们还计划在商品试销期间，每盒珍珠膏中放有镶有珍珠的别针一枚，作为赠品，以此提高商品档次。而在商品尚未入港之前，江苏省外贸部门就委托香港中国广告公司以各种广告手段做前期宣传。招贴广告以太湖风景为背景，既突出了"芭蕾"珍珠膏的太湖来源，又展示了中国大陆的乡土风情。此外，还在报纸上详细介绍了上海生物化学研究所、江苏省中医门诊部等单位对珍珠成分的化验分析以及珍珠膏对颜面皮肤病疗效的鉴定。同时在富丽华饭店举行招待会，邀请港澳台各大报记者、实业界、美容界、爱国人士、演员明星以及社会名流共200余人。据当时香港《华侨日报》称："国货宣传，有如此盛大场面，实难一见。"与此同时，公司还在报纸、杂志、电台上大做广告，并在几处较大的经销点前由"芭蕾小姐"为顾客做示范表演。在这一系列广告活动的推动下，香港市场上出现了争购"芭蕾"珍珠膏的热潮。

内销产品广告方面也不乏精彩之作，广州市珠江衬衫厂的"熊猫牌"衬衫广告的营销推广便是80年代初成功的案例之一。1980年，该厂首先选择了恰当媒介作为突破口，在广播、电视台上大做广告，并推出平实、亲切且有乡土气息的广告口号："熊猫牌衬衫，你着最啱（你穿最合适）。"与时下流行的虚浮不实之风迥异，令人耳目一新。接下来，该厂全面开花，多媒介强化熊猫衬衫的形象。1981年，广州市一些群众团体组织了一次移风易俗的集体婚礼，该厂为每对新人赠送"熊猫"衬衫，反响很大。1982年春节，该厂又在广州迎春花市的入口牌楼上悬挂了一排大红灯笼，上书"熊猫牌衬衫贺新禧"几个大字，给人们留下了美好吉祥的印象。在这一系列出奇出新的广告攻势之后，"熊猫"名声大震，"熊猫牌衬衫，你着最啱（你穿最合适）"几乎成为人人皆知的口号。

当时，上海日用化学公司的"露美"广告也是较为成功的广告案例。该产品为了突出品牌的高档性和系列性，除在包装、商标设计和色彩基调上狠下功夫外，还持续几年进行整体性系列广告，打破了中国广告复兴之初的那种"游击式"作业方式。1985年，"露美"系列化妆品已成为全国化妆品市场上的抢手货，产量比1984年增长了26%左右，而旗下的露美美容厅营业额与利润增长了近五倍。露美广告推广活动将广告与整体营销有机结合起来，证明了广告作为企业营销计划之一的重要性，他的成功标志着中国广告从产品广告到品牌广告的转折。

80年代初，在我国广告发布量最大的是日本企业的广告。东芝、日立、松下、三菱、卡西欧等一系列企业通过先进的广告战略，取得了巨大成功。三菱电梯提出了"三菱电梯，致力于中国现代化建设"的口号，有效淡化了人们对日本产品的敌视态度。松下电器用闪光的珠片连缀成孙悟空的形象做成广告路牌，竖立在北京等城市的车站、广场和商业闹市区，赢得了人们的认同。在日

图8-27　改革开放初期卡西欧阿童木广告。

本商品的广告中，卡西欧电子琴利用铁臂阿童木形象做成的广告给人们留下了深刻的印象（图8-27）。

《铁臂阿童木》是我国引进的第一部外国卡通片，该片不但赢得了小朋友的喜爱，甚至还赢得了许多成年人的喜爱。铁臂阿童木是当时最有人气的卡通形象，当深受人们喜爱的阿童木在屏幕上以其特有的形象做商品广告时，人们对他的喜爱就在不知不觉中转移到对商品的喜爱。在铁臂阿童木的形象逐渐沉淀为国人时代记忆的同时，铁臂阿童木的广告也储藏进了人们的美好回忆中。这些国外企业广告的进入，使人第一次感受到广告的魅力，人们对精彩广告的喜爱超过了对索然无味的电视节目的喜爱。

"TOSHIBA、TOSHIBA新时代的东芝""味道，好极了"等一系列广告语，在当时成为人们耳熟能详的广告语。

这个时期，在广告的媒体表现方面，其新意也层出不穷。1980年8月8日，《文汇报》的一则广告采取了时下新奇的问答形式作为广告。1981年，北京市广告艺术公司设计的"双菱"牌拉链广告借用刘晓庆的形象来做广告，该则广告可以说是中国当代广告史上最早出现的名人广告之一。1984年，上海的广告人开始尝试制作浮雕式广告牌和电动三面广告路牌。如"鹅牌"汗衫广告，广告牌上两只白色天鹅的浮雕，一只昂首展翅，扑打水面，一只低头悠游，闲雅自在，浮雕式画面视觉效果非同一般；"金星"电视机广告牌，雕塑了一尊高4.5米的大型"飞天"浮雕，配以铜皮制作的金光闪闪的商标图案和大红色的"金星"木质字，各种材料相映成趣。

此外，电视媒体在20世纪80年代初也发展迅速，特别是一批电影、电视界行家里手的加入，影视广告展现出一番新的景象。如"三角"牌钢化玻璃杯和"钻石"牌手表的广告是当时电视广告杰出的代表。

"三角"牌钢化玻璃杯电视广告设计了一对杂技小丑的表演：一位小丑将一般的钢化玻璃杯摔得粉碎，另一位小丑则怎么也摔不碎手中的"三角"牌玻璃杯。整个片子，对比鲜明，诙谐有趣，没有一句解说词，却将产品的特性展示得清清楚楚。"钻石"牌手表系列广告《吃俺老孙一棒》和《孙悟空战败二郎神》也别有新意。该片以动画的形式来表现，具有较强的幽默感和视觉冲击力。其中第二部《孙悟空战败二郎神》尤其精彩，片中孙悟空借助"钻石"牌手表这一"法宝"转败为胜，当孙悟空用这法宝击中二郎神的武器时，二郎神大叫："什么宝贝，真准啊！"这个"准"会使人联想到手表走时准确，一语双关，意味深长。

在20世纪80年代初，对是否顺应形势开设广告专业，教育界普遍存在争议。很多人认为广告有"术"无"学"，仅为一门技术含量低下、操作简单的工艺美术活动。在这种思想的影响之下，高等院校普遍对开办广告专业反应冷淡。1983年5月30日，经教育部批准，厦门大学传播系开办了中国高等院校第一个广告学专业。1988年9月，北京广播学院（现中国传媒大学）新闻系开办了广告专业，并于1989年夏开始正式向全国招生。1983—1988年，虽然全国仅有厦门大学一所大学开设了广告学专业。但是，为了提高从业人员素质，适应广告发展需要，一系列广告函授教育开始登上历史舞台。1985年，长春广播电视大学大专部开始开设广告专业函授教育班。1986年2月，中国广告协会开办了中国广告函授学院（三年制），开设17门课程，首批招录学员近5 000名，这对缓解广告人才短缺的问题起了很大作用。同时，广告相关研究刊物也不断涌现。1981年，上海广告装潢广告公司主办的《中国广告》杂志正式出版发行，这是我国第一本广告专业杂志。1984年，中国对外经济贸易广告协会会刊《国际广告》在上海创刊，该刊的前身是始创于1983年的《广告通讯》，这是继《中国广告》之后的第二本专业广告刊物。

随着广告业的恢复和高速发展，在极左时代被撤销或取缔的广告管理部门和广告行业组织得以恢复和重建，广告法律法规也重新建立起来。1979年8月，当时的"广州市革命委员会"恢复了广告管理所。1981年，全国外贸系统的广告公司联合组建了"中国对外贸易广告协会"，这是中国第一个全国性的广告行业组织。1983年，全国最大的广告组织——中国广告协会在北京建立，负责对全国广告经营单位进行指导、协调、咨询和服务工作，并组织开展国际广告交流活动。1982年，国务院颁布了《广告管理暂行条例》，这是中华人民共和国成立以来第一个全国性广告管理法规。管理机制的恢复，对于规范广告业界秩序，协调广告业界内部自律，有着重大促进作用。

8.3.2　大陆广告的探索期

如果说20世纪80年代初的基本问题是"能否做广告"，问题集中在解决广告的合法性问题之上，那么，80年代后期的基本问题则是转移到"如何做广告"上来。总体来讲，整个80年代的中国广告，都处在一种无所适从的状态。从80年代中期以来，中国大陆广告市场开始急剧由传统市场向现代市场转向，一些企业和广告人被迫改变传统的广告形式以适应新的市场环境。然而，人们既不熟悉现代市场，也不熟悉现代广告，正在形成的现代市场处于畸形发展的状态。此外，对西方的现代广告理论与经营的借鉴在此阶段还属于生吞活剥的状态，人们也不清楚如何做现代广告。在广告法规方面，1982年2月6日，国务院颁布了《广告管理暂行条例》。1984年10月27日第八届全国人大常委会第10次会议通过了《中华人民共和国广告法》。1987年，国务院对《广告管理暂行条例》做了进一步修改和补充，正式颁布了《广告管理条例》。

1984年，北京广告公司起草了《北京广告公司企业经营管理纲要》和《北京广告公司经营发展规划纲要》，这是中国大陆广告公司现代广告意识的真正觉醒和向现代广告经营体制进行转型的标志，掀起了中国广告现代化的狂潮。80年代中后期，很多企业调整了组织结构，广告不再隶属于企业的"宣传部门"而属于"销售部门"，并且往往以企业销售公司"广告科"的形式出现。然而，这种以"单纯促销为目的"的广告组织也不能适应现代市场上企业整体营销的要求，而且由于条件限制，大多数企业的广告行为还处在被动的、零星的状态，缺乏现代广告的整体策划意识。

这个时期，出现了全民办广告的"繁荣景象"。据统计，1985年全国的广告经营单位共有6 052家，到1992年上升到16 652家。在这些经营单位中，普遍存在从业人员素质差、作业水平低、经营管理混乱等现象，严重破坏了广告行业的形象。为此，政府曾对广告业进行清理整顿。

广告业复兴以来，媒体就一直是广告市场上的真正主角。然而，媒体的主要业务毕竟不是广告，而且随着市场经济的发展，企业对广告的要求越来越高，那种将广告作为一种副业的做法已和现实格格不入。在此情形之下，专业广告公司的不可替代性真正凸现出来，同时，专业广告公司的全面代理与媒体垄断经营的矛盾也变得异常尖锐。由于上述种种原因，20世纪80年代中期到90年代初，尽管不少有识之士大力提倡建立"以广告公司为核心，以代理制为基础"的现代广告市场体制，但各种现实阻力最终使人们感到"心有余而力不足"。

这一时期，中国大陆还未建立起整体的现代广告市场，但局部的现代广告实践发展迅速，虽然现代广告的观念不成系统，但是已经初步形成。以产品为中心的陈旧观念逐渐被摈弃，以消费者为中心的现代广告理念逐渐被普遍接受。如上海"百丽"牌香皂针对女性的爱美心理特征所做的以"今年二十，明年十八"为口号的平面广告，广告词虽略显夸张，但是却深得中国年轻女性的欢迎。1991年，凤凰自行车的平面广告《独立，从掌握一辆凤凰自行车开始》，画面中推着凤凰自行车的女孩意气风发，其形象与广告词相得益彰。该广告不是从一般消费者出发，而是以特定的目标消费者为对象，将现代理念与凤凰自行车的关系定位在'学会独立'这一生活方式上。

这个时期是中国现代广告的探索期，广告策划和广告运作基本上都是"摸着石头过河"，"不确定性"是这个时期广告运作策划的基本特征。但是，也有许多可圈可点的案例。如广州"海飞丝飘柔亲善人行动"的促销活动，该活动由宝洁公司选登系列报纸广告中不同行业的女性照片以及她们对产品使用后的简短评语，同时挑选多家档次较高的美发厅和发廊对持广告前来的各阶层女性提供周到而优惠的洗发服务。这一招在今天已不足为奇，但在当时却是令人耳目一新的。活动推出后，效果明显。为此，美国宝洁总部还为广州宝洁颁发了"最佳消费者创意奖"和"最佳客户创意奖"两项大奖。1988年，上海三菱电梯有限公司在成立一周年文艺晚会上宣布：凡1987年1月1日出生的上海市区儿童均可得到上海三菱公司赠送的生日礼物。这种别出心裁的活动，说明这些企业家和广告人已经开始将公关活动作为整体营销的一部分予以考虑。

健力宝饮料的推广活动方案是这个时期的经典之作。1984年3月，一家手工作坊式的广东省三水酒厂生产一种新型运动饮料，取名为"健力宝"。当时，国内饮料市场正被各种各样的中外产品所占据，如何将"健力宝"这一新产品打入市场的确令人头痛。而此时，健力宝公司敏锐地捕捉到"运动饮料"的个性价值，果断确定了借助体育事业导入市场的广告战略。经过多方努力，健力宝被指定为第23届奥运会中国体育代表团自带饮料的首选饮料。而在这届奥运会上，中国大获成功，李宁独获3枚金牌、2枚银牌、1枚铜牌，在全世界引起了巨大的轰动。伴随中国体育代表队的成功，健力宝成了全世界关注的焦点。各国媒体盛传健力宝是中国队员的"制胜法宝"，被冠之"中国魔水"的称号。一夜之间，健力宝名扬天下（图8-28）。

图8-28 健力宝广告。

自第23届奥运会后，健力宝集团更将自己的广告策略确定为"打体育牌"。1987年，健力宝集团耗资250万元购得第六届全运会运动饮料专用权；1988年，中国、尼泊尔、日本三国登山队联袂攀登珠穆朗玛峰，"健力宝"随五星红旗登上了地球之巅，成了"世界最高峰饮料"；1989年，体操王子李宁加盟了健力宝集团；1990年，健力宝集团以600万元巨资买下第十一届亚运会运动饮料专用权，又以260万元买下火炬传递活动的专利权。这一系列活动，使健力宝在80年代成为运动饮料的代名词，健力宝获得了惊人的成功。1986年，其销售额为5 000万元，到1992年上半年，其销售额已达6.1亿元。

除了体育这张牌，他们还不失时机地抓住一切可以利用的机会开展广告攻势。1992年下半年，美国总统大选期间，驻纽约的健力宝美国有限公司听说克林顿夫人要到纽约为其丈夫助选，就设法征得相关部门同意为助选大会提供饮料。在举行助选大会的豪华游艇上，健力宝美国公司负责人向克林顿夫人献上了健力宝饮料，就在克林顿夫人笑盈盈地举杯饮用健力宝之时，早已站好位置的摄影师连忙按下了连拍快门，记录下了这一经典时刻，这幅珍贵照片为健力宝公司做了一个不花钱的大广告。

广东太阳神集团公司前身是广东东莞黄岗保健饮料厂，原是一家民办股份制乡镇企业。80年代初，该厂开发生产出一种具有双向调节和增强免疫力的新型保健口服液，取名为"万事达"。当时，中国的保健品市场主要被传统的蜂王浆类口服液所占据，投放市场后一直销售不畅，于是改名为"生物健"。但是，产品销售仍无起色。1987年，该厂试探性地将"生物健"改为"太阳神"，意在通过塑造一种独特的产品形象，并且，创造性地引入了西方的视觉识别系统，形成了品牌统一、独特的风格，成功摸索出一套有计划的、整体的现代广告运作经营模式，创造了一个在外界看来不可实现的神话，使这个5万元起家的民办乡镇企业在短短几年间一跃成为年营业额数十亿的集团公司（图8-29、图8-30）。

改革开放以来，随着经济高速发展，企业的生产同一化趋势愈发明显，市场竞争逐步激化。激烈的市场竞争开始影响到广告方式，80年代初期，"自我

图8-29 太阳神标志。

图8-30 太阳神电视广告。

叫卖"式的广告方式开始变化，一批有明确针对性的竞争性广告开始出现，"市场开发和竞争的外在表现形式必定是广告战"。其中，"神州"牌热水器和"万家乐"热水器之间的广告战，最激烈也最有魅力。1988年，"万家乐"热水器亮相，其生产技术在当时最为先进，使当时处于热水器行业领先地位的"神州"黯然失色。自此，围绕技术和质量两点诉求，两者的广告战争拉开了帷幕。刚一开始，"万家乐"抢了先手，出其不意、频频出招，"神州"只有招架之功，无还手之力。1989年，"万家乐"启用当时红极一时的香港明星汪明荃代言产品，让"神州"几年端不过气来。但是，"神州"通过生产亚运会接力火炬为契机，精心策划了"亚运火炬大征联"活动，并邀请时下"名嘴"沈殿霞为其代言，扭转了广告战中的颓势，扩大了产品的市场份额。

这场针尖对麦芒的广告战争，结果不是两败俱伤，而是互相促进，共同发展，成为广告史上的奇迹。1992年，"万家乐"的产值上升到5亿元，"神州"的产值上升到4亿元。1992年8月，中国消费者协会和《中国消费者报》在全国13个城市的调查之后公布消费者满意率："万家乐"为88.19%，"神州"为73.78%，"玉环"为31.84%，"沈乐满"为26.72%，"申花"为10.89%，"永乐"为10.69%。"万家乐"与"神州"双双雄居前列。这场广告大战，反映了我国大陆市场的竞争机制正日趋成熟，也反映了中国大陆广告业的发展有了极大提高。

这个时期，伴随着我国广告企业整体策划能力的增强，现代广告创意和设计水平也得到了前所未有的提高。这一时期的设计思潮总的看来有两大倾向，一种是以广州的广告公司群体为代表，以西方理论和经验为启示，在中国特殊"语境"下，"本土化"、艺术化创意；另一种是以北京、上海的一些国营广告公司群体为代表，严格按照西方理论和经验进行科学化创意。

广州的白马广告公司是前一种设计思潮的主要代表。他们认为"广告不能照抄生活形态，……消费者很难脱离自己的生活空间，而又不愿在屏幕上频频见到司空见惯的东西。……这就要求广告人应该营造出一个既现实又浪漫的、30秒的生存状态或情节空间"。"电视广告，归根到底是一种商业传播活动，而观众是没有义务看广告的。也就是说，创作人员在制作过程中，除了具体的表现形式的思考，还应考虑到消费者在接受广告时的心态和情形。这就要求广告的创作人员在输出商品信息、企业信息、诸种承诺的基础上，要给予观众相当的'看广告'的补偿，这种补偿说白了，就是'好看'"。他们将神话、自然、现代和传统进行极端浪漫化和纯化处理，使之产生出超现实的幻觉和美感，如其为潘高寿川贝枇杷膏和"乔士"服装所制作的广告即属此类。

与之相对，"西安杨森"系列广告是奉行理性广告创意原则的经典之作。

图8-31 风靡一时的"燕舞"牌录音机广告。

1990年，投产两年的西安杨森公司找到上海广告公司和中国广告联合公司，为其旗下的"吗丁啉""息斯敏"做产品广告。一系列仔细的市场调查活动后，他们制定了阶段性的广告计划以及综合性的广告策略，采用简洁明了的广告风格。广告发布不久，药品迅速热销。据相关调查统计，在代理前，该药品的知名度仅为8%，代理之后上升至79%；销售额由以前的8 000万元上升到2亿多元。

80年代末90年代初，还有一系列以"人情故旧"为卖点的广告，例如，"燕舞"牌录音机选用一个亲和的男青年为模特，"燕舞，燕舞，一曲歌来一片情。"当这个男孩怀抱吉他，欢快歌唱之时，"燕舞"录音机已经伴随歌声走进了消费者的心中。该广告富有情感，让大众耳目一新（图8-31）。

但是，在80年代初，类似"燕舞"的广告很少，广告情感化并未真正引起广告者的注意。直到80年代中后期，受港台电视以及广告的"人情化启示"，中国大陆广告情感化创意迅速形成一种时髦趋势，一些好的创意广告开始出现，例如，"威力"洗衣机等（图8-32）。

在80年代末90年代初形形色色的情感广告中，最为人称道的还是"南方黑芝麻糊（怀旧篇）"的电视广告。这则广告以遥远年代的小巷为场景，使用唯美的画面营造出一种浓郁的怀旧氛围，唤起了人们深埋心底的怀旧之情。广告以自然平实的电影手法将产品和怀旧、自然、朴素等生活方式联系起来，唤起人们对产品的传统记忆，将美好的精神文化附加到产品之上，使人在一个小小的回忆故事中愉悦地接受了信息的传达。因此，一经播出就好评如潮，并在1992年"全国第三届广告作品展"中获一等奖。此后，还先后问鼎各项大奖，是该时期获奖最多的广告片（图8-33）。

80年代中后期，中国大陆广告人开始以文化历史传统来创作广告，形成了一定的本土民族风格。这个时期，最成功的例子是"潮州新城"广告。该系列广告充分发掘了诸如木雕、瓷器、戏曲、功夫茶等潮州文化符号，用这些符号细致入微地重现潮州文化的魅力。

80年代，现代广告文化中所特有的一种非经济性广告形式——公益广告也借助大众媒体在我国逐步发展并走向成熟。1978年，中央电视台开始播放一些类似公益广告的节目，倡导新的社会风尚。80年代初，广东电视台曾推出《立此为照》的公益广告栏目，不过当时的这类广告还很不成熟，通常是以字幕或

图8-32 威力洗衣机广告。

图8-33 南方黑芝麻糊（怀旧篇）电视广告。

图8-34 潘虹代言"霞飞"广告。

图8-35 李默然为"三九胃泰"所做广告。

简单的画面形式出现。80年代中期，随着现代广告意识的觉醒，公益广告也发生了较大变化，逐渐走向成熟。1986年，贵阳电视台制作并播出的《节约用水》，是我国第一部成熟的电视公益广告片，标志着我国电视公益广告的正式诞生。1987年，中央电视台广告部开办了《广而告之》栏目，该栏目以一种新颖的视角采撷了许多日常生活中不被人们重视，但又确实需要引起重视并加以改正的小事，通过电视语言巧妙地公示出来，这是80年代影响最大的公益广告栏目。据统计，从1987年到1996年，《广而告之》栏目共播出了844则公益广告。同时，名人广告作为一种新兴的广告形式，也开始在大陆出现。例如，1988年，著名女星潘虹为上海霞飞日用化工厂的"霞飞"金牌特日蜜做广告，拉开了大陆名人广告的序幕（图8-34）；1990年，电影明星李默然为"三九胃泰"做广告（图8-35）。自此之后，中国大陆名人广告发展势头便一发不可收。

8.3.3 中国现代广告的动荡与发展

在中国现代广告发展史上，1992年是十分重要的一年。这年年初，邓小平南方视察，发表了鼓励加大改革开放力度的讲话，"计划经济不等于社会主义，资本主义也有计划；市场经济不等于资本主义，社会主义也有市场。计划和市场都是手段"。1992年底，中国共产党召开了第十四次全国代表大会，会议进一步肯定了邓小平的讲话，正式确立了建立社会主义市场经济体制的大政方针，社会主义市场经济是和社会主义基本制度结合在一起的。在所有制结构上，以公有制包括全民所有制和集体所有制为主体，个体经济、私营经济、外贸经济为补充，多种经济成分长期共同发展，不同经济还可以自愿实行多种形式的联合经营。国有企业、集体企业和其他企业都进入市场，通过竞争发挥国有企业的主导作用。

在邓小平南方谈话和十四大建立社会主义市场经济等一系列全面开放的政策推动之下，中国进入了实行改革开放政策以来的第二个发展高峰期，广告经营行业彻底松绑。1992年之前，广告行业是所谓特种行业，个体经营广告范围被严格控制在设计和制作两个部分。1992年之后，国家对个体和私营广告经营户放宽了政策，允许其参与广告经营，实行国营、集体、个体和合资一起上的政策，鼓励广告经营活动。80年代中后期"全民办广告"热潮的迅猛发展势头在此时变得更加一发不可收拾。1992年以后，广告经营单位数量陡然飙升，1993年到1994年两年时间，广告经营单位以每年净增1万多家的速度发展，广告从业人员以每年净增10万多人的速度增长。到1995年，全国广告经营单位达到48 082户，广告从业人员达到477 371人。

在当时人们的意识中，广告经营就是"一部电话，一张嘴；一点关系，两条腿"。广告投资少、风险小、收益大，这种误解使得一窝蜂上马的广告公司多为根本不具备现代广告代理能力的皮包公司。形形色色的皮包公司扰乱了广告市场的正常发展，大量"非专业广告人员"涌入广告界，造成广告人才良莠不齐，广告市场秩序混乱，"内刊广告""新闻广告""人情广告""回扣广告""虚假广告"等充斥中国大陆。

在广告市场陷入空前膨胀之时，广告战基本上沦为变相的媒体资源争夺战。各大媒体堂而皇之开展广告拍卖活动，成为众多企业和广告公司争夺的对象。1993年元月，各大媒体纷纷提价。中央电视台的黄金时间15秒的广告费用高达1.9万~2.1万元；《人民日报》的广告费由15万元增至20万元。该年，全国98%以上的报纸广告大幅提价，有些报纸广告价格上扬幅度高达30%。1993年5月2日，天津《今晚报》刊发一条通知，声称6月6日这天所有版面已被一家企业买断，请打算在6月6日登广告的客户错开这一天再登。这条消息引起强烈反响，许多企业纷纷要求竞买这一天所有的广告版面。《今晚报》的拍卖行为揭开了媒体拍卖的序幕，各方媒体竞相仿效。一时间，媒体竞拍蔚然成风。

而将媒体竞拍之风推到令人瞠目结舌之地步的要数中央电视台组织的"标王"招标活动。1994年11月2日，中央电视台举行1995年度黄金时段广告招标活动，孔府家酒以3 099万元的天价登上"标王"宝座。接下来两年，山东省秦池酒厂先后以66 666 668.88元和3.2亿元的天文数字购得"标王"。"标王"成为那个时代流行的关键词。秦池酒厂借助"标王"，完成了从默默无闻的小厂向品牌企业的飞跃，但最终又因不堪"标王"重负走向破产的结局。媒体竞拍如此畸形，将本不正常的媒体垄断推到了极致，极大地动摇了艰难前行的广告市场根基，纵容了广告界的豪赌之风。

权威媒体的强势竞拍，使一些广告主开始将目光投向了一些新兴的媒体形式。1992年，英美烟草公司买下了原为亚洲第一高塔的武汉龟山电视塔的广告发布权，5月5日，"KENT"四个大字开始出现在塔身。广告发布后，引发了各界的激烈争议。1994年6月，在相关部门的干预下，广告提前11个月终止合同。另一大饱受争议的类似广告媒体事件也在同年出现。6月，青岛开往北京的25/26次特快列车挂上了"琴岛海尔号"，成为我国第一辆广告列车。就在这列列车"处女航"的当天，相关部门就提出了批评，"琴岛海尔号"胎死腹中。但是，随着人们观念的改变，一年后列车广告就取得了合法的广告载体地位。1993年，万宝电器集团和香港飞行船集团合资创建了广州万宝飞行船广告有限公司，专营空中飞行广告。

此时，外资广告公司也开始大举进入中国市场，虽然客观上有助于提升我国广告的专业水平，但是，他们的出现使本不平静的广告市场再添涟漪。1986年，电通·扬罗必凯与中国国际广告公司合资，注册了大陆第一家中外合资广告公司——电扬广告公司。此后，随着外资企业纷纷涌入中国大陆，外资广告公司也开始向中国市场拓展，纷纷建立合资公司，到1996年，中国大陆已经建立起250多家跨国广告公司，占据了中国广告市场的"半壁江山"。

为了规范广告市场秩序，我国加快了推动广告市场管理和建设相关法律法规的步伐。1990年5月30日，国家工商行政管理局发出了《关于在温州市推行广告代理制度的通知》，广告代理制度开始在温州试点。1992年，国家工商行政管理局开始着手制定我国第一部广告法。1993年7月10日，国家工商行政管理局与国家计委共同制定、下发了《关于加快广告行业发展的规划纲要》（以下简称《纲要》）。《纲要》提出发展广告业的设想，肯定了广告的地位，这意味着中国大陆广告业发展第一次列入国家计划，开始摆脱盲目自发的阶段。7月15日，国家工商行政管理局下发了《关于在部分城市进行广告代理制度和广告发布审查工作的意见》，决定在全国开展广告代理制的试点工作，以期调整广告客户、广告公司和广告媒体的关系，规范广告市场，逐步向国际惯例靠拢。1994年10月27日，经过3年的调查研究，第八届全国人民代表大会常务委员会第10次会议通过了《中华人民共和国广告法》，并于1995年2月1日正式开始施行，标志着我国广告已经进入了法制化的发展阶段，从此之后，一套以《广告法》为核心，较为系统完备的广告管理法规制度的雏形基本形成。

20世纪90年代，广告经过十余年的发展，已具备了独立学科的特质。当时，原国家教委在对"文科专业目录"进行修订时，虽然把八大类学科中的专业净减了1/3，但在新闻传播学大类下却增加了"广告学专业"，并把原来由个别学校设置的"专业方向"上升为"专业"，广告学的学科地位由此奠定。到1994年，全国已有80多所高校开设了广告学专业，同时，广告教育层次也得到大幅度提高。1993年，北京广播学院开始招收广告学方向的硕士研究生，把广告教育提高到一个新的层次。1994年，厦门大学开始招收广告学方向的硕士研究生，截至1996年底，已有13所院校有广告学方向的硕士导师。1999年，全国高校扩招之后，广告学教育更是进入了狂飙猛进的发展阶段。为了追求短期利益，许多高校在根本不具备基本的办学条件和师资力量的情况下盲目"上马"，造成了广告学专业的泛滥，为广告教育的健康发展埋下了很大的隐患。

尽管90年代中前期，广告市场出现了一些混乱无序的局面，但是这并不影响中国现代广告向前发展的大趋势。这个时期，在品牌战略和细致作业方面，一些广告人进行了全新的探索，一批知名的品牌战略应运而生。如"白加黑"药品的品牌战略是这个时期科学理性化广告中最具代表性的成功案例之一。该产品于1994年末投放市场，半年后销售额就达1.6亿元，占据了全国感冒药市场的15%。

"白加黑"的成功得益于其独特的产品概念，"白加黑"产品开发者将药片分为白片和黑片，含有"扑尔敏"的黑片晚上服用，不含"扑尔敏"的白片白天服用。这个小小的改变看似简单，但是却引发了感冒药生产和服用概念方面的重要革命。"白加黑"也开始从众多的感冒药商品中脱颖而出，独放异彩，"白加黑"的产品概念迅速被消费者所认同。

90年代初期，中国大陆兴起电脑热，中山市小霸王电子工业公司敏锐地捕捉到这一市场状况，开发出一种可以学习的游戏机，既迎合了小孩子们的爱玩天性，又满足了家长要孩子学习的要求。在这一新型产品概念指导下，小霸王学习机相应推出一整套新颖的广告战略。1993年，"小霸王"在电视广告中套用儿童最喜欢的拍手歌形式来演绎产品概念。"你拍一，我拍一，小霸王出了学习机。你拍二，我拍二，学习游戏在一块儿。你拍三，我拍三，学习起来很简单。你拍四，我拍四，包你三天会打字。你拍五，我拍五，为了将来打基础。"该广告一推出，就引起了巨大轰动，小霸王学习机也借助该广告，从众多学习机广告中脱颖而出，在商业上获得了巨大的成功。同年，该系列广告荣获了中央电视台"花都杯"电视广告比赛的头奖。随后，"小霸王"开始采用明星战略，邀请香港影星成龙为其广告，意在借助"望子成龙"这一成语在成龙和"小霸王"之间建立其关系。成龙代言的电视广告的播出又将小霸王学习机热潮推向了高潮（图8-36）。

该时期，与"白加黑"和"小霸王"的"功能化品牌形象"的广告诉求相对，一大批富有人文气息的广告也开始不断涌现。广告借助产品与精神文化的关联性，将人文精神传递给相关产品，以此来确定产品独特的"人文品牌形象"。此类广告中，"孔府家酒"和"丽珠得乐"的广告令人印象深刻。

"丽珠得乐"是珠海丽珠制药厂生产的一种胃药。经市场调查后，发现在胃病患者中，男性比女性多，主要原因是男性工作强度高，日常承受的压力大，成年男子很容易染上胃病。于是，借助调查结果，丽珠集团确立了关怀男人的广告战略。"其实，男人更需要关怀。"丽珠所揭示出来的关怀男性的人文理念，引发了人们对已忽视的男性问题的关注。在广告表现上，丽珠集团反其道而行之，采用了大批普通的人作为广告主角，并且以最平常的方式对其进行表现，与当时流行的明星时尚广告形成了鲜明的反差和强烈的对比，造成了观念与视觉上的强大冲击，使"丽珠得乐"获得了一种特有的人文形象，在同类产品中脱颖而出（图8-37）。

"家"对中国人来说，含义深远。90年代初，一部描写几位北京人在纽约艰难谋生的电视连续剧《北京人在纽约》，轰动一时。该片的故事情结为"孔府家酒"广告的演绎提供了契机。1994年初，"孔府家酒·回家篇"电视广告在中央电视台播出。广告在"千万里，千万里，我要回到我的家"的背景音乐中，《北京人在纽约》的女主角王姬从纽约赶回北京，深情地向全国电视观众说出"孔府家酒，叫人想家"。其播出几乎与《北京人在纽约》同步，轰动一时。1994年，该广告在"花都杯"首届中国电视广告大赛中夺得金塔大奖、公众大奖和最佳广告语奖三项大奖。1995年，在"全国第四届广告作品展"中，该广告获得了电视类广告唯一金奖。广告给厂家带来了巨大的经济效益，1993

图8-36　成龙代言的小霸王学习机电视广告。

图8-37　"丽珠得乐"广告。

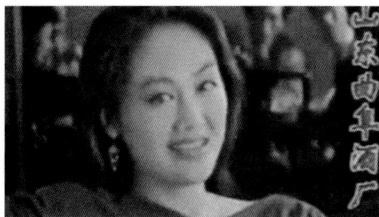

图8-38　"孔府家酒·回家篇"电视广告。

年，该厂的利税额为1.1亿元，1994年，利税额较之上年增长100%（图8-38）。

20世纪90年代，中国大陆还出现了空前的CI（企业形象识别系统）热潮。这股热潮从南方的广东起源，以"太阳神""浪奇""嘉陵集团"等一系列CI系统计划为代表，向北京、上海等城市扩散。CI热对中国大陆的现代广告意义重大，它在根本上改变了广告的性质、基础与功能，将广告变成整体与长远、多元与统一、科学与艺术紧密结合的行为。

进入21世纪，我国市场经济快速发展，广告业的发展也焕发出勃勃生机，广告公司日益壮大。中国在成为亚太地区乃至全世界最大的广告市场的同时，其自身的广告业务能力也不断增强，广告公司代理功能也日臻完善，一批设备技术含量高、管理科学化、人才齐备、业务能量大的广告代理公司不断涌现，不断缩小与西方先进国家的差距。各项广告代理功能将全面展开，广告公司除了为客户在媒体发布各种形式的广告外，业务还广泛涉及CIS设计与推广、信息咨询、市场调查、投资可行性和营销业绩评估、公关公益活动、产品展示和营销、广告效果信息反馈与评估、广告从业人员的高级业务培训，等等。

随着数字化的到来，网络、手机短信、楼宇视频、公交车移动电视、地铁电视等新的媒体传播方式迅速发展。2014年互联网已经成为中国广告市场第一大媒介，2015年中国互联网广告增长26.2%，已占中国广告市场的49%，未来还将保持强劲增势。

8.4　港台广告的发展历程[①]

8.4.1　香港地区广告发展概况

香港是世界著名的自由港和购物天堂，商业高度繁荣，广告业非常发达，是整个东南亚地区的广告中心。广告业界传有"香港广告水准高于台湾地区，更高于大陆"的说法。1840年鸦片战争以后，香港沦为英国的殖民地，后又被日本占据。这一系列经历，使香港形成了一种东西文化交织、传统观念和现代意识相融合的氛围，形成了一系列社会结构的调整和发达的市场经济体制。这

扫描二维码，了解更多案例（图片）。

---

① 因澳门地区经济状况，其广告业经营、发展基本上由香港等地公司运营，故本书并未单独讲述澳门地区广告内容。

种中西合璧的社会模式使香港广告受西方影响十分明显，很多香港广告简单模仿西方广告，缺乏自己的特色，被人比作"黄皮白心的香蕉"。

鸦片战争后，从香港开埠到第二次世界大战结束后恢复经济的100多年时间，香港主要以转口贸易为主。20世纪50年代到60年代中期，香港经济开始转型，由转口港变为以本港产品为主的自由港，并开始腾飞。这时，广告也开始蓬勃发展起来，不过广告水平还非常低下，主要以经营制作型和媒体代理业务为主。70年代开始，香港经济进一步多元化、国际化，香港的金融业、旅游业以及房产业开始兴起并迅速发展。经济高速发展和空前繁荣进一步推动了广告业的发展。从1970年到1972年两年时间内，香港广告费每年平均增长了15%。80年代，香港经济开始借助祖国改革开放的空前机遇实施了第三次经济转型，成为以服务业经济为主的自由港，广告业发展势头也更为迅猛。1981年，整个香港地区的广告营业额高达9.7亿港币，约占GDP总数的0.6%，1988年，香港地区的广告营业额已达到GDP总数的0.82%，名列世界第13位。90年代以来，香港广告额以更加迅速的速度攀升。1990年，广告营业额为67.2亿港币，约占GDP总额的1.2%，1993年约为114.81亿港币，约占GDP总额的1.28%，1994年为141.78亿港币，约占GDP总额的1.391%，1997年，香港广告业额达到200亿港币，按人均承担的广告费用计算，香港地区仅次于美国和日本，位居世界第三。香港地区的广告宣传有如下特点：第一，创新性强。通过创造新形态、新构思来吸引顾客。第二，产品形象高贵化。通过塑造高贵的品牌形象，以此满足消费者的虚荣心。第三，价格制胜的原则。以便宜的价格为诉求点，以满足消费者求廉心理。第四，比较广告滥觞。将不同品牌的同类产品进行比较，强调本产品的优点。

20世纪90年代，香港广告媒介种类繁多，媒体事业发达，且基本上是私营的商业性媒体。广告费是各媒体主要的资金来源，媒体之间竞争相当激烈。电视、报纸、杂志和广播等传统的四大媒体仍然是最主要的广告载体。90年代中后期以来，新兴的网络媒体也开始在媒体大战中崭露头角。四大媒体中，电视是当之无愧的龙头老大，占据的市场份额排名媒体之首。当时，香港主要有两家广播电台、三家电视公司。两家广播电台包括香港电台和香港商台。香港电台全称是"香港广播电台"，它开播于1928年6月30日，1938年，该台增设粤语节目，并正式成立香港第一个中文广播电台——ZEK中文台。香港商业电台于1959年6月26日开播，简称"香港商台"（CR）。电视是香港最有影响力的广告媒体。亚洲电视有限公司，简称"亚视"（ATV）；香港电视广播有限公司，简称"无线电视"（TVB）；卫星电视广播有限公司，简称"卫视"。这三大公司分别创建了许多不同特色、不同风格的电视台，如无线的"翡翠台"

和"明珠台"，卫视的"凤凰卫视"。各电视台每天的播放时间一般都在20小时之上，有些电视台甚至全天播放电视广告节目。按照香港规定，广告时间不得超过整个节目播放时间的10%，香港电视节目中的广告插播时间不算太长，但是却十分频繁，使观众在看电视时常常被广告打断。

报纸广告在香港广告业中一直紧随电视广告之后，是香港地区的第二大广告媒体。电视在所有媒介中所占的广告份额从1985年的60%，下降到1994年的44.1%，而同期的报纸广告份额却由23%增长到35.2%。但是，1989年到1995年，香港最有影响的大报《东方日报》的读者阅读量减少了12%，《明报》下降了1%，《南华早报》《香港日报》《星岛日报》等大报的阅读率也有所下降，阅读率的降低导致报纸的发行量下降。针对这一问题，各报纷纷绞尽脑汁，通过变换编辑方法，如套色印刷、附送增刊、开办特刊等手段吸引读者。这套措施取得了一定的效果，到90年代中期，报纸广告营业额开始逐步上升，与电视之间的差距进一步缩小。

杂志在四大广告媒介中名列第三，是一种非常时尚的广告媒体。香港虽仅为一处几百万人口的弹丸之地，但是杂志的种类和数量却十分惊人。据统计，截至1997年，在香港注册出版的期刊就多达693家，香港大概平均每1万人就拥有一家杂志。1994年，杂志广告营业额占媒介总广告量的11.6%。各种杂志定位相异，各自都有一批忠诚度较高的读者群。杂志广告对港人的生活观、消费观影响很大。

户外广告是香港广告业的另一个发展天地，是四大主流媒体之外重要的辅助媒介，最能直接反映香港广告繁荣景象（图8-39）。一进入香港，铺天盖地

图8-39 香港霓虹灯街景。

的广告牌、灯箱、霓虹灯等各式各样的广告扑面而来，令人眼花缭乱，应接不暇。据有关人士推测，香港每年户外广告的总收益大概在7亿港币以上，是四大广告媒介之外的最大广告媒介。全香港大约有800多家从事户外广告制作、出租业务的广告公司，其中，有200家左右都是香港广告牌制作协会的会员。霓虹灯广告是一个城市高科技广告发展水平和广告制作能力的体现，香港地区的霓虹灯广告已经高度现代化。香港信德中心大厦上有世界最大的霓虹灯广告——"三九胃泰"广告。

扫描二维码，了解更多案例（视频）。

20世纪七八十年代以后，香港广告公司发展十分迅速，一大批专业能力较强，具有全面策划代理能力的广告公司纷纷涌现。80年代中期，香港地区共有600多家广告公司。到90年代中期，香港地区的广告公司已发展到1 000多家。据统计，截至1995年3月，香港地区的广告公司以及从事有关广告业务的公司数量已高达3 606家，为80年代中期广告公司数量的6倍。但是，其中具有规模及完善组织的广告公司却不太多。按照公司实力及从属关系，香港地区的广告公司可以分为四种类型。第一类为跨国公司在香港设立的分公司或者联营公司，一般为香港广告商会会员，即业内所称的"4A"公司，可为客户提供全面服务，如电通、奥美等大型广告公司，他们每年营业额占香港地区广告公司总营业额的60%以上。第二类为非"4A"的广告制作和广告媒介代理公司，他们一般由华人开办的实力较强的华资公司构成，如远东、华联、大东等，以为广播、电视、报纸、杂志做代理服务为主。第三类是大陆在香港地区开办的广告公司，如中国广告公司、经贸广告公司、新华广告公司等，他们主要为大陆地区出口商品宣传服务，也兼营当地一些广告业务。第四类是香港本土的小广告公司，这类广告公司占香港广告公司总数的绝大多数，但是规模和影响都小得多，一般都只能做一些专门的业务，没有为顾客提供全面代理服务的能力。香港的广告公司专业化程度较高，社会分工明确，已经形成了广告公司、广告客户、广告媒介和广告制作公司相互依存、密切协作的关系。

香港是一个自由竞争、高度商业化的社会，非常重视对广告业的有序管理。类似世界上所有广告发展较为成熟、规范的地区，香港地区的广告管理主要通过政府部门的执法和广告行业组织的自律两种形式来完成。"影视及娱乐事务管理处"（简称"影视处"）是香港地区最重要的广告管理机关。在各专业、各行业的法律、法规中，都列有涉及广告管理方面的法规及条例，对广告活动及广告业都有很大的约束力。同时，香港地区还积极建立各种行业组织来自律、规范广告的发展。1957年，"香港广告商会"建立，它是香港地区广告业界全面服务性质的广告公司所成立的行业自律组织。除此之外，还有香港广告客户联会、香港华资广告商会、消费者委员会等一系列广告行业组织建立起

来。他们沟通和协调会员公司之间的关系，协助政府贯彻广告管理法规，引导会员公司遵守政府广告法规，提高服务质量，防止不正当竞争。

人才的优劣和多寡是广告单位实力强弱的重要标志。香港地区广告的从业人员有两个明显的特点：第一是年轻化，第二是专业化。香港广告的经营方式从20世纪70年代以来，急剧向现代广告形式演变，广告公司的人才多是年轻的大学毕业生，具有现代广告业务的各种专门知识，精通英文，在广告公司中极具竞争力。此外，香港地区广告从业人员的"职业寿命"十分短暂，有些公司的创意人员在完成几十件广告工作后就会被替换。广告最忌讳陷入一种僵化的模式，需要蓬勃朝气、创意活力和不可遏制的新鲜感与创作激情，所以广告从业人员更新速度十分迅速。

香港广告教育非常发达，为解决广告人才不足的矛盾，广告界开辟了许多培养人才的方式。香港的广告教育主要有学校教育和职业培训两大类。香港中文大学、香港浸会大学等知名大学都开有广告课程和广告专业。这些大学相关专业培养出来的学生，具有很高的广告业务知识，在社会上很受广告公司、新闻媒介和公共关系公司的欢迎。另一方面，由各种广告组织和广告公司兴办的广告培训班也非常普及，香港广告商会和华资广告商会每年暑假办培训班，招收对广告有兴趣的在校学生、社会青年和广告从业人员，培养了一大批高素质的专业广告人才，为香港广告业蒸蒸日上的发展做出了巨大的贡献。

8.4.2 台湾地区广告发展概况

台湾独特的历史形成了其独特的文化特质。善于吸收融合不同文化是台湾文化最显著的特色，也正是因为这个原因，台湾文化呈现出一种多元文化共存的状态，本土的南岛文化、西方文化和日本文化都在台湾地区留下了深深的痕迹。但是，中国文化无疑是台湾地区的本位文化。在传统广告时期，台湾地区的广告风格与大陆地区的基本相同，来自福建一带的主导台湾地区经济生活的汉族移民，他们把在大陆从事经济活动时使用的广告方法也带到了台湾地区。19世纪中晚期以来，西风东渐，诞生于西方工业文明的现代广告，随着西方资本主义在全球的扩张，传入我国。但是台湾地处边荒海曲之地，远离经济文化中心，基本未受到现代广告风潮的影响。1895年，台湾被迫割让给日本，从这时起直到1945年台湾光复的50年间，日本对台湾施行所谓"皇民化"的政策，妄图将台湾居民归化为日本人，发展经济被放到不起眼的地位，台湾广告业发展更是无从谈起。

日本统治台湾的半个世纪，台湾现代广告的发展步伐十分缓慢。近代报业是促进现代广告发展的绝对性力量，几乎所有的国家，现代广告制度都诞生在报纸经营中。然而，台湾报业的发展却受到了日本当局的严格控制，几乎没有多少发展空间。为了强化殖民统治，日本殖民者实行了严格的新闻管制政策。日本统治时期，全台湾仅有几家由日本人办的报纸。1896年6月，时任日本大阪府警务部长山下秀实，藉与首任台湾总督桦山资纪的同乡之谊，带着大阪《雷鸣新闻》的活版铅字印刷设备在台创立《台湾新报》，该报为台湾第一份近代化的报纸。1898年4月，在日本当局的强行干预下，该报又与《台湾日报》合并

图8-40 《台湾日日新报》创刊号。

为《台湾日日新报》（图8-40）。《台湾新报》创刊后不久，日本殖民政府开始在其上刊登广告，这是台湾最早的报纸广告。当时，报纸广告的形式与美国、日本类似，多以香烟、汽车为主。初期，台湾有四家稳定经营的日报，分别是北部的《台湾日日新报》，中部的《台湾新闻》，南部的《台南新报》与东部的《东台湾新报》。

台湾现代广告的发展，真正起步是在台湾光复之后。赵君豪等人创立大陆广告公司，推销报纸广告，为掮客型广告公司的开端。随后，一系列类似的掮客型广告公司开始建立起来，如高登贵的艺文广告社，王斌的兴业广告公司和史习枚的联合广告公司。20世纪50年代的台湾广告，被称为"广告业务员掮客期"或"业务员时代"。但是，50年代初期的台湾，广告业仍然萧条。刚刚摆脱日本殖民统治的台湾，人民生活凄苦，物质匮乏，百废待兴，根本不具备现代广告业发展的土壤。再加上这个时期台湾当局急于反攻大陆，没有将大政方针调整到经济建设中来。此时广告的内容多以药品、杂货、化妆品、布料、烟酒为主，并出现了利用名人推销香烟和化妆品的名人广告。台湾现代广告开始进入萌芽期。

台湾广告在50年代末迎来发展转机。1959年，温春雄创办台湾第一家综合广告代理商——"东方广告社"，1960年改名为"东方广告股份有限公司"，该公司的出现，标志着台湾地区现代广告的运作形式正式确立。1961年，国华广告公司、台湾广告公司等具有现代广告运作体系的广告机构也相继成立。此后，众多广告公司更如雨后春笋般涌现，台湾现代广告进入探索期。1959年，第二届亚洲广告会议在日本东京召开，台湾工商界以及各大媒体都派人参加。五光十色的广告令出席会议的台湾地区代表眼界大开，他们意识到广告对经济

发展的重大推动作用。

但是，这个时期台湾广告媒体的发展依然缓慢。1962年，台湾地区第一家电视台——台湾电视台开播，但是，由于经济欠发达，电视机难以普及，电视广告时间相当有限，电视广告可供发挥的空间有限。此外，国民党退居台湾后，一直实行"报禁"制度，不允许民间自由办报，使报业的发展受到了极大限制。1960年，全台湾的报纸发行总量仅为72万份，甚至不及现在一家大报的发行量。

受上述条件制约，台湾地区广告在20世纪60年代初期的发展仍然举步维艰，但是此时，合资广告公司开始在台湾出现，大多数广告公司都坚持按照现代广告代理制度的路子从事经营活动，这为日后台湾广告的健康发展打下了坚实的基础。

20世纪60年代中期之后，台湾地区经济开始大幅度增长。据统计，1971年到1973年，台湾经济增长率高达13%，房地产、服装等产业高速发展，使台湾地区的广告事业开始成长壮大。以电视广告为例，1965年，台湾地区电视广告费仅占全部广告费的9.3%，1971年这个比例就上升到19.5%，而总广告费在1962年时仅2.72亿新台币，到1971年已达到约16亿新台币，短短9年时间就增长了约5倍。

这个时候，广告学术交流也非常活跃。1966年，第五届亚洲广告会议在台北召开，欧美等国广告界代表也应邀出席。这次会议使台湾地区广告界全面接触到了世界最先进的广告，在经营机制、广告技术以及借鉴吸收国际广告新知识等方面受益匪浅。更为重要的是，借这次盛会之势，台湾掀起了一场广告热，台湾民众接受了一次全民广告教育，台湾当局对广告的态度又增添了几分重视。此外，此阶段广告业长足发展，还推动广告教育和广告管理取得了不小的进步。1959年，温春雄所著《商品销售法》出版，为台湾地区第一部广告学著作。1963年，王德馨所著《广告学》出版，为台湾地区第一本广告学教科书。1968年，台湾政治大学新闻系开设了"广告运动与企划"等广告学相应课程，同时锻炼培养了一大批广告专业人才。1975年，台北市广告代理商同业公会成立，此后，"八家广告代理联谊会"等一系列广告组织也先后诞生。这些组织为协调广告业各方关系，起到了重要的作用。

70年代末期，台湾地区经济开始腾飞。国民经济结构从工业经济调整转向经济建设的计划时期，民众消费量大幅度增长。与此同时，台湾地区广告业也进入快速成长时期。1971年台湾地区广告投资总额为15.99亿新台币，10年后的1981年广告投资总额就增长为113.75亿新台币，是之前的6倍多。

广告市场的繁荣使广告公司赢得快速发展的机会，许多具有全面代理能力的广告公司纷纷涌现，稍具规模的广告公司都有几十名工作人员。广告公司内部的专业分工日益细密，专业水平显著提高。这个时期，国外跨国广告公司还没有直接进入台湾，所以当时基本上是清一色由中国人自己经营的广告公司。由于广告教育的普及，广告专业人才素质已今非昔比，广告业无论在量还是质上都有不俗表现。

20世纪70年代，台湾地区的广告市场基本形成了较为良性的竞争机制。但是仍然存在着一些制约广告发展的不良因素。其中，最令广告业掣肘的是媒体、广告主和广告公司之间的不平衡关系。"报禁"未开，媒体尚处于一种稀缺资源。媒体以其卖方市场的优势，迫使买方无力与之讨价还价，造成媒体市场关系复杂、失调，走关系、"拿回扣"等违背现代广告代理制的现象司空见惯。这些陋习很大程度上遏制了广告代理业的健康发展。另外，广告人才的流动过度频繁。一些广告公司不注重人才培养，热衷于在别的广告公司挖墙脚。许多广告人也缺乏对公司的忠诚，热衷于跳槽。当时，广告人才的流动率高达20%～30%。人才竞争的结果使广告公司两败俱伤，难成气候。

20世纪80年代，台湾经济迈向了繁荣巅峰，外汇储备量一度高居世界首位，在这样的经济背景之下，广告业增长速度惊人。1980年，台湾广告总营业额为103亿新台币；1987年，广告总额就增长至235亿新台币；1989年更是接近400亿新台币，为十年前的近4倍。进入90年代，这种增长势头更加迅猛。1992年，台湾广告总额达到701亿新台币，1994年又增长到806亿新台币。

台湾地区广告市场蓬勃发展，世界各地的大企业纷纷进入台湾市场，世界知名的大型跨国广告公司也开始纷纷入驻台湾，开拓新的业务市场。台湾广告逐渐走入了国际化发展道路。1981年，台湾"国泰广告公司"同美国同行合作，改组成为奥美广告公司。1983年，华威广告公司与美国葛瑞广告公司进行技术合作。从1984年，台湾当局宣布外资开放以来，这一潮流更加汹涌澎湃。1984年，太平洋广告公司和日本第一企划合资，"太平洋广告"改名为"太一广告"，成为台湾地区第一家合资广告公司。1985年，"恒中广告"被美国的李奥贝纳广告公司收购，这是台湾地区第一家纯外资广告公司。同年7月，台湾奥美广告公司成为第一家由官方正式核准进入台湾地区广告业的国际广告代理商。此后，世界各大广告巨头纷纷接踵而至。据统计，至1989年，台湾广告投资额的年增长幅度，已经高居于世界前15位之内。这些国际化广告公司的到来，将最先进的广告观念和广告科学带进了台湾地区，大大提升了台湾地区的整体水平，使台湾地区的广告逐渐与国际接轨，融入世界现代广告文化的潮流之中（图8-41、图8-42）。

20世纪90年代以后，接受了最前沿国际广告文化洗礼的台湾广告，在自我

图8-41　20世纪70年代台湾西门町路牌广告。

图8-42　20世纪80年代台湾西门町街景。

摸索，自我发展中逐渐成熟起来，进入多元化发展阶段。市场定位、市场研究和整合营销等一系列先进的广告营销理论一时蔚然成风，广告的科学化、专业化水平越来越高，广告代理制也在这个时候逐渐完善。1989年以来，报界解禁，电台释放，广告媒体市场竞争更加激烈，政治广告开始出现。同时，台湾广告业开始重视培养、教育广告人才，将其看着是发展广告事业的第一要务。"广告公司的经营第一个是人……如何招人才、育人才、留人才，这是广告公司最重要的事情"，在这样的人才培养指导思想之下，广告教育发展更加迅速，人才培养体系更加健全。1995年，辅仁大学成立了大众传播系广告专业。1997年，政治大学广告系开始招收研究生。"以史为鉴，可以知兴替"，通过台湾广告的发展史，可以从中得到一定的经验和教训。

8.4.3　两岸三地的广告交流

由于海峡两岸的交流一直比较谨慎，两岸广告交流多借助香港这个中介完成。1990年，在香港广告商的帮助下，台湾《自立晚报》刊登了浙江省丝绸进出口公司的服装广告。随后，《天下》《商业周刊》和《钱》等杂志也陆续刊登大陆企业的广告。

1990年，国家工商行政管理局和对外经济贸易部批准厦门市广告公司和厦门商业广告公司可以代理进入台湾地区的广告业务。同年，在中国广告协会的邀请之下，台湾广告从业人员访问团在资深广告人、联广公司董事长赖东明先生的带领下，到大陆进行参观、访问，并举行座谈会，交流广告经验。此后，两岸广告界人士互访增多。1992年，厦门市广告公司总经理吴连城赴台湾地区考察，被当地媒介称为"第一位来台的大陆广告经营者"。

1994年，国家工商行政管理局和国务院台办颁布《关于加强海峡两岸广告交流管理的通知》，允许台湾企业和个人在大陆发布企业广告和寻亲广告，进一步推进了两岸之间的广告交流。1996年，福建省广告协会代表团赴台参加1996年两岸广告研讨会，会上就代理制、媒介经营和新技术在广告中的运用等问题进行了深入的探讨。这次活动作为两岸隔绝四十多年来，大陆广告界人士首次赴台参加活动，具有划时代的意义。

2004年，台湾当局宣布，开放大陆广告媒介赴台投资。2005年，第二届全球华人广告教育论坛在北京大学举行。这些举措在海峡两岸产生了一定的影响。对台湾广告界来讲，台湾广告市场将面临着激烈的竞争，台湾广告将迎来新的发展契机。对大陆广告界来讲，可以学习台湾广告业的先进管理经验，促使大陆广告更快更好地发展。

内地和香港地区广告界一直交往频繁。20世纪90年代初，随着阳狮集团、日本电通、奥美等跨国广告公司纷纷在中国设立办事处，更多的香港资深广告人加入中国广告行业，他们的到来，引发了新时期中国广告跨越式发展和新一轮繁荣。大批香港广告人来内地讲学，对处在启蒙阶段的内地广告界来讲，是一股强大的推力。借助1997年香港回归的东风，香港广告创意产业人在更为宽广的内地市场寻找到更大的舞台，内地和香港地区广告交流更加深入。香港贸易发展局组团对北京、上海等多个城市进行考察，香港大批广告公司北上寻找市场机会。2004年1月1日起，《内地与香港关于建立更紧密经贸关系安排》（*Closer Economic Partnership Arrangement*，*CEPA*）允许香港和澳门的服务提供者在内地设立独资广告公司。这为本港广告企业较其他外资企业更早进入内地提供了方便。据不完全统计，2007年，香港约有近20万，占香港总人口4%左右的人从事跟内地业务相关的广告创意产业。随着广告创意产业的外延不断扩大，以广告为主，包括艺术和古董市场、手工艺品、时尚设计等都成为创意产业的活跃因素，而在内地取得巨大成功的刘小康、劳双恩、邓志祥等香港广告创意人成为全球一流的专业精英。

21世纪以来，两岸三地广告业互动交流更加紧密，2015年上海扬罗必凯（Y&R）广告公司就成功地为香港撒玛利亚会（The Samaritans Hong Kong，这一机构在香港经营免费24小时多语种的预防自杀热线）设计平面广告而获戛纳广告节铜奖。作品以插画的形式表现，呼吁大众多向旁人表达关心，亦希望情绪受困者向旁人倾诉，打破社会冷漠（图8-43）。

图8-43 香港撒玛利亚会宣传广告。

第三部分

信息社会与当代广告（20世纪后期以来）

9　广告行业与广告媒体

20世纪90年代以来，经济全球化获得新的发展，全球经济融合程度进一步提高。新一轮科学技术革命以信息技术为核心，使世界市场各个组成部分的时间距离和空间距离大大缩短，为全球性贸易投资和金融业务提供了最便捷的手段，使全球化上升到一个前所未有的高度。

在全球化的浪潮之中，广告作为后工业社会中文化产业的新范式，越来越显出它的重要地位。20世纪80年代，英国商业电影涌向好莱坞，其中，很多电影制片人如艾伦·帕克、戴维·帕特南等都扎根于广告行业。电影是比戏剧更依赖雄伟壮丽的艺术形式，如好莱坞的商业电影已经习惯了通过雄伟壮丽的形象和视觉讲述故事。与之相比，广告片涉及的叙事标准更少，也更加依赖雄伟壮丽的局面来讲故事。广告类似电影的模式使电视广告能够满足当代电影受众的要求。

其他文化产业厂商越来越像广告，而广告也变得越来越像文化产业。广告商一直存在着两个职能：制作并发布广告，也就是说，既有广告创作的一面，也有承担"版面掮客"的功能。1987年，萨奇·萨奇公司将自己的业务定位为"商业通讯"，广告开始演化。"商业"代表着产业，"通讯"代表着文化。广告公司开始由一种自有的服务性企业向福特制的企业转化，并最终演变为后福特制的文化产业。这股浪潮可以追溯至20世纪初，广告厂商开始亨利·福特化。股份公司在两次世界大战之间崭露头角，厂商们实现了部门职能化，并通过并购、开设分公司开始进行横向整合。美国的五大广告公司开始成为整个广告市场的主体。奥格威（Ogilvy）和智威汤逊（J. Walter Thompson）等厂商发展了自身企业的哲学理念，广告业流程更加规范，厂商的竞争优势变成了"哲学优势"。

9.1　广告行业发展新动向

9.1.1　跨国集团与行销联盟

随着经济全球化的推进，广告行业开始进行横向的全球整合。从20世纪70年代开始，西方许多大型的广告公司中，无国界化跨国经营模式已经蔚然成风。萨奇·萨奇在这次世界范围的浪潮中占据了主导地位，并将福特制引入了英国广告产业。与此同时，李奥·贝纳、电通等广告界巨头开始在世界各地建立分支机构，迈向国际化道路。20世纪90年代以后，全球掀起了新一波广告国际化浪潮，世界各大广告公司基本上都实施了国际性的广告经营战略。国际化发展模式成为未来广告业发展的主流。

在现代广告行业的竞争中，单一的广告公司已经越来越难以应付日趋加剧的竞争带来的挑战。在大型跨国公司的全球快速扩张以及广告公司经营规模不断膨胀的情况下，单体的广告公司在竞争中越来越处于不利的地位。企业强强联合、集团化发展，逐渐成为广告界的发展趋势。20世纪五六十年代，美国广告公司之间出现了兼并之风，数家专业广告公司多为大型综合广告公司所兼并。70年代，英国的萨奇·萨奇公司采用商业原则来替代职业合伙原则，展开了一系列声势浩大的收购活动。1974年，萨奇·萨奇公司在成立的第四个年头里，已经购买了三家英国厂商，最后还与上市的加兰·康普顿公司进行合并。但是，这只是正常的市场竞争导致的弱肉强食的企业相互合并。20世纪80年代，广告企业开始走向集团化的发展道路。1986年，BBDO环球、BBDO和Needham harper三家全球知名的广告公司组成了OMNICON（奥姆尼康）集团。同年5月，萨奇·萨奇公司通过7亿美元的认股购买了特德·贝茨公司，建立起全球第二大广告网络。1987年，英国的WPP集团完成了对广告界巨人——智威汤逊集团的收购，两年后它又买下了世界最大的跨国广告公司奥格威集团。这种集团化发展迅速改变了世界广告业的格局。从20世纪90年代初开始，世界十大广告公司的排序发生了变化。WPP集团、萨奇·萨奇集团、奥姆尼康集团进入了前5名，一个国际广告业超级垄断的时代开始到来。过去长期稳居世界广告公司排行榜首位的电通、扬·卢比凯公司一度被挤出前5名，许多老牌的广告公司被吸收进垄断集团之中，如WPP集团下面的广告公司多达70家。一些跨国公司在兼并的过程中，倾向于横向整合，使他们统一到自己母公司的商业哲学之下，如萨奇·萨奇公司。还有一些公司在收购过程中，倾向于保留被收购公司的自身哲学，以分解的形式保留各自身份，只把母公司留作一个空的"金融品牌"。"部分广告主从多国籍企业向全球企业过渡而发生质的变化。这时，与世界一体化的全球市场相对应的达到全球规模的广告效果也被提到了议事日程之上。广告代理公司集团的出现，正是企业全球化的一个呼应。"[①]

长期以来，作为欧美广告公司、广告代理公司经营基础的"一对一原则"和"AE制"迅速走向衰落。所谓"一对一原则"，指的是广告公司在代理业务之时，一个行业中只能为一个客户代理，不能做多头代理。所谓"AE制"，指的是广告公司执行广告业务的具体负责人也是广告主企业的代表。

---

① 选自藤原治《广告公司的海外战略论》。

"一对一原则"和"AE制"是广告公司的经营基础。但是，在国际市场的统一化倾向和广告公司的集团化冲击之下，这两个制度已经受到了严重挑战，并逐步走向了衰落。

9.1.2 国际服务中的专业分工

伴随着广告国际化的浪潮，广告业的专业化分工也越来越精细。大公司越来越大，小公司越来越小。随着大公司之间不断整合，大型广告集团不断出现的同时，专业化的小公司也如雨后春笋般涌现。他们通过从事诸如广告调查、创意、咨询以及广告设计等专业化的工作，成为大型广告公司的重要合作伙伴。英国智威汤逊公司的巴克尔·斯皮尔沃格尔和斯蒂芬·金通过协调创意法则和市场研究法，以成立重点课题小组的形式将某广告在消费者样本上进行试验，为广告主提供精准的服务。在广告中加入了文化性特征，广告成为"通讯""文化"产业。消费者实际充当着裁判的角色，他们不是从商业、经济的角度而是从娱乐的角度看广告。此时的广告不单纯是充当销货手段的经济客体，它已经蜕变成为一种艺术品。在日本电通公司总部东京汐留附近，有数以百计为电通提供服务的专门从事设计、制作的小型广告公司。在英国，广告业和唱片业一样，更适应大众消费的文化条件开始出现，并推动了传统广告生产方式的变化。大批新型的"媒体购买店"从大公司中解体出来。在20世纪80年代末英国广告业的"第三次浪潮"中，微小公司的数量急剧增加。在中国，奥美等一系列国际4A公司将自身的媒介部拆分出来，成立了专门的媒介购买公司——"传立媒体"。此外，一些小广告公司也通过不断更新经营思路来寻求自己的发展道路，使得"小公司大买卖"的神话数次上演。如瑞士一家名气不大的苏黎世广告公司WHS，获得世界知名钟表制造商斯沃琪的5 000万美元广告经费（图9-1），其特殊之处在于广告主与广告代理商为促销一种产品，专门成立了合作机构——斯玛特（Smart，新型轿车的品牌名）工作室。这个工作室采取了独特的组织模式，是WHS的分支机构，总经理由WHS派人担任，而客户则掌管着财政大权。此番合作获得了巨大的成功。

在全球化的大背景之下，全球广告业在经营理念上也发生了一定的变化。传统广告的首要目的是推销商品、塑造企业品牌形象，广告多采用高压式的推销手段；而现代广告强调"企业是地球的公民"，"企业是社会的一员，是社会的组成部分"，广告作为企业与社会沟通的一种手段，为消费者的需要而存在，广告在宣传中突出厂商的社会责任感。20世纪80年代以来，广告诉求不再集中在商品的特点之上，而偏重于强调如何满足人们的物质生活、精神生活的追求。

图9-1 斯沃琪手表2017情人节广告。

9.1.3 融入本土市场的国际公司

在广告展开全球化进程的同时，一种旨在凸显广告个性化诉求特征的"本土化"广告策略逐渐受到重视，各大跨国广告公司纷纷融入区域性文化中，抢占本土市场。实践表明，广告活动受到全球文化和本土文化的双重影响，各国拥有自身独特的文化，国际品牌在进入一个国家和地区进行广告表现和传播之时，其广告策略、表现方式、品牌形象等都要迎合当地的文化传统特性和审美口味，要采取差别化的广告战略。如万宝路香烟在香港曾一度遭遇不小的挫折，它走俏全球的粗犷牛仔形象并不为香港人看好，过惯了精致城市生活的香港人并不认同这种马背上的文化，认为粗鲁。后来，这个广告淡化了"粗犷"，突出其"品味"主题，终于取得了成功。宝洁公司为了打进亚洲，迎合华人市场，将"飘柔"洗发水的英文名由Pert-Plus修改为Rejoice，广告手法也中国味十足。可口可乐也是"本土化"策略的忠实拥趸。1999年开始，它连续推出"风车篇""舞龙篇""泥娃娃阿福篇"等贺岁广告，将中国当红明星、传统图腾和吉祥物放在屏幕之上，对其进行良好的中国形象的本土化改造（图9-2）。汤林森所著的《文化帝国主义》中有这样一个例子，20世纪70年代，通用汽车为了将霍顿（Holden）车卖到澳大利亚，推出了极具澳大利亚特色的诉求："足球、肉饼、袋鼠，再来就是Holden车，在南方星子照耀之下他们身手相连并行。"这句话是通用在美国营销时"权宜转用"系列广告的澳大利亚

图9-2 可口可乐针对中国市场推出的"泥娃娃"广告。

版。"棒球、热狗、苹果派与雪佛兰。在美好的美国大地,他们身手相连并行。"这个例子告诉我们,乍看之下,似乎是以其本国文化特点的修辞手法在传达广告诉求,实际上,它们只是全球同一广告活动的不同版本而已。

广告的全球化和本土化并不矛盾,甚至相互依存,难以割裂。没有本土化,全球化很难持续地畅通无阻。反之,如果没有国际化产品作为基础,本土化就成了无源之水。全球化品牌讲的是同一个主题,具有自己独立且一致的风格。但是,在不同地区,广告内容都会根据自己的不同侧重点而相异。要建立国际性的品牌,必须将品牌的定位在一定程度上进行标准化处理,在大趋势下能为全世界的目标消费者所认同和接受,在整个消费者市场上建立起一个属于自己的品牌文化。可口可乐从1986年到1993年,用过的94条广告语五彩纷呈,令人眼花缭乱,却始终贯穿着一条主线,以其独有的"世界性语言"与不同国家、民族和文化背景的消费者沟通。总体而言,采取什么样的广告宣传方式是跨国企业在权衡利弊之后所作出的选择,是各种文化相互冲突、相互较量的结果。商品宣传策略和执行方式等方面的选择是各种文化在博弈过程中一种动态的平衡。

9.1.4 传统广告公司面临的转型和调整

前面谈到,我们经历了国际广告公司融入本土广告公司的过程,实现了广告模式的全球化,面对互联网和移动时代,传统的广告公司正在进行转型和调整。

（1）市场调研方式的转变

到达率、有效到达率、美誉度、认知度等一直被用来考量广告设计、制作、投放的精准度。广告公司所有的创意、策略都是根据市场数据进行反映。当互联网精准的大数据时代到来，当互联网和智能手机改变了我们的生活，我们的一切行为都在数据上进行反映，传统的市场调研方式已经发生改变，绝大部分的数据都被掌握在网络公司手中（如百度、阿里巴巴、腾讯），传统广告公司市场调研部门和市场调研公司的数据来源已经产生了变化，粗放的专家型人工数据处理方式正在被取代和抛弃。

（2）创意的稀释

在媒介还比较单一的时代，一个好的创意可以取悦大众，引发大众的好感。而"自媒体"时代，大家都可以充分地表达自己的意愿，仅凭一个创意已经不能引发群体的兴趣和热度。自媒体时代的"内容编辑""内容运营""UGC（用户创造）"稀释了创意的价值。好的创意依然有价值，只是单一化的点子越来越不会起作用，传统广告公司的创意人员也越来越不能满足移动平台的要求，创意和技术的执行都偏向更专业的技术公司。

（3）中小市场的整合

从以往来看，广告公司（尤其是4A）提供了专家型的策略、设计、制作、投放，这类公司有着高昂的费用，只有一定规模的公司才能承担。在移动互联时代，网络公司利用数据和技术的优势把微小的企业串联了起来，为他们提供了高精度的服务，以往没人关注的市场被BAT统统占据了。

在全世界，4A阵营的WPP集团、宏盟（Omnicom）、阳狮（Publics）、IPG集团、电通（Dentsu）、哈瓦斯（Havas）在新的营销咨询中也和中国公司的情况极其相似，面临谷歌、IBM、埃森哲（Accenture）、德勤（Deloitte）的极大压力。

传统的广告公司在面对这些压力的时候正在进行转型，采取引入技术人员、收购小的技术公司、调整部门架构等方式努力转变。但是在不掌握用户和市场数据、不掌握媒介的情况下，专家型顾问面临大数据的挑战，传统广告公司的走向也是需要努力思考和实践的。

9.2　广告媒体创新发展

9.2.1　技术发展与媒体创新

1946年，世界上第一台电子计算机问世。之后十余年时间内，计算机由于价格昂贵，数量极少。为了解决这一矛盾，早期所谓的计算机网络诞生，其形式是将一台计算机经过通信线路与若干台终端直接连接，这种方式可以被看作是最简单的局域网雏形。

扫描二维码，了解更多案例（图片）。

最早的Internet，是由美国国防部高级研究计划局（Advanced Research Project Agency，ARPA）建立的。现代计算机网络的许多概念和方法，如分组交换技术都来自ARPAnet。ARPAnet不仅进行了租用线互联的分组交换技术研究，而且做了无线、卫星网的分组交换技术研究，TCP/IP开始问世。1977 —1979年，ARPAnet推出了目前形式的TCP/IP体系结构和协议。1980年前后，ARPAnet上的所有计算机开始了TCP/IP协议的转换工作，并以ARPAnet为主干网建立了初期的Internet。1983年，ARPAnet的全部计算机完成了向TCP/IP的转换，并在 UNIX（BSD4.1）上实现了TCP/IP。1984年，美国国家科学基金会NSF规划建立了13个国家超级计算中心及国家教育科技网。随后替代了ARPAnet的骨干地位。

1988年，互联网开始对外开放，这是网络发展的一个里程碑。1989年，欧洲粒子物理研究室就开发了环球网（World Wide Web，WWW，也叫万维网），将互联网上的资源全部联接起来，并向终端提供了一个可以轻松驾驭的图形界面，使所有用户都能在自己电脑上查找并浏览已经建立在WWW服务器上的文件、数据和图像等资源。虽然，科学家们开发环球网的初衷只是为了更加便捷地通过互联网进行文献交换，但这个新兴的网络所具备的多媒体、超文本和互动性优点，很快吸引了全球众多商家。1991年6月，在接入互联网的计算机中，商业用户首次超过了学术界用户。

从此，互联网的成长速度便一发不可收拾。1993年，美国时任总统克林顿开始致力于建设"国家信息基础设施"，大力发展"信息高速公路"，进一步推动了网络的发展。1999年，整个互联网已经拥有了300万台主机，包含来自130多个国家的1.5万个子网，与初期仅4台主机相比，无疑为天壤之别。

9.2.2 网络空间与新兴媒体

美国和全世界都掀起了网络化浪潮，据2016年调查数据，全球互联网用户数已超30亿，比上年增长9%，互联网全球渗透率达到42%。中国互联网用户人数为全球第一，高达6.68亿。许多人在电脑、电视陪伴下长大，被社会学家称为"屏幕一代"。网络已经成为现代人生活方式的一部分，影响并改变着人们的生活方式、工作方式和娱乐方式，人们已习惯收发电子邮件、上网购物、在家办公、上网看电视等活动。

互联网的广泛应用，为全球带来了新的经济增长点。美国商务部的报告特别指出了互联网对经济持续增长的作用："由互联网增长驱动的信息技术进步，也对创造这个比预期更健康的经济做出了贡献。"

互联网这种新兴的媒体，集报纸、杂志、电视和广播等的优点于一体，能够把文字、声音、图像和数据等信息进行一元化高速处理，并传播给受众。受众接受信息之后，还能够与信息传播者进行交流，具有双向互动性，被称为多媒体。"多媒体"这一术语，据说是美国摇滚歌手品克·弗洛伊德在20世纪80年代开始使用的，他将变幻莫测的影像背景加入自己的演唱录像中，使观众在欣赏音乐的过程中有种多媒体的综合性感受。多媒体是计算机和视频技术的结合，它是两个声音和图像的结合。多媒体技术的发展改变了计算机的使用领域，使计算机由办公室、实验室中的专用品变成了信息社会的普通工具，广泛应用于工业生产管理、学校教育、公共信息咨询、商业广告、军事指挥与训练，甚至家庭生活与娱乐等领域。

互联网这个多媒体平台，从传播的角度来讲，覆盖了人际传播和大众传播，实现了两者互补。这之前的信息传递方式，一般分为人际传播和大众传播。人际传播指的是人与人之间的交流，既可以是一对一的传播和交谈，也可以是一对多的传播，如上课和讲演等。人际传播的优势是交互性，是双向的，信息可以及时得到反馈，使信息传播能够进行得比较深入。大众传播指的是通过大众媒介的传播。它突破人际传播的局限，通过大众媒介把大量信息同时传播给数目众多、位置分散的受众，在时间和空间上都比人际传播有了更大的突破。但是，大众传播一般单向进行，信息的反馈性较差，传者和受者的信息交流难以形成，受众只是被动接受信息，缺乏选择和参与信息交流的自由。互联网的出现，融合了人际传播与大众传播的优点：一方面，网络传播具有大众传播的时空跨越性；另一方面，可以实现人际传播的互动和交流。互联网上，任何一个网民都具有双重身份：一方面是受者，另一方面是传者，互联网真正把传播糅合成一个信息的双向流动过程。从媒介角度，互联网填平了印刷媒介和电子媒介之间的沟壑，兼具了两者的优点。印刷媒介和电子媒介是今天传播信息的两大媒介。印刷媒介的信息具有总量大，存在有效时间长，便于保存和浏览的特点，信息接收者有一定的自主性。电子媒介传播速度快，覆盖面广，感官冲击力强，信息转瞬即逝，不易保存，媒介使用者有很大的自由选择性。多媒体集合两者优势，将信息通过文字、声音、图形、动态画面等多种方式传递给人们，产生多感官的影响。互联网的出现和普及，使信息的传播方式产生了根本性变化，人们不再被动，而是随心所欲地从各种媒体接受信息。互动性是网络传媒的另一大优势所在，信息由传者向受者传递的模式被完全打破，互联网淡化了传者和受者之间的界限。在互联网上，传者就是受者，二者之间维持着一种互动关系。互联网是一个海量的数据空间，难以计数的网站、网页为每一位网上冲浪者都提供了大量的信息资源。互联网不仅拥有其他大众传媒所难以相比的丰富信息资源，而且还具备其他媒介不可比拟的经济性和阅读（观看）情况可统计性的优点。

网络广告是支撑庞大网络系统的主要收入来源。1994年10月，美国《热线》（Hot Wired）杂志首开网络广告的先河，推出了包括AT & T广告在内的十余则广告信息，宣布了网络广告的诞生。2007年，据相关机构预计，网络广告收入将略超过杂志媒体，预计在138亿美元上下。2008年，网络广告收入将比杂志广告高出5亿美元，达到150亿美元。付费信息、在线服务、短信和电子邮件等服务，将使网络媒体继续在2009年保持广告收入的持续增长，达到161亿美元。2015年美国网络广告增长率达到20%，上一年为16%，谷歌和Facebook两家公司一起吃掉了美国网络广告市场76%的份额。近几年中国网络经济市场规模及增长率都保持较高速发展的态势。2015年中国网络广告市场规模达到2 093.7亿元，同比增长36.0%，较上一年增速有所放缓，但仍保持高位。随着网络广告市场发展不断成熟，未来几年的增速将趋于平稳，预计至2018年整体规模有望突破4 000亿元。在2015年，英国的网络广告金额达到80亿英镑，同比增长9.5%。而传统广告的增速仅为1.6%。英国也成为首个网络广告占据广告市场超过50%比例的国家。

起初，只有与计算机相关的行业借助网络推销自己的产品。现在，网络已经成为各行各业的集散地。旅行社、披萨商店、航空公司、花店、房地产、珠宝等行业都意识到了网络媒体的重要作用，开始在网络上销售产品或者服务，电子商务蓬勃发展。

1995年，《热线》《万博》（Vibe）和时代华纳（Time Warner's）的《寻路人》（Pathfinder）等一批在线杂志如雨后春笋般出现，为广告主提供了通过网络到达年轻富有的新生代消费群体的新途径。网络还使一些广告主一夜成名，这些企业有优秀的技术实力，较之传统企业更加灵活敏捷，并且深谙网络文化。《热线》是第一个在网上开辟空间的传统杂志（它是《热线》杂志的网络版），除了传统的杂志内容，他们把可使用的广告位置卖给AT&T、IBM、Network MCI等网上客户，并定期向广告客户汇报点击率、阅读广告人数、性别以及其他的会员信息。

网络资源为广告主提供了将传统广告形式与数字媒体广告形式结合起来，拓展产品品牌的绝好机会。在新兴的网络媒体之上，广告主将印刷媒体、广播、电视、网络等多种媒介的特点综合起来，综合使用。例如，热古意大利面条调料公司便在网站上设置了一位网络虚拟主持，它不仅介绍食谱、产品信息，帮助潜在消费者制订旅游计划，还向消费者介绍意大利等地的相关情况。

图9-3　日本田舍馆大米广告。

2007年，Nike公司在美国推出了一个网络广告活动，民众可以到网站上传自己踢足球的影片，Nike公司将投稿的影片剪辑成短片，放在网站上供网友观赏。日本田舍馆主要销售的产品是大米，但近年来大米销量有所下降。2014年为提振大米销量，营销人员利用不同品种的水稻种出特殊的图案（这中间花费了几个月时间），等到水稻长成，再通过媒体吸引游客观光，同时在图案中植入扫描信息，用户下载App，再使用手机扫描，可以获得大米购物信息，达到销售大米的目的。现在，每年去田舍馆村参观旅游的人超过20多万（图9-3）。

目前，网络广告主要使用主页广告、旗帜广告、声音广告、浮动广告、标识广告、窗口广告、公司网等几种方式，并逐步发展出适用于网络媒体的广告评估标准，如千次印象费用（cost per thousand impression）、闪现（hit）、点击（clickt through）、页读数（pageview）、位置（position）等。国际上通用的网络广告依据千人访问次数（Cost Per Mille，CPM）来收费。

9.2.3　独创性媒体不断涌现

对于新媒体，目前各界还没有一个成熟而明确的定义。美国《连线》杂志对新媒体的定义："所有人对所有人的传播。"目前，从媒体形态发展来看，"新媒体"包括以下两层含义：一是基于技术进步引起的媒体形态的变革，尤其是基于无线通信技术和网络技术革命基础上"在计算机信息处理技术基础之上出现和影响的媒体形态"（熊澄宇），如数字电视、IPTV、手机、博客、电子杂志等，也包括已经不算新的网络媒体。二是随着人们的生活方式转变，一些一直存在但长期未被社会发现传播价值的新渠道、载体，因为商业化的运用，成为信息传播的新载体，被赋予了媒体的意义。如大量新兴的户外媒体，包括楼宇电视、车载移动电视等，虽然，这种媒体形态的出现大多并非由于技术进步，但相较于成熟的传统四大媒体和传统的户外媒体，在消费者研究中，它们也是一种新的媒体形态，又被称为"分众媒体"。分众就是区分受众，分众传媒就是要面对一个特定的受众族群，这个族群能够被清晰地描述和定义，这个族群恰好是某些商品或品牌的领先消费群或重度消费群。总而言之，新媒体指一切区别于传统媒体而言的具有多种传播形式与内容形态的不断更新、不断涌现的新型媒体。

相对于旧媒体，新媒体的第一个特点是它的消解力量——消解传统媒体（电视、广播、报纸、通信）之间的边界，消解国家之间、社群之间、产业之间的边界，消解信息发送者与接收者之间的边界。新媒体可以与受众真正建立联系，同时，它还具有交互性和跨时空的特点。新媒体给媒体行业带来了许多新的理念和模式，节目专业化程度越来越强，卖方市场向买方市场转换。新媒体与传统媒体最大的区别，在于传播状态的改变：由一点对多点变为多点对多点，受众分布由集中变为分散。从传播学的角度来分析，新媒体传播有四个特点：每个人都可以进行大众传播；信息与意义无关；受众的主动性大大增强；大众传播向"小众化"转向。新媒体近乎零费用向受众发布信息，这对传统媒体的新闻产品制作成本造成挑战。在"伦敦爆炸案"中，市民威廉·达顿拍摄了手机照片，在朋友的博客上以近乎图片直播的方式"报道"了灾难现场状况。这些照片很快进入各大电视网的新闻头条。在这次"报道"中，手机、博客、互联网以及"播客"密切配合，将"第一时间、第一现场"权力牢牢抓在手中，新的媒体形式与媒体工具的结合，显示出了巨大威力。

从原始岩画、巫术表演的模拟传播，到诗歌、戏剧的口语传播，从造纸术和印刷术发明之后的文字传播，到无线电发明之后的电子传播，人类的传播媒介形态日趋丰富，传播行为日趋自由。印刷品传播和电子传播的专业要求和边际成本都很高，其传播者具有较强的垄断性。数字化必然带来网络化，以及网络化必然导致的交互性，使传播者和接收者极其容易完成身份转换。如今，一个人通过发送手机短信、撰写博客日志、发起网络群聊，就可以在任何时候、任何地点，对任何人进行大众传播，突破传统主流媒体的话语权壁垒，每个人都可以进行大众传播。

新媒体这些特点令广大消费者趋之若鹜，掌握新技术的消费者可以做出自主的媒体选择，决定自己在何时何种方式获得产品信息。广告通过有线电视、CD、电子出版物、互动电视等方式，向不同的消费者进行宣传。据专家预测，商业广告涉及领域越来越广，其内容愈发引人入胜，广告与普通节目之间的差别也将越来越难以辨认。比如，"康宝"汤料在饮食频道中做了一系列主题为"怎样迅速做好一顿饭"的广告，介绍使用这种汤料的各种方法。"劲量小兔子"保持持久动力的广告，最初看起来也不像商业广告，但它明确传递了一个强烈的信息：劲量碱性电池的持续时间长。这些不具备传统形式的广告获得了消费者良好的反响。

同时，"软广告"的数量也在增加。一些在广告中宣传过的产品被巧妙安排在电视剧中的场景里，并被非常合适的演员使用，就会产生意想不到的说服效果。美国收视率最高的情景喜剧《谢菲尔德》中，外科医生拿着一颗朱诺（Junior）薄荷糖说："这东西非常提神。"好莱坞著名影星伊丽莎白·泰勒（Elizabeth Tayler）也曾在CBS播出的情景喜剧中夸耀黑珍珠（Black Pearls）香水的芳香。一些电视节目中，软广告只是显示一下产品或者标志，根本不提及品牌，在音乐电视、烹饪、体育等节目中，这类宣传频频出现。

1984年，美国联邦通行委员会取消了对电视媒介商业广告时间的限制，为商业广告发展开辟了新的路径。一种不同于常规，约半个钟头的节目型广告出现，被称为"商业信息专题"或"长广告节目"。最初，这类节目中简单地介绍切割刀具、车蜡、发胶、健身器材、减肥计划、家用炊具等产品。后来，当被证明行之有效后，种类繁多的产品便纷纷在节目中出现。就连一些著名的品牌，如雅芳、露华浓、大众汽车、GTE、微软等，都曾使用过这种方式推销自己的产品。

在电影行业，广告商也经常通过赞助进行产品宣传。早在20世纪50年代，纽约珠宝行就通过推出《蒂凡尼的早餐》电影获得免费宣传的机会。1980年，理查·基尔（Richard Gere）在电影《美国舞男》中身穿阿玛尼（Amani）西服。两年之后，在斯皮尔伯格（Spielberg）执导的《E.T.》中，外星人有滋味地吃着瑞滋片，在《007系列》电影中，主角驾驶着宝马最新系列跑车纵横驰骋。在《侏罗纪公园》中，剧组使用了10辆由福特公司提供的探索者（Explorers）越野车。

家庭录像带出租业的兴起对传统广播电视广告也是一种竞争。1986年，百事可乐率先在赞助《顶级枪手》的录像带制作，此后其他一些广告主也纷至沓来，越来越多的广告出现在录像带中。据相关研究，大多数租录像带的人都看过片前广告，有些人还看了不止一遍。有人预言，家庭录像带在今后很可能成为一种新的广告载体。

此外，一些广告主还发现了更加适合自己产品的直邮录像广告或录像产品目录。这种方式可以制作充分演示产品的节目，并且，每盘录像带只售2美元，广告主无须花大价钱购买昂贵的电视广告时间，就可以有针对性地将他们寄给潜在消费者。直邮录像广告拥有其他媒体广告所不具备的特点，在充分演示产品、激发消费者购买欲望上，效果非常理想。20世纪80年代，健身器材Soloflex向大约300万人邮寄了公司所制作长达22分钟的录像带。生产工艺改进使盒带的复制速度加快，新的轻型卡式外壳使得机器成本大幅度降低，录像带广告愈发得到更多广告主的青睐。

多媒体互动电视一对一的信息传播方式使得消费者能够对广告内容直接做出反应。广告主可以采用视频游戏、信息服务、有偿收视服务、游戏参与节目、有奖竞猜（观众参与节目、回答现场提问、索取优惠券等）以及个性化电视中的任何一种方式，有效传递商品信息，并能够及时获得回馈。比如，一位观众在电视上观看足球比赛，如果看到某个球员穿着阿迪达斯运动鞋，那么他只需要按一下手中的遥控器，就能看到该产品的广告，然后，就可以轻松地购买。目前，许多购物中心或百货公司都有电脑应答系统，它们向顾客提供所有的商品服务信息，包括店内的商品陈列位置，每周促销信息、购物车位置、餐厅菜单以及洗手间位置。

电脑游戏的玩家是广告商的宠儿。1987年，通用公司率先在汽车销售中使用了电脑游戏光碟。在克莱斯勒公司制作的游戏中，游戏玩家体验驾乘切诺基的冒险经历，并利用照相机、地图、手机、向导，与切诺基吉普车一起穿过国家公园，在规定的时间内还可拍摄野生动物。在电子游戏已风靡全球的今天，游戏植入式广告已成为一种重要的广告形式，它已经成为游戏玩家每天都会看到的景象。在游戏中，玩家要为自己或同伴治疗或补充能量时，会发现抓起的"药瓶"很可能已经成了"可口可乐"；当正驾驭着科比统治街头篮球场时，或许会发现他的24号球衣已经由"阿迪达斯"变成了"匹克"。虚拟游戏世界和现实真实世界已经融为一体（图9-4）。

1973年，马丁·库帕发明了手机。1975年，美国联邦通信委员会（FCC）确定了陆地移动电话通信和大容量蜂窝移动电话的频谱，为移动电话投入商用做好了准备。1979年，日本开放了世界上第一个蜂窝移动电话网。1982年，欧洲成立了GSM（移动通信特别组）。1985年，世界上第一台现代意义上的商用移动电话诞生，它将电源和天线放置到一个匣子中，重达3千克。此后，手机的"瘦身"越来越迅速，手机进一步小型化、轻型化。

手机便携性提高使其快速在全球范围内普及开来。截至2019年，据联合国国际电信联盟等机构的数据显示：手机用户已大于全球74亿的人口数。手机已成为一种重要的信息传递手段。随着通信技术发展，移动的内容产品蓬勃发展，手机通信已经不仅是现代通信业的代表，而且是通信与文化产业相结合的产物，具备现代媒体的功能。相关分析人士指出，手机将成为排在报纸、电视、杂志、互联网之后的第五媒体。手机媒介具备传播速度快、受众更加确定、传播更具人性等特性，已经成为人们生活中形影难离的"伙伴"。随着新一代5G技术的普及，其将赢得更多的广告主青睐。国际研究机构英佛玛（Informa）曾预测，到2011年，全球手机广告额将上升到114亿美元，有些科研机构则认为这一数字起码可以达到200亿美元。事实上，手机广告额的增长迅猛，到2018年仅美国市场已高达760亿美元（图9-5）。

楼宇液晶电视是我国近几年出现的媒体形式，"分众传媒"是这股大潮中的"主力军"。一夜之间，许多高级商务楼宇和商厦的人们突然发现，平日单调无味的电梯等候厅和电梯间一夜之间增添了许多时尚的液晶电视，这些电视滚动播放品牌广告，悦耳动听的音乐、电影预告和全新的国际体育赛事集锦，且每周内容更新。遍布写字楼、商厦等中高档场所的楼宇液晶电视（分众传媒）灼热了人们的眼球，分众传媒从某种意义上颠覆了人们的传统媒体观。2005年，借国内铺天盖地的"圈地"东风，分众传媒在美国纳斯达克上市（图9-6）。

扫描二维码，了解更多案例（视频）。

图9-4　电子竞技越来越盛行，图为游戏植入式广告。

图9-5　手机广告正在进入人们视野，图为原始形式的手机广告。

图9-6　LG手机的楼宇广告。

图9-7　Facebook社交网络公司广告。

消费者正在成为新媒体的追随者。同时，掌握了新技术的消费者可以选择、决定接触媒体。广告媒体向个性化、互动性方向发展。消费者可以坐在家中，直接在互联网上按照自己所需要的尺寸、高度和颜色选购商品。目前，博客、播客、网络社区等也加入了这一行列，新媒体还在不断出现，并成为各大广告商争先恐后争夺的目标资源，是一座亟待开发的金矿。

9.2.4 移动互联时代的媒介

广告行业在多年以前就开始进行精细化的分工：代理、市调、设计、制作、投放、媒介都有各自精通的领域，同时也有同行业在内的竞争、占领。

当我们已经迅速地进入移动互联的时代，广告行业也正经历着一场大的变革。可以看到，无论从客观投放数据还是主观获取信息所采用媒介的变化，传统媒介几乎没落。根据国际电信联盟《ICT事实与数据2016》，2016年底全球互联网用户数量预计34.6亿，根据CNNIC《第38次中国互联网络发展状况统计报告》数据，截至2016年6月，中国手机支付的用户已达4.24亿。

伴随着传统媒介没落的还有传统的营销手段。"病毒式营销"越来越不能吸引用户的好奇心，曾经热衷于促销和价格战的人群变得越来越理性，传统的市场调研获取数据的方式正在被大数据替代，人工智能正在影响着经验主义的判断，内容付费的模式也让用户选择远离广告，P2P野蛮生长的模式也日渐式微。以往用户还在从各个品牌的广告开始进行比较后选择，现在人工智能已经出现可以学习用户习惯辅助进行筛选。Facebook采用AI识别和过滤图片，Twitter增加Quality Filter标签过滤低质量信息（图9-7）。天猫用"小黑盒"识别用户习惯推荐物品。以往经过人脑分析的用户分析、设计方向、制作、投放正在逐渐地被智能算法取代。

实际上，到目前为止，互联网媒体已经形成比较稳固的局面。百度、阿里巴巴、腾讯几乎占据了大半的中国互联网领域。以前笼统谈及的线上媒体也细分为社交媒体、综合媒体、垂直资讯媒体、个性化咨询、门户网站、直播等不同的平台，用户流量流向这些媒介，广告也根据流量流入这些媒介，这些媒介的市场占有率正在固化并飞速发展。

10　广告理论与广告新表现

10.1　广告营销新理念

10.1.1　整合营销与营销观念变革

1994年，美国著名杂志《连线》（*WIRED*）提出了这样的疑问："广告死了？"大众传媒正在经历由过去的报纸、杂志、无线电视网到新媒体的重大转变。

20世纪90年代以来，各种媒体蓬勃发展，各种信息不再是稀缺资源，相反是过剩的，并泛滥开来。面对排山倒海而来的资讯，一个人的注意力就立刻变成了稀有的珍贵资源。如何吸引眼球、如何使注意力发挥最大效益等课题，变成了一个新的研究领域——注意力经济，也叫"眼球经济"。每个媒体的受众越来越少，每个消费者能够接触的媒体却越来越多。这种情况下，广告自身的内容力量似乎显得越来越微不足道，广告商只要能够比竞争对手提供更多的信息，就能"覆盖"消费者头脑中的原有信息，这就是"哈药""脑白金"等产品采用"无定位"策略，进行广告轰炸反而成效显著的原理所在。广告本来就是要追求最大的传播效应，这是一种真正意义上的广而告之。但是，这种广告传播缺乏针对性，并不能有效地进行信息传播。针对这种混乱的市场，营销与广告核心变成了受众，以受众为核心的理念取代了以产品为核心的理念。这样，一种被称为整合营销传播（Integrated Marketing Communications，IMC）的营销传播理论开始浮出水面。该理论的出现，是广告发展到又一新阶段的标志。整合营销传播的核心是面对独特受众市场的立体和整合传播。

整合营销传播的首倡者之一唐·E.舒尔茨（Don E. Schultz）表示，"营销即传播"[①]。整合营销传播是关于营销传播规划的一种思想，它明确了综合规划所产生的附加价值。依靠综合规划，可以对一系列传播学科的战略角色进行评价（如普通广告、直接反映、促销和公共关系等），并且将其融合，从而使传播活动更加明了，并获得最大的结果。整合营销传播将各种各样的市场营销媒介紧密结合，综合管理，这种关系是促成消费者购买反应的催化剂。这种传播方式被称为"用一个声音说话"，即一元化的营销传播战略。

现在，广告主和广告公司都已经认识到不能单一通过一种媒介来传播自己的信息。以前，他们只需电视广告和平面广告就可以推出新产品。但是，如

扫描二维码，了解更多案例（图片）。

---

① 唐·E.舒尔茨,等.整合行销传播［M］.吴怡国,钱大慧,译.北京:中国物价出版社,2002: 3.

今，他们为了更好地和目标受众进行沟通，不得不使用多种综合媒介。广告公司不仅要考虑广告的制作，还必须关注媒体计划——如何利用恰当的媒体播出恰当的广告内容。

整合营销传播通过不同的传播媒介传递不同信息，彼此关联呼应，具有一定连续性。比如，在一个营销传播过程之中，使用相同的口号、标签说明，在广告和其他形式的营销传播过程中表现相同的行业特性，通过持续传播相同的广告主题、形象和广告"语调"，使消费者对该机构或品牌形成一致性态度。此外，整合营销传播还强调在一个营销战术中保持战略导向性，通过信息设计和媒介选择，使消费者对商品产生一致性认知，达成公司的销售量、市场份额及利润等战略性目标。

整合营销计划由七个层次构成：第一，进行认知的整合，这是实现整合营销传播的第一个层次，通过教育等传播手段使营销人员认识或明了营销传播的需要。第二，进行形象的整合，使文字与其他视觉要素之间达成一致，不同媒介投放的广告达成一致，确保信息与媒介的一致。第三，进行功能的整合，对每个营销传播的要素进行详尽分析，并结合与特定营销目标，编制出独特的营销传播计划。第四，进行协调的整合，确保人际营销传播与非人际形式营销传播的一致性，如推销人员所表述内容必须与其他媒介上的传播内容协调统一。第五，进行基于消费者的整合，营销策略必须在了解消费者需求与欲望的基础上制定，确保相关信息准确无误到达目标消费者心中。第六，进行基于风险共担者的整合，目标消费者不是唯一的传播对象，其他风险共担者如本机构员工、供应商、配销商和股东等也应该包含在整合营销传播的整体战术之内。第七，进行关系管理的整合，公司在每个功能环节如制造、工程、研发、营销等环节中，制定不同的战略，协调各功能部门，对社会资源进行整合。

企业实施整合营销传播的起点是将整个关注点置于建立消费者和潜在消费者身上，建立起包括人员统计资料、心理统计资料、消费者态度和以往购买记录数据的营销资料库，对消费者进行研究，以他们行为方面的资料作为市场划分的依据。接下来，营销人员选择恰当的时间、地点或场合与消费者沟通，并同时发展传播沟通战略，制定明确的营销目标。确定了营销目标之后，营销人员将产品、价格、通路等因素视为消费者沟通的要素，通过选择多种多样的营销工具完成策划任务，协助企业达成传播目标。最后，营销人员选择有助于达成营销目标的传播手段，并将其进行优化组合，完成计划中所制定的传播目标。

整合营销传播理论提出以来，越来越受到广告理论界和广告实践界的关注。2005年美国著名刊物《广告杂志》刊发了一组整合营销传播专题，共收录8篇文章。在这些论文中，研究者提出了一些有关品牌和整合营销传播理论的新观点。比如，《通过策略分离来管理整合营销传播：当出现与过去相联系时，奢侈酒公司如何保持品牌领先》一文中，作者以具体案例的方式向读者介绍公司的整合营销传播计划的理论，对在品牌实践中如何贯彻整合营销策略提出了新的解决方法。在《整合营销传播的合法挑战:整合商业广告和政治言论》一文中，作者研究了第一修正案适用于针对整合营销传播的商业言论理论，认为公共关系和广告的整合营销传播可能减弱宪法对企业言论的保护。其他研究多集中在整合营销传播对品牌识别、品牌态度、品牌价值等方面所产生的影响上。

在整合传播大行其道的同时，企业界的营销观念也在悄然变化。20世纪90年代之前，以经营者为中心的4P规则在营销界影响较大。1953年，尼尔·博登（Neii Borden）在美国市场营销学会的就职演说中创造了"市场营销组合"（Marketing Mix）这一术语，意在通过对一些在某种程度影响市场需求的"营销因素"进行有效的组合。1960年，麦卡锡在《基础营销》中将这些众多营销要素概括为四大类：产品（Product）、价格（Price）、渠道（Place）、促销（Promottion）。1967年，菲利普·科特勒在其畅销书《营销管理:分析、规划与控制》中进一步确认了以4P营销理论为核心的营销组合方法。

虽然4P营销组合理论在全球横行了半个世纪，但20世纪90年代以来，信息开始以爆炸之势蔓延，媒体出现分化，消费者的个性日益突出，4P理论面临着新的挑战，一种新型的以顾客为营销服务对象的4C理论开始流行开来。1990年，美国学者劳特朋教授提出其理论，强调顾客的需求（Consumer）、成本（Cost）、沟通（Communication）、便利（Convenience）四个方面，该理论成为很多成功企业的基本战略原则。但是，随着时代发展，这种理论也显露其局限性。例如，在倡导节约型社会的背景下，部分顾客的奢侈需求是否要被满足？这不仅是企业营销问题，更成为社会道德范畴问题。同样，建筑别墅与国家节能省地的战略要求也相背离。

2001年，美国学者唐·E.舒尔茨在4P、4C理论的基础上提出了4R的营销理论。这种理论认为，在后经济时代，世界经济特别是发达国家的经济将进入负增长和通货紧缩并存的时期，目前许多企业仍然在使用日趋过时的方式去推销他们的产品或服务，他们只注重短期销售额，而不是长期的品牌权益。这种理论强调关系（Relationship）、节省（Retrenchment）、关联（Relevancy）和报酬（Rewards）的组合规则，"侧重于用更有效的方式在企业和客户之间建立起有别于传统的新型关系"[①]。在4R组合中，每个R均有两种相关的核

---

① 菲利普·科特勒.水平营销［M］.陈燕茹，译.北京:中信出版社,2005.

心力。4R理论的最大特点是以竞争为导向，在新的层次上概括了营销的新框架，着眼于企业与客户的互动与双赢。当然，4R同任何理论一样，也存在着不足与缺陷。比如，与顾客建立关联、关系需要一定的物质基础和特殊条件，并非任何企业都能够一蹴而就。

10.1.2　从大众到分众理论的发展

STP营销是现代市场营销理论的核心，它由市场细分、目标市场和市场定位三要素构成。以其为标志，差异化和分众化的营销活动初露端倪。

市场细分指的是营销者通过市场调研，依据消费者的需要和欲望、购买行为等方面差异，将某一产品的整体市场划分为若干消费者群的市场分类过程。每一个消费者群就是一个细分市场，每一个细分市场都是具有类似需求倾向的消费者构成的群体。市场细分后的子市场比较详细，营销者比较容易了解消费者需求，企业可以结合自己的实际情况，确定自己的服务对象，即目标市场。通过市场细分，企业对每一细分市场的购买潜力、满足程度、竞争情况等进行分析，探索出有利于本企业的市场机会，使企业及时作出投产、移地销售决策和编制一系列新产品开拓计划，掌握产品更新换代主动权。同时，有利于集中人力、物力投入目标市场，提高企业经济效益。在市场细分基础上，营销者根据每个细分市场的特点，制定不同的营销计划和办法，充分适应不同消费者的需求，吸引各种不同的购买者，扩大各种产品的销售量。例如，20世纪60年代末期，美国米勒啤酒成功的"海雷夫"计划即证明了这种营销方式的可行性。

目标市场即特定的消费者群体，是通过市场细分，企业准备以相应的产品和服务满足需要的数个子市场（麦卡锡）。选择目标市场，明确企业应满足哪一类用户的哪一种需求，是重要的营销策略。其中，差别性市场策略越来越受到众多营销者的青睐，这种市场策略将整个市场彻底细分，满足不同的消费需求，有利于扩大销售、占领市场。集中性市场策略将这种策略发挥到极致，即在细分后的市场上，以数个细分市场为目标，实行专业化生产和销售，在少数市场上发挥优势，有利于集中优势力量，使产品适销对路，降低企业生产成本，从而占领小众市场。例如，日本的"尿布大王"——尼西奇公司的成功营销经历即为此类营销方式。

市场定位即针对细分市场的潜在消费者心理进行设计，这一理论在20世纪70年代由里斯和特劳特提出，即根据企业在目标市场上的竞争状况，针对顾客对产品某些特征的重视程度，为企业塑造与众不同的品牌个性，将其生动地传递给顾客，以求顾客认同。市场定位的实质是严格区分本企业与其他企业，并使顾客认识到这种差别，从而取得在顾客心中"第一"的特殊位置，"一旦给人留下了第一印象，就绝不会有机会改变它"。市场定位虽然在原理上与市场细分迥然不同，但是，他们都提倡差异化的营销策略，通过在各个营销层面上加工信息，对不同的消费群体进行"定点营销"。

在富媒体、跨媒体平台、精准营销的不断实践中，互联网广告营销定向理论被提出，该理论大致可归纳为三个层次：内容定向、用户（行为）定向、个性定向。内容定向是指通过网页分析，定向进行广告内容的传播，如语义匹配、关键词匹配。用户定向是通过研究从受众基本属性到行为、兴趣等方面的行为属性，进行数据挖掘与统计分析，再进行定向广告的投放，定向范围从粗放型向精细化发展。个性定向指的是以人的个性特质为本，对用户进行一对一的营销体验，匹配用户的个性化需求。与此同时，一种六维定向理论也被相关学者提出。这种理论分为时间、地域、受众、轨迹（触点）、场景和频次六个维度。精准和深入影响受众是六维定向的两个基本点，即通过对受众群体的独特上网行为习惯进行分析，在多媒体覆盖的信息轨迹下，营销者在不同时间、地域、场景下展现有效频次的广告信息，形成受众细分下的深入影响与定向传达。

随着营销中心从企业向消费者转移，在产品方面，由于"每位顾客都期望所购买的产品能反映出自己的个性"，斯丹尼·戴维斯的大规模定制营销卷土重来。大规模定制是指在大规模生产的基础上单独设计某种产品，以符合每位顾客的特定需要。如松下自行车公司通过灵活的生产方式，采取定制方式以满足消费者不同的需求。当顾客来到商店时，店员根据顾客的要求，即时将自行车的规格传到工厂的计算机中，计算机在3分钟内将蓝图描绘出来，这一过程是手工操作时间的1/60，同时计算机引导工厂具体操作。该工厂提供199种颜色、18种型号供顾客选择，顾客在两周内就可以获取自己定制、绝无仅有的自行车。随着定制营销的成本降低，更多的公司纷纷朝定制营销转向。

20世纪90年代中后期，世界的产业竞争白热化，而需求却增长缓慢甚至停滞、萎缩。越来越多的企业去瓜分和拼抢有限的市场份额和利润，企业的生存空间越来越小。在这种情况下，一系列创新性的分众营销方式开始浮出水面。2005年，W.钱·金和勒妮·莫博涅出版《蓝海战略》，同年，被称为"现代营销之父"的科特勒推出了水平营销理论。蓝海战略基于对现有市场现实的重新排序和构建，要求营销商们在经营模式上创新，摆脱掉竞争白热化的"红海"市场，创造出高利润的新"蓝海"，这种理论实际上是市场细分在新时代的延续，是一种流动创新的市场细分，也是一种独特的分众理论。水平营销与蓝海战略类似，科特勒主张在市场层面、产品层面和营销组合层面进行创新，并指出了完成创新的六种横向置换的技巧：替代、反转、组合、夸张、去除、换序。它引入了著名思维学家爱德华·德·波诺水平思维的概念："一组通过对储存在大脑中的概念，进行敏锐的重新组合来利用信息的过程。"重点在于进行营销创新。它跨越原有的产品和市场，"跳出盒子"去思考，是超脱知识时代"想象思维"的有力工具，通过原创性的理念和产品开发激发出新的市场和利润增长点。例如，日本伊仓产业公司原是一家从中国进口中药的贸易公司。但是，在西药称霸的时代里，中药的市场急剧萎缩，药品大量积压于仓库之中。后来，该公司将中药和日本人的茶饮习惯相联系，开办了一家把中药与茶结合起来的新行业。结果这个称为"汉方吃茶店"的生意之好，令人羡慕。中药和茶并无关联，但跳出中药的行销领域，伊仓产业公司创造了新的市场。

　　企业要摆脱同质化竞争，必须进行分众营销。首先，找到消费者的隐性需求至关重要。顾客的隐性需求就是分众市场的前身。企业要发现分众市场，必须从顾客相对隐性的需求入手，开展深入细致的市场研究工作。其次，在研究分众市场之时，企业不仅要将消费者现有需求进一步细分，更要有针对性地满足目标消费者需求，而且要引导消费者需求，创造新的市场。再次，在研究分众市场之时，要找到市场细分的合适环境，引进"边际效益最大化"的理念，舍弃掉部分无法带来或者带来很少利润的市场，赢得合理而持续的利润。最后，在研究分众市场之时，必须从生产能力、技术水平、营销能力、人员资源、组织保障等方面认真思考我们是否具备满足市场细分后的能力，这是界定分众市场的重要依据。

10.1.3　形象作为广告的第一要素

　　1955年，伯利·B. 加德纳和西德尼·J. 利维在《哈佛商业评论》上发表《产品与品牌》一文，开始提出"品牌形象"这一概念。1961年，在"广告已不如霍普金斯时代一般奏效"的环境下，奥格威在《一个广告人的自白》一书中正式提出了品牌形象理论。他认为，每则广告都应为品牌形象树立和推广做出贡献，"都是对品牌形象的长期投资"。在树立和推广品牌形象时，应注意保持形象的一致性，必要时应牺牲短期利益以保持风格的统一。最终决定品牌市场地位的是品牌的总体性格，而不是产品之间微不足道的差异。20世纪80年代发展起来的企业形象识别系统（Corporate Identity System，CIS）理论由企业理念识别（Mind Identity，MI）、企业行为识别（Behavior Identity，BI）和企业视觉识别（Visual Identity，VI）三部分构成。企业理念识别由企业的经营信条、企业精神、座右铭、企业风格、经营战略、广告策略、员工的价

值观等因素构成。企业行为识别由对内和对外两部分构成。对内部分包括对干部的教育、员工的教育（如服务态度、接待技巧、服务水准、工作精神等）、生产福利、工作环境、生产效益、废品处理、公害对策、研究发展等；对外部分包括市场调查、产品开发、公共关系、促销活动、流通政策、银行关系、股市对策、公益性文化性活动等。企业视觉识别一般包括基本设计、关系应用、辅助应用三个部分。基本设计由企业名称、品牌标志、标准字、标准色、企业造型、企业象征图案以及企业宣传标语、口号、吉祥物等因素构成。关系应用由办公器具、设备、招牌、标识牌、旗帜、建筑外观、橱窗、衣着制服、交通工具、包装用品、广告传播、展示、陈列等部分构成。辅助应用由样本使用方法、物样使用规格及其他附加使用等部分构成。该理论主张企业通过一系列战略来实现和强化企业形象的独特和可识别性，将品牌形象建设推进到了新的战略高度。20世纪80年代，品牌专家戴维·阿克发展了品牌个性论，明确强调为品牌创造独特个性或差异优势，探讨了品牌个性尺度和要素。

产品成功与品牌形象密切相关。品牌形象理论研究被视为一种关键的营销活动，主要集中在基于消费者视角的品牌形象研究与基于企业视角的品牌形象管理研究两个方面。目前，在如何定义"品牌形象"上，学者们依然各抒己见。一些学者强调品牌带给消费者的心理反应，将品牌形象看作是消费者记忆中有关品牌的联想或知觉；一些学者将焦点集中到消费者自我建构中所寻求的特殊意义——"自我意义"上来，他们认为，消费者将商品作为象征物来购买和消费时，他们寻求的并不是产品的功能，而是它们的象征意义。

商品可以被看作是象征意义的"物化"形式，它们事实上已成为消费者进行自我建构与表达的一种最重要的象征资源。因此，在象征消费的情况下，消费者所寻求的是一种社会心理学家所说的"自我意义"。

此外，一些学者认为品牌具备独立个性。他们对产品或品牌进行拟人化描述，暗示品牌有自己独立的人格或个性，将人与物（产品和品牌）的关系类比为一种独特的人际关系形式，将消费者的人格与品牌形象联系，强调产品或品牌可以用来表达消费者的个性,将品牌视为人际沟通和互动的一种媒介。

如何认识和理解品牌形象直接关系到如何将其转换为具体的营销实践。在品牌形象的构成要素上，同样存在着许多不同的观点。雷诺兹（Reynolds）和古特曼（Gutman）早在1984年就提出以综合性视角观察，运用手段—目的链（Means-end Chain）理论进行品牌形象管理。他们认为，品牌形象由产品属性、使用结果和价值观三方面的消费者知识构成。他们将手段—目的链作为衡量消费者"品牌知觉"的基本维度。

目前，最有影响力的关于品牌形象构建的主要理论是由帕克（Park）等人提出的。帕克及其同事率先提出将品牌概念和形象以"功能性""象征性"和"体验性"三个维度进行考察。功能性品牌满足消费者消费相关的需求。象征性品牌满足消费者的象征性需求，即自我提升、角色定位、群体成员身份或自我认同。体验性品牌用来满足消费者的体验性需求，即对刺激或多样性的需求。凯利（Keller）在此种分类的基础上，吸收品牌形象和品牌认知等方面的其他研究成果，提出了著名的品牌资产模型。模型中，品牌形象作为品牌资产的核心要素，由品牌联想的种类、偏爱、强度和独特性四个维度构成。品牌联想分为属性、利益和态度联想三种。其中，利益联想被分为"功能""体验"和"象征"三类，属性联想则进一步被分为"产品相关属性"联想和"非产品相关属性"联想两类。并强调了消费者的社会自我需求（马斯洛的较高层次需求），认为象征性利益与消费者"社会承认或个人表达和外部取向型自尊"的潜在需求密切相关，消费者可以对某种品牌的声望、独占性或时尚性给予高度评价。与帕克所提出的模型类似，J. L. Aaker的品牌个性体系由真诚（Sincerity）、刺激（Excitement）、高雅（Sophistication）、粗犷（Ruggedness）和能力（Competence）5大维度、15个次级维度和42个品牌个性特征构成，5大维度在不同文化中均有个性差异。

此外，有些学者认为，产品层面的形象并不能完整地反映一种品牌形象的全貌，品牌形象需要从产品层面延伸到公司、使用者和国家等层面。贝尔（Biel）把品牌形象区分为公司形象、使用者形象和产品/服务形象三类。每一类又由"硬"属性和"软"属性两方面联想组成。"硬"属性是指有形或功能性属性，如公司的历史、服务和拥有的技术，使用者的年龄、职业和友善程度，产品的技术、性能和配套服务等。"软"属性则是指品牌的情感特性，如刺激、值得信赖、快乐、愚钝、阳刚和创新等。

品牌形象由一系列联想所构成，各种联想之间相互孤立，互无关联，"自由反应"法却不能很好揭示不同联想之间的关系。20世纪90年代，一系列如定性投射技术、焦点小组以及定量的属性评分量表和品牌个性量表等相关技术蓬勃发展起来，在一定程度上弥补上述不足。隐喻性启发技术（Metaphor Elicitation Technique）的显著特点就是用消费者自己收集和提供各种"隐喻"（如照片、图像等）进行有针对性的广告策略探测。2006年，美国学者将自然科学中的"概念图"技术引入品牌形象研究，并开发出一种称为"品牌概念图"（Brand Concept Map）的测量方法。

在定位战略和营销组合策略上，20世纪后期，广告界在如何发展象征性形象，从市场细分及产品、促销、价格和分销等多个方面进行了较为系统、详细的讨论。1999年，奥尔登等人在对亚洲、北美和欧洲三个地区的电视广告内容分析后，指出全球消费文化、异域消费文化和本土消费文化这三种基于文化的象征定位在不同的地区和产品条件下有可能具有不同的价值。此外，还有更多学者研究探讨了广告、品牌联合、品牌名称和图案、深度战略与宽度战略等营销因素对消费者品牌形象观念的影响。

10.2　广告表现新方向

10.2.1　设计新思潮与广告创意

20世纪初，现代主义设计诞生，这是一场充满民主精神和革命色彩的设计运动，倡导理性主义和功能主义，主张简单形式，反对过度装饰，强调功能、高度理性和系统化特点。这种设计思潮在德国包豪斯设计学院时期达到了巅峰。但是，接下来爆发的第二次世界大战使大部分现代主义设计的领军人物移居北美，现代主义设计运动停止。经过一段时间的探索，国际主义设计开始在战后的美国风行起来。迁入美国的这种设计思潮已经成为一种商品，功能主义的功能第一、形式第二的原则遭到背叛，追求利益成为基本的设计准则。从现代主义拿来的处理形式的方式，演变为"少则多"的形式主义，成为国际主义的核心。但是其冷漠、严谨、欠装饰的设计风格不断遭到质问，国际主义逐渐走上了末路。

20世纪60年代，设计文化发生了翻天覆地的变化，一系列社会危机在西方起伏跌宕。在世界各地的资本主义国家中，以学潮为先导的新左派运动、反战运动、黑人民权运动、女性解放运动等社会浪潮一浪高过一浪，社会问题的冲击使西方的意识形态发生了极大的转变。与此同时，战后经济经过十几年的恢复和调整，出现空前繁荣的景象。人们的欲望变得多样化，对于"自我存在"的认同凸显，形成了多样化的消费市场和生活方式。伴随着科技进步而产生的能源和环境等多方面的问题，也让人们开始质疑理性主义和科技的绝对权威。

在这样的情况下，现代主义设计已经不仅是一种功能上的需要，它还表达了社会的哲学思想。它以物质的方式表现人类文明的进步，帮助我们理解隐藏在人们内心深处的希望和向往。反现代设计反映了这时候的文化特征——不给人任何统一的观念、一致的好恶、共有的兴趣，打破现代主义秩序化、规范化的设计形式，开始强调个性，表现不同消费者的生活意向，强调大众化和多元化，向人情化和象征意味的方向转变。这场运动揭开了后现代的序幕，引导出在理论与实践上更自觉、更具建树的反现代主义思想和旨在确立一种适应信息时代社会文化和生活方式的设计原则。

波普艺术发端于20世纪50年代的英国，60年代在美国到达高潮。"POP"

图10-1 《究竟是什么使得今日的家庭如此不同，如此有魅力》（理查德·汉密尔顿）。

（波普）一词是"Popular"的略称，意为流行文化或俗文化。著名的波普艺术家理查德·汉密尔顿（Richard Hamilton）创作了《究竟是什么使得今日的家庭如此不同，如此有魅力》（图10-1）来表达波普的观点：艺术具有大众性，艺术可以被消费，它在艺术形式上进行反抗，在艺术理念上进行反叛。波普艺术产生受到了现代广告的启发，它追求大众化、通俗化的趣味，强调设计的奇特性，与现代消费行为的流行文化符号相依相存。它利用日常生活中的物体如罐头盒、汽水瓶、包装纸和牛仔裤等常见的工业产品和生活用品作为原始题材，并在此基础上运用分解、组合和变异的手法，通俗、艳丽的色彩，追求一种光怪陆离的视觉效果，表现艳俗、即时的消费热情。

与此同时，在地中海北岸的意大利，一种旨在反对高度理性的现代主义设计与意大利民族特色设计的"反主流设计"浪潮开始蓬勃发展。它主张避开国际风格的"技术品味"，宣扬个性、自我、新奇。刺激的设计思想，给予各种非正统风格一定的生存空间。其代表人物是艾托·索扎斯（Ettore Scottassass），他的作品多采用一种象征性的符号，从而产生非常奇特的效果。"反主流设计"具有乌托邦性质，艺术家创造出了一大批理想化的作品，但是这些作品许多根本不具备工业生产的可能，只能依赖展览和特定的杂志进行交流。20世纪70年代，随着消费层次趋于稳定，"反主流设计"运动很快销声匿迹。

20世纪60年代以来，受波普设计的影响，一批具有反叛意识的设计师开始将平面设计与建筑结合，将平面设计的某些因素运用到建筑的表面，很多建筑物上运用了巨大的字体和平面形象来强调建筑的装饰效果，这种风格被称为"超平面风格"。"超平面风格"的奠基人是后现代主义建筑运动的发起人罗伯特·温图利（Robert Venturi），另一个具有代表性的人物是索罗门。

"后现代主义"设计在经历20世纪60年代的探索之后，于70年代正式兴起。它对现代主义进行形式上的改良，把装饰性、历史性的内容添加到设计之上，利用各种历史的装饰动机和幽默、调侃的手法，创建出一系列新的形式风格，带来前所未有的欢乐和游戏的特点。其中，主要包括"新浪潮平面设计运动"（New Wave Typography）、"孟菲斯集团"（Memphis）、"旧金山派平面设计"和"里特罗派"（Retro）。

"新浪潮平面设计运动"是在平面设计中的版面设计上展开。在传统国际主义平面设计的方格网格的基础上，艺术家们对版面设计中的文字、图像和编排格式都进行了重新组合。其中，字体在打碎后被按比例、图像和排版格式进行拼接，成为既能传递信息又具有装饰意味的图案。图像在设计中很少被使用，一旦使用，图像也改变了原有的风格，通过变形整合变得五光十色、扑朔迷离。排版纵横交错，颇有一番韵味。"新浪潮平面设计运动"强调视觉传达，是折中的后现代主义，其代表人物是乌夫岗·魏纳特（Wolfgang Weingart），他的设计具有强烈的构成主义色彩，与俄国的构成主义和德国的包豪斯风格相近，他将字体设计和摄影图像中的图形进行整合，使他的平面设计形式生动而充满趣味（图10-2）。此外，丹·弗里德曼（Dan Friedman）（图10-3）、威利·孔茨（Willi Kunz）也是"新浪潮平面设计运动"的核心人物。

图10-2　乌夫岗·魏纳特的设计。

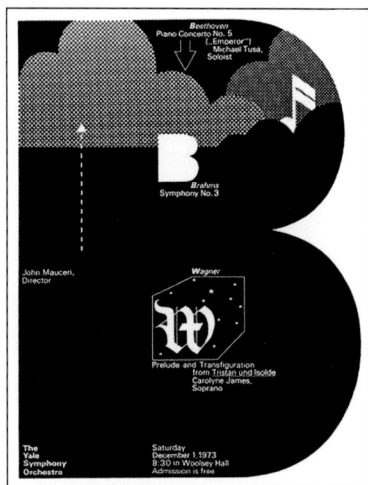

图10-3　丹·弗里德曼的设计。

图10-4 孟菲斯风格设计（1983年）。 图10-5 麦克·范德比尔设计的ESPRIT广告。

　　孟菲斯风格是20世纪80年代平面设计的核心，其发端于20世纪70年代的意大利米兰的孟菲斯设计集团并最早体现在建筑设计中。孟菲斯极力推崇传统的古代装饰文化，认为功能往往取决于形式，设计的中心是形式主义的体现。孟菲斯的平面设计采用了大量造型复杂、色彩鲜艳的图案和纹样，设计形式充满浪漫的细节和虚幻的梦想（图10-4）。孟菲斯风格的主要领军人物是克里斯多夫·拉德尔（Christoph Radl）与威廉·朗豪斯（William Longhauser）。拉德尔常常采用绚烂的色彩进行设计，他的设计只有强烈的形象，是一种文化情绪的宣泄。朗豪斯将代表现代主义、国际主义的方格作为装饰性元素，以造型奇特的字母和绚丽的色彩，形成丰富多彩的招贴画。

　　"旧金山派平面设计"集中在旧金山地区，由一些关系密切的小型工作室构成，其设计呈现出一种幽默和乐观的风格。设计师们运用自由的绘画手法，绘制出随意奔放的图形，并在其中融进快乐、轻松的色彩，使版面显得更加自由。"旧金山派平面设计"的最大贡献在于利用几何图形表现内容信息（图10-5）。麦克·范德比尔（Michael Vanderbyl）于1979年所设计的加利福尼亚公众电台的海报奠定了"旧金山派平面设计"的风格。麦克·曼沃林（Michael Manwaring）是旧金山派的另一位领军人物，他将几何图形的象征手法运用到极致，擅长用活泼的几何图形表现商品内容，字体装饰也是他擅长的画面表现手段。此外，麦克·克良宁（Michael Cronin）也是其重要代表人物。

　　在"新浪潮""孟菲斯"和"旧金山"大行其道之时，另一种被称为"里特罗派"的设计风格开始在纽约出现。"里特罗派"将历史上的各种形态作为造型的基础，以装饰手法为核心，创造出一种装饰性的典雅风格，是20世纪80年代的怀旧设计之源。在"里特罗派"的设计中，插图、图形和文字并非画面主体，画面的整体编排才是设计的主体所在。"里特罗派"的代表人物几乎都是女性设计师。其中，宝拉·谢尔（Paula Scher）是比较重要的代表人物，她借鉴早期的平面设计风格，运用"装饰艺术运动"时期的字体、纹样从事设计。斐露丝·菲利（Louise Fili）也是"里特罗派"的重要代表人物，她从20世纪20—40年代的意大利、法国的平面设计中提炼设计元素，大量运用到她的设计中，使其具备典型的"里特罗派"风格（图10-6）。

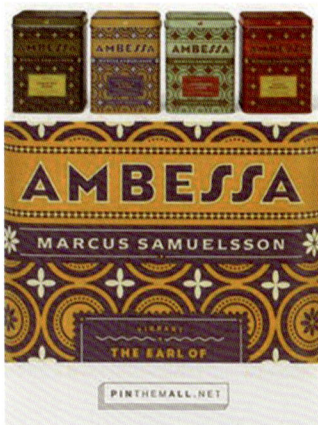

图10-6　斐露丝·菲利的包装设计。

　　20世纪90年代，新波普浪潮再度流行。村上隆（Takashi Murakami）是这股潮流的代表，他提出的"扁平的深度"（Superflat）理念受到了艺术界和时尚界的极力推崇（图10-7）。

　　村上隆将日本流行文化和次文化直接摆到所谓高级艺术（high art）的范畴中，试图探测大众艺术与纯艺术之间的界线，以及在艺术与商业之间寻找新的融合可能性，用他的话说："我在寻找艺术和娱乐之间的交集。"

图10-7　村上隆为LV公司做的设计。

10.2.2 广告表现的情感化倾向

人类社会不断发展，科学技术不断进步，媒介条件逐渐改善。整个社会由工业社会向信息社会转变，人们的物质文化生活大大丰富。人们不仅满足于产品带来的功能享受，而且需要享受消费商品的过程。设计开始由"少则好"的现代风格向追求情感，体现个人品位、情趣甚至个人地位的后现代风格转变。品牌体现着产品个性、文化价值和象征意义，是良好信誉、高品质、优良设计、优质服务的统一，是购买力、品位和身份的象征。消费者通过产品的品牌能够清楚了解该产品的独特性，情感因素越来越成为设计中最主要的方面之一，"品牌情感"由此产生。广告是产品形象的"语言"表达，是各项情感的重要载体。它们通过自身的色彩、图形、载体与文字等元素，实现产品与消费者的交流，赋予产品一定的"人情味"。

在人的情感与广告的情感化表现相互作用过程之中，作为刺激物的广告，扮演着属性的承担者、行为的伴随者、事件的触发者这三种角色。三重角色从不同的角度演绎作为情感刺激物的"性格"和"特征"的商品，在人—人、人—产品、人—产品—人的构成的互动社会中，广告表达产品，使产品作交互性的媒介，唤起人的情感，促进人的交往，激励人"自我实现"的体验。情感弥漫的产品既不能说是客观的，也不能说是主观的，它是一种双向可逆的意向活动的产物。因此，情感体验既不是由心到物的体现也不是由物到心的反映，而是两者的结合。这正如"有音乐才能激起人的音乐感，但对没有音乐感的耳朵来说，最美的音乐也毫无意义"。消费者理解广告设计作品背后含义，这种理解并不是一种复制，而是基于个人背景的重新创造过程。广告设计师通过暗示、隐喻等表现手法使消费者们形成广告诉求和广告商品的大体印象。

诺曼在《情感性设计》中说，广告的情感性表现由本能层面、行为层面、反思层面三个层次构成。本能层面就是指人们在与产品交互性活动时，本能地通过视觉、听觉、触觉、味觉和嗅觉体验，所激发出的情感。在这个层面上，消费者对广告带来的刺激作出反射性回应。如红色使人兴奋，蓝色宁静，黄色欢快，黑色肃穆，紫色华贵，粉色可爱；艳丽的色彩、圆润的造型、时尚的风格能够引起人们感官上的刺激，激发起消费者的联想。例如，Chiclets口香糖的"秀发篇"

图10-8 Chiclets口香糖的"秀发篇"广告。

平面广告，以黑色为背景，乳黄色和淡蓝为前景，色彩反差明显，给人以清爽和干净的感觉。女性头发线条以口香糖组成较粗的弧线，飘逸动感。整个画面集清新与动感为一体，激发消费者心中的舒适感（图10-8）。耐克"道路篇"系列广告以数种设计思潮为表达方式，激发消费者的审美，获得消费者在心理本能层面的认同（图10-9）。

广告情感性表现的第二个层次——行为层面指的是广告要有一定的诉求主题。广告通过特定的媒介载体和特定的内容表达，向消费者进行准确而清晰的诉求，使消费者对广告品牌具有独特的认知。广告传播追求效用（Effectiveness）、效率（Efficiency）和用户主观满意度（Satisfaction）。目前，各种媒介的新技术不断涌现，广告与消费者之间的互动性不断增强，兴趣也不断增强，消费者在阅读广告时获得独特的情感体验并且产生购买欲望，完成购买。这便是广告情感性表现行为层面的目的。

保罗·兰德为IBM设计的《IBM》广告，在黑色背景上，他用眼睛（在英文中与I同音）、蜜蜂（在英文中与B同音）和字母"M"一起，结合成一个连贯的整体，很好地向消费者传达了IBM信息，完成了广告告知产品名字的作用

图10-9 耐克"道路篇"广告。

图10-10　保罗·兰德为IBM设计的《IBM》广告。

图10-11　索尼的"宽屏电视"系列广告。

图10-12　阿迪达斯的"北京奥运篇"广告。

图10-13　某环保组织"9·11篇"广告。

（图10-10）。索尼的"宽屏电视"系列广告，画面构图新颖别致，巨大的头像占据了整个画面，硕大的眼仁一左一右向外翻转。广告主通过这种幽默的情感表达方式，完成了广告在功能层面上针对电视机宽屏特性所作出的情感诉求（图10-11）。

广告情感性表现的最高层次是反思层面。这个层面实际上指的是由于前两个层次的作用，再结合品牌传播，在用户的心中激发出来的更具深度的情感、意识、理解、个人经历、文化背景等种种因素交织在一起所形成的影响。反思层面有助于在消费者的心目中树立起独特的品牌形象，建立起产品和用户之间的长期纽带，以此提高消费者的品牌忠诚度。

阿迪达斯的"北京奥运篇"系列广告，不仅很好地传达了广告品牌的运动主题，而且营造出一个运动的国度。在这个国度中，每一个人都是其中一分子，参与到奥运之中，中华民族极强的凝聚力在画面中得到展现（图10-12）。

在某环保组织的广告中，整个画面从构图和用色方面，借用美国"9·11"被袭事件的电视画面，在画面右下方配以"For nature, everyday is 9·11"的广告语，很好地表现出环保性的广告主题。此幅广告把反思和联想的力量淋漓尽致地体现出来（图10-13）。

10.2.3　广告表现的全球化倾向

世界经济已步入一个全球化竞争和发展的时代，美国学者弗雷德里克·杰姆逊指出："全球化不管是什么或包括什么，它似乎都来源于商业以及金融。仅仅说它与资本主义有关还不够，我们还要加上，它似乎刻画出这样一个阶段。在这个阶段中，所有的一切都与资本主义有关，从伦理学到科学，从艺术到体育，从教育到建筑，不言及资本主义就不可能正确处理这一切…… 很多方面，对全球化的描述与对后现代化的描述相呼应…… 有理由认为这两个现象根本上是完全相同的一件事。我们现在称之为全球化的经济组织形式，其上层建筑中的文化层面就是后现代化。"美国经济分析师利瓦伊："世界已经变成一个全球化的大市场，或者说一个'地球村'，在这里每个消费者拥有相似的价值观、生活方式和同样地对产品质量与现代性的渴望。"设计作为经济、文化、艺术乃至生活层面的工具参与到全球化进程之中，设计全球化与作为科技产物或以科技为中心的现代设计同样无国界之分。对于全球化来讲，虽然多方争论，但它无疑预示着全球性经济、文化的交流与变革。全球化既是现代性的一种表述，又是后现代的一种话语，它对于21世纪的人类来讲，影响深远。设计具有一定的文化价值和社会功能，它既可以作为经济基础，又可以作为上层建筑，具有多样性也具有多种可能性。它的文化性和经济性、物质性一样，可以随着产品出口成为一种文化的传播。当代设计观念的变革、对设计的重新定义、设计的跨区域交流、本土化设计概念的提出，无一不与全球化这个趋势发生关联。

无论在全世界哪个地方使用产品和服务，每个竞争者即使是最小的公司都是国际化的，他们面临着开发与人们需求和愿望相关的产品和服务的挑战。大型公司尤其是跨国公司的产品和设计更是以全球化为目标。公司设计的价值观基本上分为三类：一是以自己长期以来形成的设计原则、价值观为根本，如克莱斯勒、沃尔沃、苹果、雪铁龙等公司。在世界的任何一个地方，这些公司坚守自己的原则、价值观和风格，被称为"价值观输出者"。事实上，在全球化的风潮中，这些"价值观输出者"之所以"面不改色"，关键在于他们的设计观本身建立在国际化的基础之上，奉行所有人共同需要和认可的基本设计原则（图10-14）。二是所谓"价值观的收集者"，如以三星和索尼公司为代表。这些公司的国际化策略因地、因时、因需存在差异。设计师是"设计文化的传感器"，他们敏锐地捕捉国际市场需求，及时调整自己的设计策略，以适应国际市场。三星和索尼在各地聘请设计师是其举措之一，与"价值观输出者"的不变相比，"价值观的收集者"的变，是适应之变，是后适之变（图10-15）。三是所谓的"文化创造传播者"。这一类设计公司或工作室将前瞻性的文化观和国际化视野结合，扮演着文化创造和传播者的角色，创造新的设计文化。如宝马、大众、福特公司等（图10-16）。

图10-14　苹果iPod剪影系列广告。

图10-15　三星Musical i458B系列广告。

图10-16　宝马系列广告。

广告表现的全球化是指广告设计应具备国际性眼光，将设计的立足点从地方移至全球，它实际上是设计的世界性与民族性即全球化与本土化的问题。本土化实质是民族化的另一种表述，它不以排斥全球化为目标。设计的本土化即是民族精神的继承、发扬、运用和创新，它要求设计师在本土文化同国际设计的比照之下，创造具有民族文化个性的设计。从本质上讲，设计的"本土化"这个概念是外来设计力量进入异己地域而采取的策略。作为一个外来者，如跨国公司、跨地域的设计师、设计群体，进入另一个地域和文化圈，要推销自己的产品和设计，必须以"本土化"作为策略和工具。这里，设计本土化问题的实质是介入的手段而非目的。以进入中国手机市场的公司为例，爱立信最早进入并以GSM手机独占市场冠军地位，爱立信在技术方面具有强大的实力，其企业文化精神支柱即"技术科学"。但由于缺乏设计的本土化意识，对中国人的使用习惯、审美取向等信息缺乏了解，使得操作界面等诸多问题一直迟迟未得到解决，当摩托罗拉、诺基亚等公司进入后，即被市场淘汰。目前，苹果、三星、华为等功能越来越完善的手机占领了市场。

10.2.4　广告表现中的后现代观念

广告是时代的一面镜子，不仅反映着人类物质文明发展的进程，而且折射出人类社会意识形态变革的历程。广告设计的形式语言、表现特征所呈现的改观同它所处的特定社会状况、环境因素及其表达的语境息息相关。20世纪60年代前后，西方发达国家先后进入了后工业革命阶段，在"后现代"语境之下，广告诉求和广告设计逐渐成为一种纯粹的功能或者是超功能的表现。广告设计不得不从"训话"转向了"对话"，从传统广告的"认识""教育"……进而拓展为"宣泄""娱乐"，推动语言符号特征呈现出一种全新的样态。广告设计的形式语言特征兼具感性、具象和理性、抽象的两种倾向，这种语言是在建构有异于现代主义而又同时包容现代主义的图像语言表达的过程中，又在努力寻求回归到人类古典语义和修辞表达的可能；是在对现代主义话语方式进行深刻解构与破坏的同时，又在建构另一种极具感性化、流畅、开放的游戏化并能够反映表层体验的语言系统。这种语言表达呈现以下几个方面的特征：

（1）形象的螺旋性回归

形象，自古以来就是艺术的必然要素。在现代主义的艺术中，形象被抽象形式主义从艺术中分离出去。1965年，美国极少主义雕塑家唐纳德·贾德宣布"绘画已经死亡"，将形象更是逼向了绝路。在目前后工业社会中，消费社会、媒体社会的转型以及人们在物质需要基本满足之后转向精神需要。在这种社会变革趋势中，形象在艺术中呈螺旋性回归，传统"形象"已经由"类像"

所取代（将一种现实的非现实化、现实的虚无化"类像"成为一种新的形象概念，是传统形象概念的发展与异化）。形象本意已经丧失，成为本体缺失的存在之物，被无限复制，彻底改变着人们的思维方式和生存方式。"类像"结束了形象对视觉的垄断，标志着意义消失之后的表面化。

广告由大量"类像"所构成，从某种意义上讲，人类沦为了视觉心理上的速食主义者，他们沉溺于过度图像化与幻觉化的世界，沦为一味沉浸于观看中的颓废之物。他们生活在自己创造的世界中，不愿意去思考和感受世界，一切对象都变得没有深度、没有意义，广告形象只是毫无深意的表面幻象。在后现代社会中，人们正生活在一个表象比内容更重要的时代，表象代表一切的时代。

《绝对北京》是"绝对伏特加"系列的一幅广告。画面上是一张代表忠勇之士的红色脸谱，采用脸谱艺术中常见的勾脸形式，凸显出一个从额头经眼窝再到鼻窝所组成的伏特加酒瓶的形状。伏特加通过中国脸谱艺术，期望在中国消费者中产生巨大的感召力（图10-17）。

"绝对伏特加"系列广告不仅涉及服装、电影、音乐、摄影、工业产品、文学等多个领域，而且还将瓶子的造型元素跟销售国家的文化相联系，既突出这些国家独特的文化，又使酒瓶的外形与其巧妙地融为一体。这些既具有深度又具有广度的创意广告，让品牌在世界上声名鹊起，产生巨大的影响力。

西方著名绘画作品*The Beautiful Gabrielle and the Marechale de Balagny*，表现两个裸体的女子分别立于浴池之中，她们平视前方，左方女子将手捏住右方女子的乳头。而YSL的时装广告"剽窃"了这个画面，不同的是，左边的女子穿上YSL内衣，右边的女子则被同样裸体的男子所替代。广告将绘画作品中的艺术形象转变为照相机所创造的"类像"，使艺术和生活的界限变

图10-17 "绝对伏特加"系列广告:《绝对北京》。 图10-18 YSL模仿名画的时装广告。

得模糊，冲淡了绘画作品中的神秘感，使形象显得更加真实和亲切。YSL通过对经典形象的模仿，以女权主义的方式进行表达，吸引大批女性消费者（图10-18）。

（2）碎片的跳跃性统一

在后现代广告中，精心杜撰、最具颠覆性的视觉艺术行为就是"拼贴"。它打破时间的前后、空间的顺序、因果的联系、历史的衔接、逻辑的连贯，凭借完全偶然组合的方式，随心所欲地挪用、隐喻暗示的穿插、东拼西凑的对接，形成一个新的整体，完成不同概念的"对接"与"统一"，这就是所谓的"拼贴"。

在这种思维中，一切都成为合理之物。新观念使得客观事物不再受常规的约束，它们建构起一种全新的关系，倡导视觉的多元主义，避免视觉思维的单一和简单化，希望以最简练的方式创造出奇迹。

"拼贴"的形式语言手法打破了时间、空间、因果、历史等方面的连贯性，根据广告主题和创意构想的需要，将不同的表现元素"碎片"偶然、随意地编辑在广告画面之中，形成了后现代设计中一种全新非次序性的"蒙太奇"时空结构。零散的观念、风格和个性在拼贴中产生新的生命和意识，凸显出全新的概念和意义，以一种更为跳跃的思维方式、一种更为新型的感性体验来展示作品的魅力。

SWATCH手表系列广告就是典型的极具后现代"零散"特点的广告作品，设计师通过数幅不同主题的系列作品，反映出附加在商品之上的梦幻和未来的特点。其中，"失乐园篇"背景是黑色的手表形剪影，剪影由天蓝与碧绿和墨色三色石榴籽堆满，剪影周围是孔雀、飞鸟、鲜花、羚羊和绿叶的图形。石榴籽上方是被蛇所诱惑的亚当与夏娃两人，蛇尾之处便是SWATCH手表，两人周围是苹果与春蚕。广告含蓄地表达出此款手表的原始性与无瑕之美（图10-19）。

同一个系列的"宇航员篇"广告，其背景由扭曲的火箭发射塔所构成。画面上有跳水运动员，有刚刚从航空船鱼贯而下的宇航员，有相向而立的卡通男女，有持枪、满脸凶相的绿头外星人。在接近画面中心的地方，红粉色的腕表隐约可见。整个画面弥漫着未来主义的迷幻情调。画面右下侧斜拉着写有广告口号的黄带子，如同产品封条，在原本就立体多维的画面之上，增加了新的空间，使画面的未来主义情调更加浓郁（图10-20至图10-22）。

（3）自由、嬉戏的广告表达

后现代广告中，"拼贴"所展现的诗意游戏状态让受众的心理压力得到释放，将视觉寓于娱乐、消遣之中。游戏给人直接和简单的快乐，令人获得美的

图10-19　SWATCH"失乐园篇"广告。

图10-20　SWATCH"宇航员篇"广告。

图10-21　SWATCH系列广告。

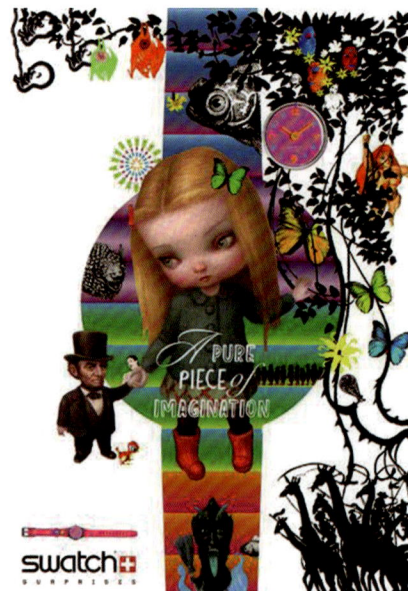

图10-22　SWATCH系列广告。

享受。后现代设计注重这种特性，它讲究参与性，强调对话，提倡以一种非理性的、散漫的、随意的自由嬉戏态度对待事物，质疑传统，并对其进行嘲弄性的模仿和肆意分解。反对任何观念、范畴、结构的合理性，自贬、戏谑和嘲讽成为作品的主调，这是一种超然、一种调侃、一种黑色的幽默。

在这种思想下，后现代广告中一切看似高尚、有"品位"的东西已经变得毫无吸引力，各种低级趣味争先登场，一直以来在艺术表现中被摈弃的"艳俗"或是"恶俗"似乎都受到了特别的青睐，它再现了后现代社会中大众文化追求表层感官满足的特性，以戏谑、调侃、夸张的方式来赢得大众的关注。

例如SAUSER丝袜广告，劫匪手握钢枪，狰狞的面目已经完全扭曲。原来，这都是透明的丝袜惹的祸。丝袜被天下窃贼定位为"乔装首选"的功能顷刻间失效，窃贼们夸张的表情使人忍俊不禁，丝袜的紧致和塑体效果显而易见（图10-23）。

NUR DIE丝袜广告，反其道而行之，窃贼错误选择了很厚的NUR DIE丝袜，顿时双眼漆黑，银行内的盆栽、街道边的垃圾桶和超市中的罐头堆成为他们袭击的目标，只剩下旁边围观者表情惊异地僵在那里。两组同是丝袜的广告，从不同角度将现代广告的幽默和娱乐性淋漓尽致地阐释出来，令消费者在会心一笑的同时，领悟广告传播者所表达的意图（图10-24）。

图10-23 SAUSER丝袜广告。

图10-24　NUR DIE丝袜广告。

（4）画面的荒诞性展示

"荒诞"一词被解释为不合逻辑、不合情理、悖谬、无意义、不可理喻，人和环境之间失去和谐生存的目的性，世界和人类命运的不合理的戏剧性等。荒诞不是靠正常事物的颠倒，它本身建立在矛盾基础之上，在没有矛盾的地方引入矛盾，在常规认为具有矛盾的地方剔除矛盾。荒诞中出现了是非并置，时空混杂，不可理喻。后现代广告中，常采用象征隐喻、夸张变形等手法来营造荒诞感，荒诞的形象被突出展示出来，以满足人们求变求异的审美倾向。

例如，2007年底，DISEL牛仔裤的"防止全球变暖"系列广告备受各方关注。这个系列广告以全球不同地区在全球变暖之后所呈现出的海平面上升、热浪滚滚、洪水肆虐等幻想场景为广告背景，长城被沙漠吞没，伦敦变成了热带岛屿，帝国大厦被洪水淹没，巴黎变成了热带丛林……但是广告中的型男靓女却泰然自若、悠闲自得。DISEL通过这种看似荒诞的广告表现，向人类敲响警钟（图10-25）。

又如，本田公司的平面广告同样以荒诞夸张的视觉形式语言，展示了在世界各地自驾时通常会遇到的问路烦恼。而本田雅阁的GPS语音导航功能，能让你省去此类烦恼以及不必要的风险。设计师将言语不通造成的绕路烦恼转换为指路者缠绕成迷宫一般的手腕，让人忍俊不禁之余加深了对语音导航功能的印象。作品有效地传达了产品的独特功能（图10-26）。

图10-25　DISEL"防止全球变暖"系列广告。

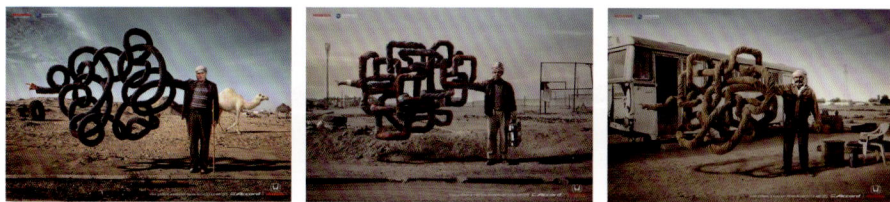

图10-26　本田汽车广告。

参考文献

REFERENCES

［1］让·波德里亚. 消费社会［M］. 刘成富, 全志钢, 译. 南京: 南京大学出版社, 2000.

［2］黄勇. 中外广告简史［M］. 成都: 四川大学出版社, 2003.

［3］陈培爱. 中外广告史［M］. 北京: 中国物价出版社, 1997.

［4］马克斯·韦伯. 儒教与道教［M］. 王容芬, 译. 北京: 商务印书馆, 1997.

［5］徐友渔, 周国平, 陈嘉映, 等. 语言与哲学——当代英美与德法传统比较研究［M］. 北京: 生活·读书·新知三联书店, 1996.

［6］樊志育. 世界广告史话［M］. 北京: 中国友谊出版公司, 1998.

［7］迈克·费瑟斯通. 消费文化与后现代主义［M］. 刘精明, 译. 南京: 译林出版社, 2000.

［8］詹姆逊. 后现代主义与文化理论［M］. 唐小兵, 译. 北京: 北京大学出版社, 1997.

［9］埃里克·麦克卢汉, 弗兰克·秦格龙. 麦克卢汉精粹［M］. 何道宽, 译. 南京: 南京大学出版社, 2000.

［10］蒋荣昌. 消费社会的文学文本［M］. 成都: 四川大学出版社, 2004.

［11］孙有为. 广告学［M］. 北京: 世界知识出版社, 1991.

［12］丁俊杰. 现代广告通论——对广告运作原理的重新审视［M］. 北京: 中国物价出版社, 1997.

［13］余明阳, 陈先红. 广告学［M］. 合肥: 安徽人民出版社, 1997.

［14］马克思, 恩格斯. 马克思恩格斯选集［M］. 中共中央马克思、恩格斯、列宁、斯大林著作编译局, 译. 北京: 人民出版社, 1995.

［15］王觉非. 欧洲五百年史［M］. 北京: 高等教育出版社, 2000.

［16］朱丽安·西沃卡. 肥皂剧、性和香烟——美国广告200年经典范例［M］. 周向民, 田力男, 译. 北京: 光明日报出版社, 1999.

［17］威雅. 颠覆广告——麦迪逊大街美国广告业发家的历程［M］. 夏慧言, 马洪, 张健青, 译. 呼和浩特: 内蒙古人民出版社, 1999.

［18］姚曦. 广告概论［M］. 武汉: 武汉大学出版社, 2002.

［19］刘家林. 新编中外广告通史［M］. 广州: 暨南大学出版社, 2000.

［20］龙永图. 关于经济全球化问题［N］. 光明日报, 1998-10-30.

［21］莎士比亚. 莎士比亚全集: 第4卷［M］. 朱生豪, 等, 译. 北京: 人民文学出版社, 2010.

［22］郭长刚. 失落的文明: 古罗马［M］. 上海: 华东师范大学出版社, 2001.

［23］朱启新. 文物物语——说说文物自身的故事［M］. 北京: 中华书局, 2006.

［24］张友伦, 等. 美国的独立和初步繁荣（1775—1860）［M］. 北京: 人民出版社, 1993.

［25］丁则民, 等. 美国内战与镀金时代（1861—19世纪末）［M］. 北京: 人民出版社, 1990.

［26］米切尔·舒德森. 广告: 艰难的说服［M］. 陈安全, 译. 北京: 华夏出版社, 2003.

［27］尤利安·斯沃卡. 美国广告文化（英文版）［M］. 大连: 东北财经大学出版社, 1998.

［28］乔治·路易斯. 蔚蓝诡计: 颠覆市场的广告创意智库［M］. 刘家驯, 译. 海口: 海南出版社, 1996.

［29］阿尔·里斯, 杰克·特劳特. 定位［M］. 王恩冕, 余少蔚, 译. 北京: 中国财政经济出版社, 2003.

［30］唐·E. 舒尔茨, 等. 整合行销传播［M］. 吴怡国, 钱大慧, 译. 北京: 中国物价出版社, 2002.

［31］菲利普·科特勒. 水平营销［M］. 陈燕茹, 译. 北京: 中信出版社, 2005.

［32］Robert Lynd, Helen Lynd. *Midellstown*［M］. New York: Harcourt, Bruce and World, 1929.

［33］Frank Presbrey. *The History and Development of Advertising*［M］. Doubleday, Doran & Company Inc., 1929.

［34］Sydney W. Head, Christopher H. *Sterling. Broadcasting in America A survey of Electronic Media*［M］. Boston: Houghtor Mifflin, 1987.

［35］Fox Stephen. *The Mirror Makers: A History of American Advertising & Its Creators*［M］. Illin: Books, 1997.

［36］Fox Stephen. *The Mirror Makers: A History of American Advertising & Its Creators*［M］. Illin: Books, 1997.

［37］Erving Goffman. *Gender Advertisements*［M］. New York : Harper & Row, 1976.